COLLECTION POUR L'ÉTUDE

DES

ANTIQUITÉS NATIONALES

I

LES ANCIENS PEUPLES DE L'EUROPE

LES ANCIENS PEUPLES

DE L'EUROPE

Copyright by C. Klincksieck, 1916.

COLLECTION POUR L'ÉTUDE DES ANTIQUITÉS NATIONALES

I

LES ANCIENS PEUPLES

DE L'EUROPE

PAR

Georges **DOTTIN**

DOYEN DE LA FACULTÉ DES LETTRES DE RENNES

PARIS
LIBRAIRIE C. KLINCKSIECK
11, RUE DE LILLE, 11
1916

Tous droits réservés.

M. Dottin et moi avons désiré que cette collection d'ouvrages sur nos antiquités nationales fût inaugurée par un livre consacré aux plus anciens peuples de l'Europe tout entière.

Aucune arrière-pensée politique, aucune considération tirée des événements actuels, disons le mot, aucun chauvinisme rétrospectif n'a provoqué ce désir, n'explique et n'amène ce premier volume. Si nous étudions l'Europe à propos de la Gaule, ce n'est pas pour nous glorifier de ce que les Celtes ont une fois voulu conquérir l'Europe : se réjouir d'un souvenir de ce genre serait aussi malséant que d'admettre le pangermanisme de nos voisins. Le panceltisme, au cas où la chose existe chez quelques-uns, est une sottise. Si le passé du monde nous intéresse à propos du passé de notre pays, ce n'est pas par une sorte d'aberration mentale, c'est par une saine volonté de bonne méthode scientifique.

La collection qui commence aujourd'hui a pour objet de faire connaître l'histoire ancienne de notre pays, et les monuments ou documents à l'aide desquels cette histoire peut être reconstituée. Les Celtes ne sont qu'un moment de cette histoire. Nous parlerons d'eux plus longuement, parce qu'ils sont à l'origine connue de notre passé. Mais nous ne parlerons d'eux que dans la mesure où leurs faits et gestes nous aideront à comprendre les anciennes destinées de notre sol. Ceci est une bibliothèque de choses de France, et non pas des choses celtiques. Il y sera fait une place très grande aux dolmens de France, qui ne viennent point des Celtes, et on y négligera la grammaire du vieil-irlandais, qui se rattache à eux. L'essentiel, pour nous, sera de nous informer à fond de tout ce qui s'est passé, de tout ce qui est resté sur le domaine qui est aujourd'hui le nôtre, entre les deux mers, des Alpes aux Pyrénées, et à l'ouest du Rhin.

Et cependant, nous avons voulu, d'abord, qu'il fût parlé de toute l'Europe.

L'histoire d'un pays ne peut pas se séparer de celle des autres pays. Quelle qu'ait été, à tous les siècles d'autrefois, la vie de la Gaule ou de la France, elle a dépendu, pour une forte part, de la vie de l'Europe ; et, pour une forte part aussi, la vie de l'Europe a été déterminée par celle de la Gaule. Action et réaction, causes et conséquences, le passé de la Gaule et le passé de l'Europe sont enchevêtrés. Même dans les temps ligures, même dans les temps paléolithiques, la vie de la France a été un épisode de la vie de l'Europe ; et les destinées de l'Europe ont eu pour chapitre l'histoire de la Gaule.

Ce que nous voyons de nos jours, ce spectacle d'étroite et presque d'effrayante solidarité que présente l'Europe, tous les siècles d'autrefois, qu'on le sache bien, l'ont également offert, ni plus ni moins que le nôtre. Autrefois comme aujourd'hui, nous ne pourrions isoler l'histoire de la France de celle de l'Angleterre, de l'Italie, des Balkans même. Il y a, pour la science, moins des histoires régionales qu'une histoire de l'Europe entière.

A dire vrai, cette complexité des faits historiques, cet enchaînement des destinées de toutes les régions européennes était peut-être plus sensible encore autrefois que maintenant. Maintenant, les frontières sont plus stables, les populations sont moins errantes. Jadis, à chaque instant, de fortes bandes humaines partaient pour de longues distances, sans souci du temps ni de l'espace, et alors c'était pour ainsi dire un même fait historique qui se dressait par-dessus les vies nationales.

Voyez par exemple la migration des Cimbres et des Teutons. Ils sont partis de la mer du Nord et de la Baltique, ils ont franchi le Rhin pour dévaster la Gaule et descendu le Danube pour menacer la Grèce ; nous les trouvons en Espagne et en Italie. Leurs courses ou leur approche font partie intégrante du passé de toute l'Europe. Et aux mêmes années, aussi bien les jeunes cités de la Celtique que les vieilles villes de l'Italie ont redouté les mêmes hommes, pensé et agi pareillement sous les mêmes craintes.

L'unité de cette histoire ancienne oblige l'érudit à regarder sans cesse au delà du pays dont il s'occupe. Pour bien comprendre le foyer principal de ses recherches, il faut qu'il reçoive lumière et chaleur de tous les côtés de son horizon.

Comment arrivera-t-il à savoir exactement ce qu'étaient les Celtes de France, s'il n'étudie pas les Celtes d'Italie, du Danube, de Phrygie, issus sans doute de ceux-là? Mais comment, d'autre part, arrivera-t-il à bien démêler les éléments celtiques du Danube, de la Phrygie, de l'Italie, s'il ne parvient pas à les dégager des éléments locaux fournis par les Phrygiens, les Italiotes ou les Illyriens?

Plus loin encore dans le passé, est-ce que le problème de cette mystérieuse nation des Ligures, qui peupla la Gaule, tout ou partie, avant les Celtes, est-ce que ce problème n'est pas lié à celui de cette unité italo-celtique, qui, dit-on, embrassa tout l'Occident, et dont sont dérivées les nationalités italiote et gauloise? Pourrons-nous apprécier justement le rôle des dolmens et des menhirs d'Armorique, si nous ne nous posons pas la question d'une vaste thalassocratie, pareille à celle des Vikings, qui aurait régné jadis sur les mers de l'Occident? Et, en dernière analyse, la date de l'arrivée des Celtes, et leur caractère, et leur langue, cela n'est-il pas dépendant de l'éternelle affaire des Indo-Européens? Notre pays ne fut qu'une étape de la grande migration qui dota le monde européen d'une mentalité particulière; notre pays ne fut non plus qu'une étape de ces interminables caravanes qui, dans les plus lointaines périodes préhistoriques, faisaient circuler d'un bout à l'autre de l'Europe, le cuivre, l'étain et l'ambre. Vous n'évaluerez la valeur propre de cette étape qu'en suivant le long de leur route ces peuples en marche et ces marchands en peine.

Ce qui nous a également déterminés à inscrire ce livre en tête de la collection, c'est qu'il nous a paru répondre, même sous sa forme très sommaire, très condensée, à ce que nous considérons comme un autre devoir de la méthode historique, celui de faire appel, non pas seulement à tous les pays, mais aussi à toutes les disciplines, ou, si l'on préfère, à tous les ordres de sciences.

La première de ces disciplines, de ces sciences, demeure d'ailleurs, même pour l'Antiquité, même pour l'Antiquité reculée, celle des textes. Et je félicite M. Dottin de l'avoir bien vu, d'avoir vu qu'au commencement de toute étude du passé il doit y avoir, comme disait Fustel de Coulanges, le texte d'abord.

Je dis : même pour l'Antiquité reculée. Lorsque des auteurs anciens nous font connaître les dates précises des fondations de Cadix, de Marseille, de Rome, de telle ville de l'Ombrie, dirons-nous que ce sont des spéculations d'érudits maladroits? D'ailleurs, cela serait-il, qu'il faudrait en tenir compte : ces érudits avaient des documents qui nous manquent. Et puis, pourquoi les Anciens n'auraient-ils pas, par patriotisme rituel ou scrupule religieux, conservé la notion du jour où leur ville avait pris corps en face de ses dieux?

Comme on a raillé jadis la fameuse chronologie des Thalassocraties méditerranéennes (que M. Dottin a eu raison de reproduire ici)! Mais M. Victor Bérard, mais tous les fouilleurs de ces trente dernières années ont dû reconnaître qu'aucune de ces mentions thalassocratiques, chiffres, noms ou successions, n'avait une tare incurable.

Légende ou mensonge, a-t-on dit du texte sur l'Empire Biturige du v⁰ siècle. Et pourquoi donc, s'il vous plaît ? Parce que *Biturix* signifie « roi puissant », ou quelque chose de semblable ? et que le sens du mot aura créé la trame du récit ? — Mais les Bituriges étaient au centre de la Gaule : pourquoi n'en auraient-ils pas eu un instant l'empire ? Ils ont envoyé une colonie au port de Bordeaux : l'auraient-ils pu faire s'ils n'avaient été un peuple très fort ? César nous dit que leur métropole était presque la plus belle ville de la Gaule : cette beauté ne serait-elle pas le souvenir de leur puissance ? — Voilà un texte que tout justifie et vous le condamnez, parce que *Biturix* peut signifier « roi puissant ». C'est pour moi pur enfantillage. Si je voulais procéder ainsi, je vous assure que je pourrais sans peine nier et l'Empire romain et la nation française : car « Rome » a pu signifier « force » et « Franc » et « franchise » sont le même mot. Il n'est pas bon, en matière d'histoire, d'avoir trop d'esprit.

Donc, d'abord les textes, d'ailleurs dûment nettoyés, critiqués, mis à leur place non pas seulement dans leur contexte, mais dans l'ensemble de l'œuvre à laquelle ils appartiennent, et, plus encore, dans le caractère du temps auquel appartient l'écrivain. Pour interpréter une ligne de Tite Live, il faut regarder Tite Live et son temps.

Mais, à côté des textes, l'archéologie, toute l'archéologie, même celle des moindres produits. Quel admirable commentaire des textes de César sur les Rèmes ou les Vénètes que les découvertes des tombes champenoises ou des mégalithes du Morbihan! Comme les renseignements fournis par César sur les deux grands peuples viennent ainsi se greffer sur un long passé de travail et de puissance! Je dis : les moindres produits. Repérez sur une carte les découvertes de perles ou pendeloques de callaïs, et vous referez un chapitre du commerce occidental dans les temps préhistoriques. — C'est pour cela que M. Dottin n'a pas voulu se séparer, son livre durant, du meilleur des guides archéologiques, le *Manuel* de Déchelette.

Puis, également, les données linguistiques, soit celles que fournissent les répertoires onomastiques ou toponomastiques, soit celles qui résultent des comparaisons de langues. Les noms en -*dunum* nous permettent de suivre la piste des conquérants celtiques d'après 400 ; les noms en -*briga* nous mettent en présence d'un monde celtique ou italo-celtique plus ancien. Et quel beau profit les savants de l'Antiquité pourraient tirer des livres de M. Meillet, de ces livres où il a affirmé avec force la valeur de l'idée nationale chez les plus anciens peuples et la dépendance respective des faits linguistiques et des faits sociaux ! — Comme de Déchelette, M. Dottin n'a point voulu se séparer, ici, de M. Meillet.

Il a cru également nécessaire de donner, avec le concours de M. Deniker, si pondéré et si bien informé, quelques renseignements sur les races humaines. Et il a eu raison : car la question de la race, de quelque manière qu'on arrive à la résoudre, est la question la plus importante de l'histoire des peuples. On peut presque dire que nous ne racontons cette histoire que pour arriver à résoudre cette question de la race.

Enfin, M. Dottin, à la fin de son volume, a rappelé la situation géographique des grandes régions européennes. Il le fallait. L'histoire de ces régions s'explique d'abord par leur place en Europe, par leur rôle physique (je dis d'abord, car je laisse encore possible qu'elle s'explique aussi par la race). Ce que les Anciens avaient du reste bien vu eux-mêmes, lorsqu'ils rapprochaient comme deux faits solidaires la concentration militaire des forces gauloises et l'harmonie des vallées du pays, lorsqu'ils attribuaient à la position de la Crète l'origine de la thalassocratie minoenne.

Le but de ce livre est donc de montrer que, pour bien explorer le passé d'un pays, il faut savoir voyager autour de ce pays; et qu'il faut savoir, encore, interroger tout à la fois les hommes qui parlent et les choses qui se taisent, les propos des écrivains, les produits des industriels, la structure des corps et la structure du sol.

Cela, évidemment, rend la science du passé une science très complexe, très difficile. Mais l'histoire, répétait Fustel de Coulanges, est la plus difficile des sciences. Et les événements viennent de nous rappeler que notre devoir de Français est de ne plus faire de la besogne facile, d'aborder sans peur les tâches les plus ardues.

Camille Jullian.

20 avril 1916.

AVANT-PROPOS DE L'AUTEUR

> Quis rem tam veterem pro certo affirmet
> Tite Live, I, 3, 2.

Ce livre a surtout pour objet d'exposer ce que les Anciens savaient, ou croyaient savoir, des peuples qui les avaient précédés en Europe, et des temps lointains où se perdaient les origines de leurs races [1]. Quelque ingénieuses que soient les hypothèses des Modernes, elles ne peuvent suppléer avec sûreté au manque de documents, et n'ont, en tout cas, rien de plus solide où se prendre, que les souvenirs de l'Antiquité [2]. L'archéologie est anonyme. Les langues sont, pour la plupart, inconnues ou inexpliquées. Pour tracer l'histoire des plus anciens peuples, nous

---

1. J'ai arrêté, en général, la monographie de chaque peuple à la date où son histoire se mêle intimement à l'histoire des Grecs ou des Romains.

2. Comme ce livre est surtout un livre de vulgarisation, j'ai cité, de préférence, les livres et les revues qui figurent dans la plupart des bibliothèques publiques de France, mais je n'ai point négligé d'indiquer, sur chaque sujet, les livres essentiels, quels qu'ils soient; j'ai cité, de préférence au texte original, lorsqu'il n'y avait pas d'inconvénient à le faire, les traductions françaises des ouvrages modernes.

n'avons que des débris épars dans les traditions, dans les mythes, dans les généalogies et nous ne disposons guère d'éléments suffisants pour faire la critique de nos sources.

Bien que l'archéologie et la linguistique tiennent quelque place en ce livre, il repose essentiellement sur les témoignages historiques. Il est sans cesse inspiré de l'ouvrage célèbre qui lui a servi de modèle : *Les premiers habitants de l'Europe*, de H. d'Arbois de Jubainville [1].

Rennes, le 15 octobre 1915.

G. DOTTIN.

---

1. M. Camille Jullian a bien voulu lire une épreuve de ce livre et me faire part de ses observations qui m'ont été du plus grand profit.

CHAPITRE PREMIER

LES SOURCES

LES ÉGYPTIENS. — LES GRECS ET LES ROMAINS.
LA LINGUISTIQUE. — L'ANTHROPOLOGIE. — L'ARCHÉOLOGIE.

I

C'est seulement par les Égyptiens, les Grecs et les Romains que nous connaissons la plus ancienne histoire politique de l'Europe.

Les Égyptiens ne nous ont laissé que quelques noms propres de peuples, dans des textes d'âge et de nature différents. Nous résumons ici ces documents, moins accessibles que les textes grecs ou latins.

Au début du xive siècle avant notre ère, les tablettes d'argile de Tel El Amarna [1] (au sud d'Hermopolis), écrites en caractères cunéiformes et le plus souvent en langue babylonienne, mentionnent, dans la correspondance administrative d'Aménothès (ou Aménophis) III et d'Aménothès IV, les ravages des Loukou en Chypre, la mort du roi du pays des Danaouna.

Un poème [2] énumérant les contingents des Khati, qui, sous Ramsès II (XIXe dynastie), essayèrent d'envahir l'Égypte, fait connaître les Pidasa, les Masa, les Darda-

---

1. Winckler, *Die Thontafeln von Tell El Amarna*, Berlin, 1896 (*Keilinschriftliche Bibliothek*, V). Maspero, *Histoire ancienne des peuples de l'Orient classique*, II, 1897, p. 359, n. 3; 360, n. 1 et 2.
2. Maspero, *Histoire ancienne*, II, p. 367; 389; 390, n. 2; 396, n. 1.

Les anciens peuples de l'Europe.

noui, les Iriouna ou Iliouna, les Kirkisha ou Kashkisha, les Loukaou. Parmi les troupes de Ramsès II figurent des Shardina [1] et des Mashouasha.

Une inscription de Karnak [2] nous apprend que les Libyens, sur lesquels Minéphtah (XIXᵉ dynastie) remporta la victoire, étaient accompagnés de peuples venus de la mer : Akaouasha, Toursha, Shardina, Shakalousha, Loukou.

Le grand papyrus Harris [3] et une inscription de Médinet-Habou [4] portent que Ramsès III (vers 1200, XXᵉ dynastie) eut à repousser l'invasion des Toursha, Shakalousha, Poulousati, Zakkala (Zakkarou), Mashouasha, des Danaouna des îles, des Shardana et Ouashasha de la mer.

La plupart de ces noms semblent se rapporter à des peuples dont les premiers documents historiques constatent la présence en Asie Mineure, sans que nous puissions connaître leurs établissements antérieurs. Certains noms, comme *Danaouna* ou *Daïniou* qui ressemble à Δαναοί [5], et comme *Akaouasha* ou *Akaiwasha* qui correspond à Ἀχαιοί [6], peuvent désigner des peuples grecs. Le souvenir d'expéditions grecques en Égypte apparaît d'ailleurs dans l'épisode de l'*Odyssée* où Ulysse raconte à Eumée que, parti de Crète

---

1. Déjà sous Séti I, il est question de pirates Shardanes. Maspero, *Histoire ancienne*, II, p. 373, n. 1.
2. Chabas, *Recherches pour servir à l'histoire de la XIXᵉ dynastie*, 1873, p. 84-92. Maspero, *Histoire ancienne*, II, p. 432, n. 4.
3. Maspero, *Histoire ancienne*, II, p. 456, n. 3.
4. Chabas, *Recherches*, 2ᵉ éd., p. 286, 294-296. Maspero, *Histoire ancienne*, II, p. 462, n. 3. On trouve une partie de ces textes chez G. Vacher de Lapouge, *L'Aryen*, 1899, p. 276-280.
5. On a aussi identifié les *Danaouna* aux Daunies d'Italie. On les identifiait aussi jadis aux *Tana* dont les îles étaient au pouvoir de Thoutmosis III (XVIIIᵉ dynastie thébaine) ; mais ces *Tana* sont vraisemblablement, d'après le contexte, des Libyens (voir E. de Rougé, *Revue archéologique*, IV (1861), p. 201 ; Maspero, *Histoire ancienne*, II, p. 270, n. 1).
6. Sur l'identité des deux noms, voir W. Streitberg, *Indogermanische Forschungen*, VI, p. 134-135, cf. 129 n., qui explique Akaiwasha par l'ancien nominatif pluriel Ἀχαιϝῶς.

avec neuf vaisseaux, il aborda en Égypte, et que ses compagnons ravagèrent les champs, tuèrent les hommes et emmenèrent les femmes et les enfants [1]. Les Loukaou, Loukou, sont regardés comme identiques aux Lyciens. Les Masa, Maosou, sont les Mysiens ou Moesiens. Les Ouashasha que l'on ne rapproche plus guère des Osques ni des Ossètes, peuvent être les habitants de Ouassos en Carie ou de Oaxos en Crète. Les Poulousati semblent être les Philistins, plutôt que les Pélasges. Les Zakkala (Zakkarou) sont les Teucres (Τευκροί) ou les habitants de la ville crétoise de Zakro, ou encore les Sicules. Les Iliouna sont les habitants d'Ilion (Troie) ou les Iliens de Sardaigne. Les Shardina ou Shardana sont les habitants de Sardes (Asie Mineure) ou de la Sardaigne. Les Toursha sont les Tyrsènes (Tyrrhènes) ou les habitants de Tarse en Asie Mineure. Les Shakalousha sont les habitants de Sagalassos, en Pisidie, ou les Sicules [2].

Des tableaux de Médinet-Habou représentent les chefs vaincus par Ramsès III ; ceux-ci se ressemblent tous et n'ont ni le type égyptien ni le type sémitique. Les chefs portent de longs cheveux noirs bouclés [3].

Si les identifications que l'on a proposées pour les noms doivent se résoudre en faveur des Achéens, des Danaens, des Sardes, des Tyrrhènes et des Sicules, les textes égyptiens sont de première importance pour déterminer les dates des établissements des Européens.

1. *Odyssée*, XIV, 248-265. C. Paparrigopoulos, *Bulletin de correspondance hellénique*, V (1881), p. 241-250.
2. E. de Rougé, *Revue archéologique*, IV (1861), p. 201, 220 ; XVI (1867), p. 35-45, 81-103. Maspero, *Histoire ancienne*, II, p. 359-360, 389-390, 432, 461-465. A. J. Reinach, *Revue archéologique*, XV (1910), p. 1-65. A. Evans, *Scripta Minoa*, Oxford, 1909. R. Dussaud, *Les civilisations préhelléniques dans le bassin de la mer Égée*, 2e éd., 1914, p. 452-455. On a rapproché aussi les *Loukaou* des Ligyens ou Ligures, et les *Shardana* des *Khartanoi* de Libye.
3. Maspero, *Histoire ancienne*, II, p. 481, fig. R. Dussaud, *l. c.*, p. 285-287. Pour les *Shardana* de la garde de Ramsès II, voir Maspero, *ibid.*, II, p. 391, fig.

LES SOURCES

Les renseignements fournis par les Grecs sont relativement considérables. Sans compter ceux que l'on peut recueillir chez les poètes comme Homère, Hésiode, Eschyle, Apollonios de Rhodes, et chez les philosophes comme Platon et Aristote, qui ne les donnent qu'incidemment, et sans leur attribuer toujours une portée historique, la masse des connaissances transmises par les historiens et géographes proprement dits ne laisse pas d'être imposante. Il est vrai qu'à l'exception d'Hérodote qui nous fait connaître la Grèce, l'Asie Mineure et la Scythie, de Thucydide qui trace en quelques lignes l'ancienne histoire de la Sicile, de Polybe qui nous renseigne sur les guerres des Gaulois et des Carthaginois, de Diodore de Sicile qui semble s'être particulièrement attaché à l'histoire des îles, de Denys d'Halicarnasse qui commence ses *Antiquités romaines* par l'étude des premiers habitants de l'Italie, et de Strabon qui nous offre un traité complet de géographie historique [1], la plupart de ces historiens et de ces géographes ne nous sont pas connus directement. Ce n'est pas, semble-t-il, toujours regrettable. Leur valeur était diverse et souvent médiocre. Nous risquerions, si nous avions conservé leurs œuvres en entier, de prendre à la lettre et sans pouvoir les contrôler, leurs informations défectueuses. Ils ont été, heureusement à mon sens, passés au crible de la critique historique par les hommes de talent dont les écrits nous ont été conservés, et qui n'ont retenu des dits de leurs devanciers que ce qui leur paraissait le moins contestable. Si ceux-ci se sont parfois trompés, si des hommes, comme Strabon par exemple, ont été trop sévères pour Pythéas, ce n'a été que par un excès de sens critique, qualité trop rare dans l'Antiquité pour qu'on puisse en faire un grave reproche aux écrivains qui l'ont quelquefois exagérée.

1. Sur Strabon, voir Marcel Dubois, *Examen de la géographie de Strabon*, 1891, et B. Auerbach, *Quid sibi voluerit Strabo, rerum geographicarum libros componendo*, Nancy, 1887.

La date des documents utilisés est, certes, un élément important de la critique. La géographie politique de l'Europe, en ces époques lointaines de migrations fréquentes, a souvent varié, et tel peuple, qui habitait l'Europe à une époque déterminée, pouvait avoir passé, au siècle suivant, en Asie Mineure. Les anciens historiens ont pu nous conserver d'utiles notions que des historiens plus modernes ont rejetées comme étant en contradiction avec la géographie politique de leur temps. Ce fait, souvent mis en lumière par H. d'Arbois de Jubainville, a vigoureusement éclairé des textes jusqu'alors obscurs. Pourtant il faut prendre garde, aussi, non seulement que des textes d'origine assez récente nous ont été conservés sous le nom d'anciens auteurs [1], mais encore que les moyens d'information des premiers historiens étaient moins parfaits que ceux de leurs successeurs et que le recul des temps n'a pas toujours été nuisible à la recherche de la vérité. Lorsque Éphore, par exemple, au IVe siècle avant notre ère, écrivait que quatre peuples occupaient les extrémités du monde, à l'orient les Indiens, au midi les Éthiopiens, à l'occident les Celtes, au nord les Scythes, il fixait par une généralisation hardie non pas la géographie politique des extrémités du monde, mais les limites extrêmes de la connaissance de l'univers qu'avaient les Grecs de son temps, et, si Éphore eût été mieux informé, il n'aurait, sans doute, pas été aussi simplement affirmatif [2]. A mesure que les rensei-

1. Tels sont les ouvrages mis sous le nom de Scylax et de Scymnos. L'authenticité de Hécatée même a été mise en doute. A. et M. Croiset, *Histoire de la littérature grecque*, II, 1898, p. 544, 546; V, 1899, p. 120. Cf. J. Loth, *Revue celtique*, XI, p. 232.
2. Au dire de Strabon (II, 1, 41), Timosthène, amiral de Ptolémée Philadelphe, Ératosthène (275-196) et ceux qui les ont précédés ignoraient complètement la géographie de l'Ibérie et de la Celtique, et mille fois plus encore celle de la Germanie et de la Bretagne, celle du pays des Gètes et du pays des Bastarnes. Sur les sources des anciens historiens grecs, voir E. Egger, *Annuaire de l'Association pour l'encouragement des études grecques*, 1875, p. 1-15.

gnements se précisent, les dénominations de peuples deviennent de moins en moins générales.

La méthode applicable à cette science, sinon de la préhistoire, à tout le moins de la protohistoire, est singulièrement complexe. Aucun de nos historiens n'a été contemporain des faits dont il nous a conservé le récit. La valeur des notions qui, à travers les siècles et par les bouches ou les écrits de tant d'hommes divers, nous sont parvenues, ne pourrait être appréciée exactement que si nous connaissions et les sources des premiers historiens et la vigueur de leur esprit. Pour les sources, nous pouvons supposer, au moins en ce qui concerne les peuples établis sur les rives de la Méditerranée, qu'elles ont été fournies par les premiers navigateurs. Ceux-ci ne racontaient pas tout ; les intérêts de leur commerce les obligeaient à dissimuler les routes qui conduisaient aux entrepôts des marchandises dont ils voulaient se réserver le monopole. Ainsi, les Phéniciens avaient si bien caché au monde la connaissance des îles de l'étain (Cassitérides) que l'on hésite encore sur leur identité. Quant aux peuples de l'intérieur, la connaissance n'en vint aux Grecs qu'assez tard, à mesure que des relations commerciales s'établissaient entre eux et ceux qu'ils appelaient les barbares. Le plus souvent, c'était la tradition seule, avec ses légendes, avec ses incertitudes et ses incohérences, qui renseignait l'historien. Quelquefois pourtant celui-ci avait pu avoir connaissance des archives locales ; les Turdules avaient des traités d'histoire que les historiens de l'Ibérie ont pu consulter ; les Perses avaient des archives officielles où Hérodote a largement puisé. Mais il était rare que les peuplades eussent conservé des traditions remontant à une haute antiquité. Quand elles n'avaient ni longs souvenirs, ni archives anciennes, elles pouvaient, de bonne foi, se dire autochthones.

Quels que fussent les matériaux mis en œuvre, la valeur de l'historien est peut-être l'élément le plus essentiel de notre critique. Or, si nous pouvons juger par nous-mêmes des qualités d'un Hérodote, d'un Thucydide, d'un Strabon, nous ne connaissons la plupart des premiers historiens grecs que par de courts extraits ou de brèves citations qui ne portent que sur des faits précis et qui ne permettent guère de se faire une idée, même sommaire, de leur méthode et de leur esprit. Il convient, semble-t-il, de s'en rapporter souvent sur leur compte à l'opinion qu'ont émise les écrivains éminents qui ont pratiqué leurs œuvres. Lorsque Thucydide nous engage à nous méfier des compositions des logographes, faites plutôt pour flatter l'oreille que pour suivre la vérité[1], nous sommes tentés de suivre le conseil qu'il nous donne. Il semble raisonnable de souscrire à l'opinion de Strabon[2], exprimant en ces termes sa haine vigoureuse de Damaste : « Un autre tort d'Ératosthène est de citer trop souvent, soit qu'il les réfute, soit qu'il accepte leur témoignage et qu'il s'en serve, des écrivains qui ne méritent au fond que l'oubli, un Damaste, par exemple, et ses pareils, tous gens que, même pour ce qu'il y a de vrai dans leurs livres, on ne devrait jamais ni citer ni croire. Les seuls témoignages, en effet, qui puissent faire autorité, sont ceux d'écrivains recommandables, habituellement exacts, ou qui, s'il leur arrive parfois de passer les choses sous silence ou d'en parler trop brièvement, ne cherchent du moins jamais à tromper. Mais le témoignage de Damaste ! Autant vaudrait citer celui du bergéen Évhémère et de tant d'autres comme lui dont Ératosthène, tout le premier, dénonce et raille le frivole bavardage. »

Il conviendra donc de se garder, et d'une confiance trop aveugle aux premiers logographes, et d'une défiance trop sceptique à l'égard des jugements sévères que des hommes comme Thucydide et Strabon ont portés sur eux. Il sera

---

1. Thucydide, I, 21.
2. Strabon, I, 3, 1.

nécessaire, aussi, de n'attribuer qu'une valeur relative et provisoire aux résultats, d'ailleurs médiocres, que comporte ce genre de recherches.

Les historiens romains ne nous fournissent guère de témoignages immédiats que pour l'histoire de l'Italie. Pour le reste, ils ne font qu'utiliser les historiens grecs, mais ils peuvent nous avoir conservé des citations qui n'ont pas été recueillies avant eux. Ainsi, Ammien Marcellin, qui écrivait vers l'année 390 de notre ère, a traduit ou résumé un ouvrage perdu de Timagène d'Alexandrie, qui est de première importance pour l'histoire des Celtes. Festus Aviénus, qui fut proconsul d'Afrique en 366 de notre ère, nous a conservé les traits essentiels d'un périple phénicien où Himilcon décrivait les côtes de l'Europe occidentale vers le ve siècle avant notre ère. Malheureusement, les historiens latins sont encore moins exacts que les historiens grecs dans l'indication de leurs emprunts, et des limites de leurs citations.

L'étude qui fait l'objet de ce livre touche à la fois à l'ethnographie et à la géographie politique. Or, en ce qui concerne l'ethnographie, les anciens étaient aussi embarrassés que nous le sommes maintenant pour déterminer les caractères qui constituent la race, et, quant à la géographie politique, ils ont dû souvent employer les mêmes noms dans divers sens et plusieurs noms pour désigner les mêmes peuples [1] ou les mêmes pays; ils se sont servis parfois, pour désigner un pays, du nom usité de leur temps, sans donner à ce nom le sens ethnographique qu'il avait à l'origine. Nous appelons France un pays qui s'est constitué plus par les Gaulois et par les Romains que par les Francs. Le même nom d'un peuple peut avoir tantôt un sens ethnographique, tantôt un sens géographique, tantôt un

---

[1]. Cf. H. d'Arbois de Jubainville, *Les premiers habitants de l'Europe*, 2ᵉ éd., I, 1889, p. 85.

sens politique, sans que rien ne nous permette de les distinguer.

Les groupes ethniques n'étaient pas tellement purs que nous puissions être sûrs qu'ils ont toujours tiré leur nom de l'élément prépondérant ou vainqueur, et que des circonstances accidentelles et accessoires n'ont pas contribué à leur dénomination. Les Doriens de Crète étaient surtout un mélange de Thraces du mont Olympe et d'Achéens. Les Ioniens d'Asie Mineure étaient un mélange de Minyens, d'Orchoméniens, de Caméens, de Dryopes, de Phocidiens, de Molosses, de Pélasges d'Arcadie, de Doriens d'Épidaure[1]. La difficulté pour identifier les anciens peuples est encore accrue par la disparition de la plupart d'entre eux. Déjà, au temps de Strabon, on ne trouvait plus en Grèce de traces des Lélèges, qui avaient sans doute été absorbés par les Pélasges et les Hellènes.

Les peuplades qui conservaient leur indépendance, à côté ou parmi de puissants voisins, étaient en grand nombre ; même chez les peuples organisés, la centralisation était inconnue et l'organisation rudimentaire. Les anciens ont été souvent embarrassés pour déterminer l'origine de peuplades faisant partie de groupes politiques, auxquels elles n'étaient point primitivement rattachées. D'autre part, leur tendance naturelle à la généralisation les a conduits à concevoir de vastes ensembles ethnographiques ou politiques là où il y avait mélange de races et indépendance de peuples.

« Les anciens Grecs », nous dit Strabon, « comprenaient d'abord tout ce qu'ils connaissaient de peuples septentrionaux sous le seul et même nom de Scythes ou sous celui de Nomades, qu'emploie Homère ; plus tard, avec le progrès des découvertes en Occident, ils adoptèrent aussi pour cette partie de la terre des dénominations générales, soit

1. Hérodote, I, 146.

les noms simples de Celtes et d'Ibères, soit les noms mixtes de Celtibères et de Celto-Scythes, étant réduits par ignorance à ranger ainsi sous une seule et même dénomination des peuples séparés et distincts [1] ». Les poètes et surtout les tragiques grecs donnaient le nom de Phrygiens à la fois aux Troyens, aux Mysiens et aux Lydiens ; ils étendaient le nom de Cariens aux Lyciens [2]. Il fut un temps où les Grecs appelaient Tyrrhènes à la fois les Latins, les Ombriens, les Ausones et d'autres peuples de l'Italie [3].

D'autre part, les anciens ont pu prendre pour des peuples divers, divers noms du même peuple. Les noms donnés à un peuple par ses voisins sont souvent différents de celui que ce peuple se donne et le grand nombre des tribus multipliait les dénominations générales. Ainsi les noms de Mysiens et de Méoniens avaient désigné un seul et même peuple [4].

Il n'y a pas à compter que la situation actuelle des peuples dont le passé remonte aux commencements de l'histoire de l'Europe puisse nous fournir des renseignements précis et complets sur les territoires anciennement occupés par eux. Les descendants des anciens peuples comme les Basques, les Celtes des Iles Britanniques, les Albanais ont cherché le dernier asile de leur indépendance dans des montagnes qui, si elles appartenaient jadis à leur pays, n'en constituaient alors qu'une infime partie.

Là où les historiens sont manifestement insuffisants, — et c'est le cas le plus fréquent lorsqu'il s'agit des origines, — ils nous fournissent peut-être encore quelques indications dans les généalogies qu'ils nous ont données des héros éponymes de peuples. La généalogie était-elle pour les vieux historiens grecs un procédé clair et précis pour résu-

1. Strabon, I, 2, 27.
2. Strabon, XIV, 3, 3.
3. Denys d'Halicarnasse, I, 29.
4. Strabon, XII, 3, 20.

mer les traditions ethnographiques, ou bien n'était-elle que la création d'imaginations vives qui ne voulaient pas se résoudre à ignorer? Selon que l'on répondra à cette question négativement ou affirmativement, on ajoutera ou non aux textes historiques une nouvelle source de renseignements. Outre que leur exactitude même est sujette à caution, les anciennes généalogies contiennent, sans doute, autant de mythes religieux que d'histoire, et leur symbolisme, qui nous échappe, ne doit pas nous faire illusion. Néanmoins on ne peut admettre que les légendes ethnographiques n'aient aucun fondement historique [1]. L'imagination des logographes reposait, à tout le moins, sur des réalités qu'ils connaissaient, et que nous ignorons; et leurs mensonges contiennent sans doute plus de vérité que nos hypothèses. Les légendes héroïques reproduisent parfois des détails géographiques dont il serait imprudent de ne pas tenir compte, et qui témoignent, en tout cas, de rapports entre les divers pays où elles situent la vie de tel ou tel héros.

Peut-on faire état des dates précises que nous fournissent les Grecs pour des événements lointains où la légende a plus de part que l'histoire? Les principales chroniques grecques qui nous sont parvenues sont : la chronique de Paros [2] (dite aussi marbres d'Arundell) qui fut composée vers 263 avant notre ère, et qui s'étend de Cécrops à l'archonte Diognète (264 av. J.-C.); les fragments de la chronique en vers iambiques d'Apollodore [3] (IIe siècle av. J.-C.) qui s'étendaient de la guerre de Troie

---

1. Sur la part que l'on doit faire à l'histoire dans les légendes grecques, voir V. Bérard, *De l'origine des cultes arcadiens*, 1894. Éphore a, le premier, dit que la vraisemblance des récits, pour une période fort ancienne de l'histoire, est d'autant plus grande qu'ils sont moins développés (*F. H. G.*, I, p. 234, fr. 2).
2. *F. H. G.*, I, p. 533-590.
3. *F. H. G.*, I, p. 435-449.

jusque vers 144 av. J.-C. ; la chronique d'Eusèbe [1] (mort en 340) que nous connaissons surtout par des traductions, et qui s'étend de l'origine du monde à 325 après J.-C. ; la chronique du Syncelle [2] (vers 800 ap. J.-C.) et la chronique Pascale [3] (vers 630 ap. J.-C.) qui sont fondées surtout sur la chronique d'Eusèbe.

Les documents qui ont servi à établir ces chroniques ne sont pas très sûrs. La chronologie grecque ne commence à être précise qu'avec l'ère des olympiades. Or cette ère fut employée pour la première fois par l'historien Timée [4] (350-256). Les Eléens auraient consigné sur une liste conservée dans le gymnase d'Olympie les noms des vainqueurs depuis 776, date de la fondation des jeux. Mais quelques critiques doutent de l'existence d'une telle liste avant le temps de Thucydide [5]. De la première olympiade (776) au règne de Cécrops, il se serait écoulé environ 830 ans pour lesquels nous nous demandons quelle a pu être la base de computation, en l'absence de toute chronologie régulière ; il est probable que les généalogies seules, par le calcul de la durée moyenne des générations successives, ont fourni matière aux apparentes précisions des chronographes.

Les points de repère des anciens historiens grecs sont la guerre de Troie et le retour des Héraclides. La date du commencement de la guerre de Troie oscille entre 1343 et 1154 ; et le retour des Héraclides se serait fait de 63 à 189 ans après la guerre de Troie [6]. Si l'on accepte, à titre d'in-

---

1. *Eusebi Chronicorum canonum quae supersunt*, éd. A. Schœne, Berlin, 1866-1876. S. Jérôme, *Eusebii Pamphili Chronicorum liber secundus* (Migne, *Patrologia latina*, XXVII, 1846, col. 225-507).
2. Georgius Syncellus, éd. Dindorf, Bonn, 1829 (*Corpus Scriptorum historiae Byzantinae*).
3. *Chronicon Paschale*, éd. Dindorf, Bonn, 1832 (*Corpus Scriptorum historiae Byzantinae*).
4. Polybe, XII, 11.
5. J.-P. Mahaffy, *Journal of Hellenic Studies*, II (1881), p. 164.
6. *Ctesiae... et chronographorum fragmenta*, éd. C. Müller, 1844, p. 129. Troie aurait été prise 835 ans après la 43e année du règne

dications tout au moins, les dates des chronologies, il convient d'admettre pour elles presque les mêmes écarts d'évaluation que pour les dates de l'archéologie.

Si l'on récuse en bloc toutes ces dates, il est néanmoins intéressant de consulter la liste des événements dont le souvenir s'était conservé en Grèce [1] et dont la succession nous donne, à défaut de dates absolues, des dates relatives. Les historiens nous fournissent rarement des indications précises de temps ; les faits qu'ils racontent ne sont pas toujours rangés dans l'ordre chronologique et nous risquons de reporter dans l'antiquité la plus reculée des événements de basse époque. La confusion fréquente des Phéniciens et des Carthaginois entraîne, par exemple, à d'inévitables erreurs.

Les historiens modernes ont eu dans le témoignage des anciens une riche matière à reconstructions et à interprétations qu'ils ne se sont pas fait faute d'exploiter en tous sens. La méthode qui semble avoir eu chez eux le plus de succès tend à unifier le plus grand nombre possible de peuples distingués par les anciens. Ainsi on a identifié les Lélèges, Pélasges, Lyciens, Dardanes et Illyriens [2] ; les Celtes, les Scythes, les Ibères, les Germains, les Sicanes, les Sicules [3].

Souvent aussi, les modernes se sont montrés enclins à faire table rase des textes grecs et latins. Des savants ont essayé de résoudre les problèmes que pose l'histoire des Pélasges en niant leur existence [4].

de Ninos en Assyrie, après la naissance d'Abraham, après la 22e année du règne d'Europs à Sicyone ; et il s'était écoulé 376 ans, du commencement du règne de Cécrops jusqu'à la chute de Troie. *Eusebi Chronicorum libri duo*, éd. A. Schœne, II, p. 52. Les Athéniens la plaçaient en 1209 ; les Lacédémoniens, en 1183. Curtius, *Histoire grecque*, trad. Bouché-Leclercq, I, p. 179.

1. On trouvera ci-après, ch. IV, les principales dates des chronographes.
2. Benlœw, *La Grèce avant les Grecs*, 1877, p. 47-49.
3. S. Pelloutier, *Histoire des Celtes*, nouvelle édition, 1770.
4. Voir ci-après, ch. III.

Mais un sens plus profond des réalités et une conception plus philosophique de la géographie a permis de déterminer les possibilités de communications, les grandes voies de commerce et d'invasion, les points importants d'occupation [1], toutes choses dont les anciens historiens et géographes se préoccupaient rarement.

C'est surtout grâce à l'archéologie et à la linguistique, dont les méthodes ont été établies avec précision, que les modernes ont pu renouveler l'étude de la préhistoire.

II

Les lacunes que laisse l'histoire peuvent être, en une certaine mesure, comblées par la linguistique et l'archéologie qui nous permettent de remonter à des époques plus lointaines. Les divers peuples ont laissé comme traces de leur passage des noms de lieux, des inscriptions et des vestiges archéologiques.

Lorsque l'on connaît la langue d'un peuple, on peut déterminer avec précision quels noms de lieux lui ont appartenu. C'est ainsi que l'explication par le celtique du second terme de noms de lieux en -*dunum* est incontestable, puisque le sens de *dunum* en vieux celtique nous a été donné par les anciens eux-mêmes. Mais, même dans le cas où la langue est inconnue, la toponomastique peut fournir d'utiles indications. Quand un nom ou une partie de nom de lieu sont particulièrement fréquents dans une région habitée depuis de longs siècles par le peuple dont on s'occupe de déterminer l'extension, on peut regarder ce nom comme caractéristique de ce peuple, sauf coïncidence imprévue de vocabulaire entre deux langues étrangères l'une à l'autre. C'est ainsi que H. d'Arbois de Jubainville a pu

---

[1]. Par exemple chez Jullian, *Histoire de la Gaule*, 1908 et s., et chez Bérard, *Les Phéniciens et l'Odyssée*, 1902.

considérer le suffixe -*asca*, très fréquent en Ligurie, comme caractéristique des Ligures, et supposer, sans invraisemblance, que, partout où l'on a relevé ce suffixe, les Ligures ont été établis. De même, le suffixe -*acus* est propre aux pays celtiques. Quelques noms géographiques d'Asie Mineure se trouvent aussi sur le pourtour occidental de la Méditerranée : on a pu raisonnablement en conclure à des migrations de peuplades d'Asie en Europe ou d'Europe en Asie ; mais il serait imprudent de dénommer ces peuplades. De plus, dans le cas où un même nom de lieu est répandu en plusieurs pays, il est téméraire d'admettre que tous les lieux qu'il désigne ont été fondés par le même peuple. Il faut tenir compte des noms d'imitation ou de tradition, rappelant à des colons le souvenir de leur métropole, ou à des exilés le souvenir de leur ville natale. Ces noms désignent des fondations que plusieurs siècles souvent séparent de l'origine de la ville dont le nom leur a été donné, et n'ont que bien rarement une valeur ethnographique. Les noms de peuples, qui ne sont à l'origine que le nom d'une tribu prépondérante, peuvent induire à de singulières erreurs : les *Dutch* (Hollandais en anglais) portent le même nom que les *Deutsch* (Allemands en allemand) ; les Roumains ne sont pas identiques aux anciens Romains ; *Cymry* (en gallois), *Welsh* (en anglais) désignent le même peuple, les Gallois.

La toponomastique a pu d'ailleurs causer quelques erreurs dans les traditions de l'Antiquité ; l'identité de certains noms de lieux a amené à situer les légendes en divers pays. La Crète et la Troade ont été souvent confondues, à cause de la ressemblance des noms de lieux. Il y a en effet en Crète et en Troade une montagne de l'Ida et un mont Dicté ; un sommet de l'Ida de Phrygie s'appelle Pytna comme une montagne de Crète ; Hippocoronon est une ville de l'Atramyttène, et Hippocoronion une ville de Crète ; Samonion désigne l'extrémité orientale de la Crète et une plaine de la Néandrie [1]. De la question de savoir si le Crotone (Cortone en Étrurie) de Denys d'Halicarnasse est identique au Crestone d'Hérodote dépend la détermination de l'origine des Pélasges et des Tyrrhènes [2].

La linguistique ne nous renseigne pas seulement sur l'extension géographique des peuples : elle nous aide aussi à en déterminer la parenté. Il est relativement facile de décider si un peuple appartient ou non à la famille indo-européenne, pourvu que l'on connaisse quelques phrases de sa langue. La tâche est plus difficile quand on n'en connaît que quelques mots, car ces mots peuvent avoir été empruntés à des voisins indo-européens, et, d'autre part, l'absence de rapports étroits entre ces mots et leurs correspondants indo-européens ne prouverait pas qu'ils appartiennent à une autre famille, tellement petit est le nombre des mots communs aux divers dialectes indo-européens. Il serait plus imprudent encore de fonder des rapprochements sur des étymologies, toujours contestables, de noms propres. Pour la connaissance directe de la langue, nous disposons d'inscriptions d'époques diverses et de gloses. Les gloses transmises par les anciens, si elles sont correctement transcrites, ont reçu, au moins, des désinences grecques ou latines, et sont souvent attribuées tantôt à une langue, tantôt à une autre. Dans les inscriptions bilingues, les deux textes ne se correspondent pas toujours exactement.

On a cherché, en étudiant l'extension des dialectes des langues romanes, à déterminer les *substrata* barbares qui avaient causé l'évolution spéciale à chacun de ces dialectes [3]. Dans la péninsule ibérique, le portugais serait le dévelop-

---

[1]. Strabon, X, 3, 20.
[2]. Denys d'Halicarnasse, I, 29. Hérodote, I, 57. Voir K. O. Müller, *Die Etrusker*, Stuttgart, 1877-1878, I, p. 89-93.
[3]. Wechssler, dans *Festgabe für H. Suchier*, Halle, 1900, p. 110. Steinthal, dans *Festschrift für A. Bastian*, Berlin, 1896, p. 50. Carte chez Hirt, *Die Indogermanen*, II, Strasbourg, 1907.

pement du latin en pays celtibère, le castillan et le galicien auraient un *substratum* ibère ; le catalan aurait subi l'influence du ligure. En Gaule le *substratum* de la langue d'oc serait l'ibère et le ligure. Les dialectes italiens : gallo-italique, vénitien, toscan, sicilien, sarde, correspondraient aux anciennes populations. Le roumain occuperait l'ancien domaine du thrace. Le principe de cette méthode est incontestable ; la variété des dialectes s'explique sans doute par l'influence des langues barbares auxquelles ils se sont superposés. Mais le domaine respectif des langues antérieures aux langues romanes est si mal connu que leur identification est nécessairement hypothétique.

La comparaison des langues appartenant à la même famille permet aussi de déterminer le vocabulaire commun à ces langues avant leur séparation en dialectes différents et par suite, dans la mesure où les mots correspondent aux idées et aux objets, de tracer les traits principaux de la civilisation de ces peuples, au temps où ils formaient un même tout linguistique, et, sans doute aussi, politique. Il faut remarquer, toutefois, que des mots, usités dans certaines langues à l'époque qui a suivi immédiatement la séparation, ont pu, par la suite, y être remplacés par d'autres après des établissements en de nouveaux pays et des contacts avec de nouveaux peuples. L'absence d'un mot dans une ou plusieurs langues ne suffit donc pas à prouver que l'idée ou l'objet qu'il représente était inconnu de l'unité indo-européenne et qu'il a été acquis postérieurement à cette unité. Les peuples qui employaient le même mot avaient en commun, à l'exclusion des autres peuples, non pas seulement l'objet ou l'idée exprimée, dans sa forme ou son sens le plus général, mais souvent même une marque de l'objet ou une nuance de l'idée exprimée [1]. Certains mots peuvent servir à fixer des points de repère

---

1. Voir ci-dessous, ch. II.

Les anciens peuples de l'Europe. 2

dans le temps ou dans le lieu, par exemple les noms des métaux.

Enfin, on peut même chercher à reconstituer l'histoire des Indo-Européens en déterminant, par l'examen des degrés de parenté qui unissent plus ou moins étroitement les diverses langues, quelles sont celles de ces langues qui sont demeurées le plus longtemps en contact, et, par suite, quels peuples indo-européens ont eu pendant quelques siècles une histoire commune. Cette parenté plus intime ne peut se démontrer qu'on observant les innovations linguistiques propres aux peuples en question, à l'exclusion des particularités qui proviennent du fonds commun à toute la famille.

Mais la répartition géographique des langues à l'époque historique ne peut donner une idée de ce qu'était quelques siècles auparavant la répartition des langues, et, par suite, des peuples [1].

Si la langue nous permet d'établir avec précision la parenté sociale et de voisinage des peuples et, dans quelque mesure, leur civilisation, il ne faut pas oublier qu'elle n'a pas toujours, dans l'Antiquité comme de nos jours, constitué un lien solide entre des groupements politiques, et que des peuples parlant des langues différentes ont pu être plus unis que des peuples de même langue. Tel semble être le cas des Cariens et des Mysiens. Des peuples ont changé de langue sans changer de nom comme les Gaulois quand ils ont remplacé le celtique par le latin ; ils ont changé de nom sans changer de langue quand ils se sont appelés Francs au lieu de Gaulois.

En fait, nous ignorons le plus souvent quelles langues parlaient les anciens peuples de l'Europe et quand certains d'entre eux nous ont laissé des inscriptions, en l'absence de bilingues, nous ne pouvons en déterminer le sens, ni

---

[1]. Meillet, *Aperçu d'une histoire de la langue grecque*, 1913, p. 55.

même toujours la lecture. C'est le cas pour l'étrusque, le vénète, l'ibère et les langues égéennes.

Quoi qu'il en soit, c'est de l'étude, un jour fructueuse sans doute, des langues des anciens peuples de l'Europe, plus que de l'histoire et même de l'archéologie, que nous devons attendre les renseignements les plus précis sur leur origine et une partie de leur civilisation.

III

Les anthropologues ont tenté de déterminer les caractères physiques des anciens peuples de l'Europe en explorant les tombes qu'ils ont laissées. Ainsi, on a trouvé que les plus anciens Minoens, de l'époque néolithique, sont surtout dolichocéphales [1]. Mais, outre que les explorations ne peuvent être faites en nombre assez grand pour donner des résultats sûrs, ces résultats eux-mêmes sont fragmentaires; ainsi, les documents ostéologiques font à peu près défaut en France pour l'âge du bronze [2]. On a remarqué avec raison que les dimensions du squelette et la forme de la tête ne suffisent pas à caractériser une race. Les tombes sont anonymes, et il est téméraire, dans les pays où de nombreux occupants se sont succédé, de les attribuer à un peuple plutôt qu'à un autre. Il est d'ailleurs admis que les caractères physiques dépendent souvent du pays et du climat et qu'ils se modifient quand les peuples s'établissent hors de leur pays d'origine. La notion de race se confondrait donc plus ou moins rapidement avec la notion d'habitat, selon que les peuples mélangés diffèrent moins ou plus de constitution physique; la différence qui sépare des races réunies par un lien politique en un même pays ne serait que momentanée; la notion de races se fondrait

---

1. Dussaud, *Les civilisations préhelléniques*, 2ᵉ éd., p. 446, 455.
2. Hamy, *Les premiers Gaulois. L'Anthropologie*, XVI (1906), p. 1; XVII (1907), p. 127.

peu à peu dans l'idée de peuple. L'ensemble des caractères physiques qui constituerait la race, et qui permettrait de découvrir la parenté ancienne de peuples depuis longtemps séparés, est, pratiquement, pour le sujet que nous traitons, impossible à déterminer. Si nous pouvions l'établir, il est d'ailleurs probable que les comparaisons d'ensemble de caractères physiques seraient aussi vaines que les comparaisons d'ensemble de dialectes, les détails n'étant pas uniformément répartis, et la complexité variée de ces ensembles rendant difficiles les rapprochements généraux.

IV

L'archéologie, quand les monuments épigraphiques sont rares ou obscurs, nous fait connaître des civilisations et non des peuples. C'est le cas pour la plupart des anciens habitants de l'Europe. Ils ont passé par plusieurs étapes, par l'âge de la pierre, par l'âge du bronze, par l'âge du fer. Mais il n'est que rarement possible de déterminer de quelle région ou de quel peuple est originaire tel ou tel progrès industriel. Quand un objet de forme et de fabrication bien caractérisées est spécialement abondant dans une région, il est vraisemblable que c'est dans cette même région que sa fabrication a été plus florissante. Mais les comparaisons sont hasardeuses, car toutes les régions n'ont pas été fouillées dans les mêmes temps, dans les mêmes conditions et avec le même soin. On arrive à des résultats plus précis quand il s'agit de productions naturelles, comme l'étain et l'ambre, dont le lieu d'origine est bien connu. On peut même fixer avec quelque probabilité les routes du commerce de l'ambre et celles de l'étain. Les résultats ne laissent pas d'être toujours provisoires. Les chances d'erreur sont moindres lorsqu'il s'agit d'époques où la vie des peuplades semble devenue sédentaire et où l'on ne risque plus de prendre pour des échanges commerciaux les objets perdus par des tribus nomades en leurs successives résidences.

Les dates de la civilisation primitive sont d'ailleurs, comme nous l'avons vu, difficiles à déterminer par les mots qui désignent les objets les plus caractéristiques, car ces mots, même dans une même famille de langues, peuvent être différents, quand un léger détail de fabrication a différencié des objets à l'origine identiques.

Ce n'est guère qu'à l'aide des objets grecs et italiques, dont les dates de production peuvent être déterminées par siècles, que l'on peut dater, approximativement, les acquisitions industrielles des peuples mal connus. La présence d'objets de fabrication barbare et d'objets de provenance grecque dans une même tombe permet d'établir un synchronisme, approximatif d'ailleurs, car des objets identiques ne sont pas nécessairement des objets contemporains. Des dates plus lointaines, mais moins sûres, peuvent être obtenues par comparaison avec la civilisation égyptienne. En même temps que les dates, la méthode comparative a permis d'établir que le plus souvent c'est de Grèce et d'Italie que certains produits industriels se sont, de proche en proche, répandus dans l'Europe centrale, et que c'est de l'imitation de ces modèles que procède l'art local.

L'archéologie a permis encore de démontrer que ce n'est point par bonds, mais par mouvements lents et réguliers, que la civilisation s'est répandue et qu'il n'est guère probable que les modifications dans l'industrie d'un peuple se soient opérées brusquement à la suite de la conquête du pays par un peuple plus civilisé.

Mais l'archéologie n'a, avec l'histoire, que des rapports restreints. Elle nous apprend surtout quelles étaient les coutumes funéraires et les relations commerciales chez des peuples anonymes. Or la diversité des coutumes funéraires ne prouve pas la diversité des peuples, et la même société a pu avoir, successivement ou à la même époque, divers genres de sépultures, dépendant de la constitution du sol ou de la classe sociale. Quant au commerce, il n'est pas étroitement lié à la nationalité ; les importations et les exportations, aussi vraisemblables les unes que les autres, ne laissent pas facilement décider le sens dans lequel elles se sont faites. Ce n'est pas toujours le peuple producteur qui a exporté, et les commissionnaires ne se faisaient pas faute de transporter des marchandises, d'origine diverse, qu'ils allaient chercher dans les divers pays de production. Pour les objets de provenance bien connue, ce serait parfois à tort qu'on tirerait de leur présence en tel ou tel pays la preuve que leurs fabricants ont conquis ou même visité le pays où on les trouve. L'histoire des échanges commerciaux est essentiellement différente de l'histoire politique. Les grands peuples marchands ne sont pas toujours de grands peuples conquérants.

Quand nous trouvons, chez les écrivains anciens, l'attestation pour un peuple de coutumes que, d'autre part, l'archéologie nous fait connaître, cet accord nous permet quelquefois de préciser l'apport de ce peuple à la civilisation. Mais la méthode, qui consisterait à déduire de la seule ressemblance des coutumes, historiquement ou archéologiquement attestées, la parenté des nations chez lesquelles on les trouve, est singulièrement dangereuse, car les coutumes s'empruntent de peuple à peuple, et des ressemblances précises, restes du fonds primitif de l'humanité ou simple coïncidence, ont été souvent constatées chez des nations de race très différente et qui n'avaient jamais été en contact. Quant au folklore des peuples qui sont encore maintenant dans un état de civilisation analogue à celui de nos lointains ancêtres, il ne peut être utilisé que pour se représenter par l'imagination la vie des hommes des premiers âges [1]. Enfin il ne faut pas oublier que les cou-

---

[1]. On trouvera un bon résumé de l'anthropologie et de l'ethnographie chez J. Deniker, *Les races et les peuples de la terre*, 1900.

tumes dépendent des climats et des pays autant que du caractère des peuples.

En résumé, pour construire l'histoire des anciens peuples de l'Europe, nous ne pouvons extraire de l'histoire, de la linguistique, de l'archéologie, du droit comparé, que des matériaux fragiles et de nature variée. Le lecteur ne devra donc pas s'étonner de l'instabilité de l'édifice ni de son aspect provisoire et peu esthétique. Il convient, autant que possible, de l'étayer de tout ce que les modernes ont déployé d'ingéniosité et de science pour suppléer aux vides qu'y ont laissés les anciens, mais il faut se garder aussi de rebâtir ces ruines sur un plan préconçu, et même d'y « établir de fausses fenêtres, pour la symétrie [1] ».

1. Pascal, *Pensées*, éd. Havet, VII, 22.

CHAPITRE II

LES CIVILISATIONS

LES CIVILISATIONS D'APRÈS L'ARCHÉOLOGIE ET LA LINGUISTIQUE. — LA LÉGENDE DES PREMIERS HOMMES. — L'AGE DE LA PIERRE. — L'AGE DU BRONZE. — L'AGE DU FER. — LA CIVILISATION INDO-EUROPÉENNE.

Les civilisations, auxquelles appartiennent les anciennes nations de l'Europe et dont l'archéologie recueille et classe les restes, sont encore, pour la plupart, anonymes. En l'absence d'inscriptions sur les objets et les monuments, l'origine en est douteuse. La culture des peuples n'est d'ailleurs pas bornée aux limites étroites de la géographie politique et tient encore moins de compte des dénominations ethniques. Quel que soit leur nom, quels qu'aient été leur race ou leur domaine, les anciens peuples de l'Europe ont passé, les uns plus vite, les autres plus lentement, par les étapes que tous ont dû parcourir, et dont l'introduction de l'agriculture, la découverte et l'exploitation des métaux, la construction d'enceintes fortifiées sont les stades principaux.

LES LÉGENDES ANTIQUES

Les légendes anciennes sur l'origine de l'humanité semblent être, en général, de pures conceptions de poètes qui n'ont guère tenu compte des traditions historiques. Pour Hésiode, les dieux et les hommes sont nés en même temps.

A l'âge d'or, les hommes vivaient sans travailler et se partageaient les richesses naturelles de la terre. L'âge d'argent fut celui d'une génération très inférieure, stupide et impie. La troisième race, la race d'airain, était guerrière et féroce; les hommes ne mangeaient point de blé; leurs armes, leurs demeures étaient d'airain; ils ne connaissaient point le fer [1]. Puis vint l'âge des héros qui prirent part à la guerre des Sept contre Thèbes et qui firent le siège de Troie. L'âge de fer est l'âge de la douleur et de la misère, de l'impiété et de l'injustice, sans qu'il y ait aucun remède aux maux des hommes [2]. Aratos a repris cette légende : l'âge d'or, qui est l'âge de la justice, ne connaissait ni la navigation, ni le commerce; les hommes vivaient de l'agriculture; l'âge d'argent marque une décadence; les hommes de l'âge d'airain furent les premiers à fabriquer le glaive malfaisant et à nourrir des bœufs de labour [3]. Ovide, à son tour, a tracé le tableau des quatre âges de l'humanité : l'âge d'or ou âge de Saturne, où il n'y a ni lois, ni navigation, ni villes, ni armes, ni instruments agricoles; où les hommes se nourrissent de glands, d'arbouses et de cormes; l'âge d'argent, qui vit construire les premières habitations; l'âge d'airain; l'âge de fer qui connut la navigation, la propriété, le travail des mines, le fer et l'or [4]. L'idée générale d'Hésiode, d'Aratos et d'Ovide est bien moins de représenter l'évolution de la civilisation que de montrer la perfection primitive et la déchéance graduelle de l'humanité. Certains détails pourtant peuvent être retenus par les historiens.

Mais c'est seulement chez Lucrèce que l'on trouve un

---

1. Cf. Varron, chez Saint Augustin, *De la cité de Dieu*, VII, 24. Ovide, *Fastes*, IV, 405.
2. *Les travaux et les jours*, 109-196.
3. *Phénomènes*, 96-136. Cf. Aviénus, *Les phénomènes d'Aratus*, 273-352.
4. *Métamorphoses*, I, 89-150.

tableau épique et plus scientifique des progrès des premiers hommes. « Alors vécut sur la terre une race d'hommes plus dure, comme il convenait à des êtres produits par le dur sein de la terre... Ils menaient, en troupes, la vie errante des bêtes sauvages... Ce que le soleil et la pluie avaient produit, ce que la terre avait fait naître d'elle-même suffisait à les satisfaire. C'est parmi les chênes, à la moisson des glands, qu'ils allaient chercher d'ordinaire la nourriture de leur corps... Ils habitaient les antres des montagnes, la profondeur des bois, et cherchaient dans les broussailles, pour leurs corps incultes, un abri contre les violentes atteintes du vent et de la pluie. Ils ne pouvaient avoir en vue l'avantage commun, inhabiles qu'ils étaient à former entre eux les liens des mœurs et de la loi... Pourvus de mains et de pieds d'une force et d'une agilité prodigieuse, ils atteignaient au loin les bêtes sauvages avec des quartiers de roche qu'ils leur lançaient; ils les abattaient avec d'énormes et pesantes massues...

« C'est la foudre qui fit descendre sur la terre, pour l'usage des mortels, la première flamme... Toutefois, il arrive aussi que, sous l'effort des vents, un arbre penche ses épais rameaux sur ceux d'un autre arbre; par moments, alors, jaillit l'ardente flamme, pendant que se heurtent entre eux les rameaux et les troncs [1]... Cuire les aliments, on l'apprit du soleil... Quand on eut des cabanes, des habits de peaux de bêtes, du feu, alors le genre humain commença à perdre quelque chose de sa dureté première... Alors firent amitié entre eux ceux dont les habitations se touchaient... Bientôt, les rois commencèrent à fonder des villes, à se construire, sur les hauteurs, des citadelles pour être leur défense et leur refuge; ils firent le partage des troupeaux

---

[1]. Sur la production du feu par le frottement de deux morceaux de bois, voir : *Hymne homérique à Hermès*, 108-110; Pline, XVI, 208; Festus, *ignis*.

et des champs, gratifiant chacun en raison de la beauté de son corps, de sa force, de son esprit.

« L'airain, l'or, le fer, et, en même temps, la pesanteur de l'argent et la puissance du plomb, furent découverts quand de grands incendies eurent consumé des forêts sur les grandes montagnes, soit que la foudre y fût tombée du ciel, soit que les hommes eussent employé le feu pour faire peur à leurs ennemis dans la guerre qu'ils se faisaient dans les bois ; soit que, attirés par la fertilité du sol, ils eussent voulu défricher des champs et créer des pâturages ; soit qu'ils eussent voulu tuer des bêtes fauves et s'enrichir de leur dépouille ; car c'est par les fosses et le feu que commença l'art de la chasse, avant qu'on en fût venu à entourer les bois de filets et à les faire battre par des chiens. Quoi qu'il en soit, par quelque cause que la flamme ait consumé à grand bruit les forêts jusqu'aux plus profondes racines et ait embrasé la terre, il s'écoulait, de ses veines brûlantes dans les cavités de la terre, un ruisseau d'argent et d'or, d'airain et de plomb. Quand les hommes voyaient ensuite ces fragments solidifiés briller d'une couleur éclatante dans la terre, ils les recueillaient, charmés de leur aspect luisant et poli ; ils remarquaient qu'ils avaient une forme semblable à celle des crevasses, et l'idée leur venait qu'ils pourraient, liquéfiés par la chaleur, courir dans des moules de toute espèce ; que, de plus, en les frappant, ils pourraient les étendre en lames aussi aiguës et aussi minces que possible, pour se fournir d'armes et d'outils pour couper les bois, pour les polir, les raboter, les percer, les creuser, les perforer. Ils se préparaient d'abord à employer aussi bien l'argent et l'or que la puissance vive de l'airain ; ce fut en vain, car leur force cédait, vaincue, et ne pouvait suffire aussi bien au dur travail. Alors, l'airain fut plus estimé et l'or fut rejeté comme inutile, sa pointe étant facile à émousser...

« Les anciennes armes furent les mains, les ongles et

les dents, et les pierres, et aussi les branches, fragments des forêts, et la flamme et le feu, après qu'ils eurent été découverts. L'usage de l'airain fut connu avant celui du fer, parce qu'il était plus facile à travailler et plus abondant. Avec l'airain, ils traitaient le sol; avec l'airain, ils soulevaient les tempêtes de la guerre; ils semaient les vastes blessures, et s'emparaient des troupeaux et des champs; puis, peu à peu, s'introduisit l'épée de fer, et la faux d'airain ne servit qu'à de honteuses pratiques. Avec le fer, ils se mirent à fendre la terre et à rendre égales les luttes douteuses de la guerre [1]. »

L'idée de Lucrèce, opposée à celle d'Hésiode, d'Aratos et d'Ovide, est de représenter, non la déchéance de l'humanité, mais la condition misérable des premiers hommes avant les progrès de la civilisation. De même, le Titan Prométhée était devenu chez Eschyle le héros civilisateur de l'humanité : il avait fait connaître aux hommes le feu; alors qu'ils habitaient dans des cavernes profondes, il leur avait appris à se servir de la brique et du bois pour construire des maisons, à domestiquer les animaux pour traîner la charrue et à atteler les chevaux aux chars. Il leur avait enseigné à composer des remèdes et à tirer des présages du vol des oiseaux et des entrailles des victimes. Il avait découvert dans les profondeurs de la terre, l'airain, le fer, l'argent et l'or [2].

En général, les traditions proprement historiques recueillies par les anciens sur les âges primitifs de l'humanité sont rares et vagues. Il n'y est jamais question d'armes ni d'outils en pierre. Ce qui semble surtout avoir attiré l'attention des historiens est l'habitation des cavernes. Cette forme de civilisation, propre aux pays où les excavations naturelles fournissaient des refuges, a été, dans l'Antiquité,

---

[1]. *De la nature*, V, 1240 et suiv. Cf. Poséidônios chez Strabon, III, 2, 9. Diodore, I, 8; V, 35.
[2]. Eschyle, *Prométhée*, 252, 447-468. Apollodore, I, 7.

comme le type de la civilisation primitive. Pourtant, du temps de Diodore, les habitants des Baléares avaient pour abri les creux des rochers ou des demeures souterraines; et, du temps de Strabon, quatre peuples de Sardaigne demeuraient encore dans des cavernes [1].

Les Cyclopes de l'*Odyssée* sont le premier exemple de cette civilisation. Ils habitent des cavernes creuses, au sommet de hautes montagnes. Ils ne plantent et ne labourent point. Ils vivent du produit de leurs troupeaux de chèvres et de brebis. Ils n'ont point de navires. Ils ne connaissent point les dieux des Grecs. Chaque Cyclope gouverne ses enfants et ses femmes, et ne s'occupe pas des autres; ils n'ont pas d'assemblée délibérante [2]. Ils ne semblent pas avoir d'autres armes que des pierres et des massues, et Ulysse doit fabriquer lui-même le pieu qu'il aiguise au feu [3].

Que le pays des Cyclopes fût en Sicile, dont ils auraient été avec les Lestrygons les premiers habitants [4], ou qu'il fût en Italie non loin de Cumes [5], leur civilisation, ou une civilisation analogue, avait été dès l'Antiquité regardée comme caractéristique d'autres peuples à demi légendaires.

Pélasgos, le héros éponyme des Pélasges, trouva dans le Péloponnèse un peuple auquel il dut apprendre à bâtir des cabanes, pour ne souffrir ni du froid, ni de la pluie, ni de la chaleur, et à se faire des vêtements de peau de porc. Ce peuple mangeait des feuilles, des herbes et des racines peu comestibles ou même nuisibles. Pélasgos leur apprit à se nourrir de glands doux [6].

---

1. Diodore, V, 17. Strabon, V, 2, 7. Cf. Pausanias, X, 17, 2.
2. *Odyssée*, IX, 113-114, 108, 244, 125-128, 270-276, 112-115. Cf. Platon, *Lois*, III, p. 680 b. Aristote, *Politiques*, I, 1, 7.
3. *Odyssée*, IX, 319-328. La principale arme de Héraclès est une massue de bois.
4. Thucydide, VI, 2, 1.
5. Bérard, *Les Phéniciens et l'Odyssée*, II, p. 114-179.
6. Pausanias, VIII, 1, 5-6.

La civilisation des premiers habitants du Latium n'était guère plus avancée, si l'on s'en rapporte à Virgile. Les bois étaient habités par une race d'hommes née du cœur dur du chêne qui n'avaient ni coutumes ni civilisation ; ils ne savaient ni mettre des taureaux sous le joug, ni amasser des ressources, ni épargner le bien acquis ; des branchages et les sauvages produits de la chasse les nourrissaient [1].

Les Aborigènes vivaient sans lois et sans gouvernement [2].

Les peuples de Scythie et de Thrace, que dépeint Virgile, vivaient dans des antres souterrains où ils faisaient du feu avec des troncs entiers de chênes et d'ormes [3].

Au 1er siècle de notre ère, les Finnois, que Tacite ne savait s'il devait rattacher aux Germains ou aux Sarmates, menaient encore la vie des hommes de l'âge de la pierre ; ils se nourrissaient d'herbes et des produits de leurs chasses, se vêtaient de peaux ; ils n'avaient d'autre refuge que des cabanes en branchages entrelacés ; leurs armes étaient des flèches dont des os aiguisés formaient la pointe [4].

Quelques peuples connus des Grecs habitaient des cités lacustres. Les riverains du Phase occupaient des cabanes de bois et de roseaux construites au milieu des eaux, et communiquaient au moyen de pirogues faites d'un seul tronc d'arbre [5]. Les Péoniens du lac Prasias avaient leurs cabanes sur un plancher posé sur des pieux très élevés enfoncés dans le lac ; un pont étroit était le seul passage qui y conduisait. Une trappe bien jointe faisait communiquer les cabanes avec le lac, et, de crainte que les enfants ne tombassent par cette ouverture, ils les attachaient par

---

[1]. Énéide, VIII, 315-318.
[2]. Salluste, Catilina, 6.
[3]. Géorgiques, III, 376 Les Arméniens dont parle Xénophon (Anabase, IV, 5, 25) vivaient sous terre avec leurs animaux domestiques. D'après Pline (XIX, 9), les Germains tissaient le lin sous terre.
[4]. Germanie, 46.
[5]. Hippocrate, Des airs, 15 ; éd. Littré, II, p. 64.

le pied avec une corde. Au lieu de foin, ils donnaient du poisson aux chevaux et aux bêtes de somme [1].

Ce que nous pouvons extraire des historiens et des poètes est de si minime importance que l'on peut dire que, seule, l'archéologie [2] nous permet de connaître une partie des anciennes civilisations.

L'AGE DE LA PIERRE [3]

Aucune trace n'a été découverte des périodes où l'homme n'utilisait que des matériaux moins durables que la pierre.

La longue période primitive comprise sous le nom d'âge de la pierre a été divisée en paléolithique, correspondant à la dernière partie de l'époque que les géologues appellent quaternaire ancien ou pléistocène, et en néolithique, cor-

---

1. Hérodote, V, 16.
2. Pour l'archéologie préhistorique de l'Europe en général, consulter le remarquable *Manuel d'archéologie préhistorique, celtique et gallo-romaine* de Déchelette, où l'on trouvera toute la bibliographie. Sophus Müller (*L'Europe préhistorique*, trad. Philipot, 1907) offre un résumé des principes et des faits. Les principales revues françaises qui s'occupent de préhistoire sont : la *Revue archéologique* (depuis 1844); *Matériaux pour l'histoire de l'homme* (1865-1888); *L'Anthropologie* (depuis 1890); la *Revue des Études anciennes* (depuis 1899). Parmi les catalogues des musées on peut signaler le *Catalogue du Musée de Saint-Germain*, par S. Reinach, 3ᵉ éd., et les catalogues du British Museum, *Guide to the antiquities*. Stone age, 1902; Bronze age, 1904; Early iron age, 1905. Pour les musées de province, consulter l'*Annuaire des musées scientifiques et archéologiques des départements*, publié par le Ministère de l'Instruction publique.
3. Déchelette, *Manuel d'archéologie préhistorique*, I, 1908. G. et A. de Mortillet, *Le Préhistorique*, 3ᵉ éd., 1900. S. Reinach, *Description raisonnée du musée de Saint-Germain*, I, 1889.
Bulletino di paletnologia italiana (Parme, depuis 1875). Cartailhac, *Les Ages préhistoriques de l'Espagne et du Portugal*, 1886. J. Evans, *Les âges de la pierre*, trad. Barbier, 1878; *The ancient stone implements*, 2ᵉ éd., Londres, 1897. Ch. Read, *British Museum. Guide to the antiquities*. Stone age, 1902. Hoernes, *Der diluviale Mensch in Europa*, Brunswick, 1903; *Urgeschichte der bildenden Kunst in Europa, von den Anfängen bis um 500 vor Chr.*, Vienne, 1898.

respondant au quaternaire actuel ou holocène des géologues.

L'époque paléolithique, ou âge de la pierre taillée, a été subdivisée elle-même en époques désignées par les noms des stations de France qui servent à les caractériser. La France était alors, semble-t-il, le pays le plus peuplé de l'Europe centrale et occidentale.

L'époque chelléenne (Chelles en Seine-et-Marne) a laissé comme traces des haches à main, taillées à grands éclats, et d'autres outils de silex, parfois informes. L'homme campait sur les plateaux peu élevés, à une courte distance des cours d'eau.

L'époque acheuléenne (Saint-Acheul près d'Amiens) a laissé des haches mieux taillées et plus légères, ainsi que des disques qui servaient à la fois à percer et à racler.

Ces deux époques, qui correspondent au quaternaire inférieur et à une partie du quaternaire moyen, sont attestées dans le nord, l'ouest et le centre de la France, en Belgique et en Italie, en Espagne et en Portugal, dans les régions méridionales de la Grande-Bretagne. On n'a point trouvé d'instruments chelléens dans l'Europe centrale. Le nord de la Grande-Bretagne, la Scandinavie et la Russie septentrionale appartenaient alors à la zone glaciaire et étaient inhabités. En Grèce, aucune station paléolithique n'est encore connue.

L'époque moustérienne (Le Moustier en Peyzac, Dordogne) était soumise à un climat encore humide, mais froid. L'homme se réfugie dans les cavernes ; c'est là que l'on trouve des traces de son industrie et même quelques sépultures. Son outillage est caractérisé par des silex taillés en pointe et par des racloirs ; on commence à utiliser l'os. Cette époque correspond au quaternaire moyen.

Le quaternaire supérieur (époque du renne) comprend les divisions suivantes :

L'époque aurignacienne (grotte d'Aurignac, Haute-

Garonne) est caractérisée par l'apparition de la pointe en os à base fendue, et de sortes de burins constitués par des lames de silex terminées par un angle dièdre.

L'époque solutréenne (Solutré, près Mâcon, Saône-et-Loire) est caractérisée par la taille en feuille de laurier ou en feuille de saule de certains silex, qui étaient sans aucun doute des pointes de flèches ou de javelots.

L'époque magdalénienne (grotte de la Madeleine, en Tursac, Dordogne) est caractérisée par le harpon barbelé en bois de renne, par des sagaies, des bâtons de commandement et des aiguilles en os. Les chasseurs et pêcheurs de cette époque sont, en même temps, des artistes qui savent graver sur os, sur corne et sur pierre ; quelques-unes de leurs grottes sont ornées non seulement de dessins mais même de peintures polychromes [1]. Cette civilisation s'étendait sur la France, la Belgique, les Iles Britanniques, la Suisse, l'Allemagne, l'Europe centrale et la péninsule ibérique. Dans toute la péninsule italique, on ne connaît pas de gisement correspondant au paléolithique supérieur.

Les restes des hommes de la période paléolithique sont rares ; pour toute l'Europe, on ne peut guère compter qu'une douzaine de crânes et une vingtaine d'autres os. Ils n'apparaissent point en Gaule avant l'époque moustérienne. On les a classés en deux types, l'un et l'autre dolichocéphales : le type moustérien de Neanderthal (Prusse Rhénane) ou de Spy (province de Namur, Belgique) et le type magdalénien de Cro-Magnon [2] (aux Eyzies, Dordogne), ou de Laugerie-

---

1. Voir S. Reinach, *Répertoire de l'art quaternaire*, 1913.
2. Deniker, *Les races et les peuples de la terre*, p. 366-370. W.-Z. Ripley, *The races of Europe*, p. 174-179, où l'on trouve en appendice, p. 1-129, une copieuse bibliographie de l'anthropologie et de l'ethnographie de l'Europe. Les principales revues françaises d'anthropologie sont : *Bulletin et Mémoires de la Société d'anthropologie de Paris*, depuis 1859. *Matériaux pour l'histoire naturelle et primitive de l'homme*, 1865-1885. *Revue d'anthropologie*, 1872-1886. *Revue mensuelle de l'École d'anthropologie*, depuis 1891. *L'Anthropologie*, depuis 1896.

Basse (Dordogne). Le premier a le crâne petit, le front surbaissé, les arcades sourcilières très saillantes, les pommettes peu accusées, le nez large et court, le menton sans saillie ; le second : le crâne grand, le front très haut et bombé, les arcades sourcilières peu développées, les pommettes très accusées, le nez saillant et mince, le menton proéminent et étroit. Les fouilles des grottes de Grimaldi, près de Menton, ont fait connaître un type nouveau, de caractère négroïde et de taille un peu supérieure à la moyenne.

Les morts étaient enterrés, allongés ou repliés, près des vivants ; souvent, sous les cendres des foyers ; auprès d'eux, on déposait quelques objets familiers de pierre et d'os.

L'époque néolithique, ou âge de la pierre polie, est attestée par des trouvailles dans toute l'Europe, sauf la Grèce et la Russie du Nord et de l'Est [1]. Elle est marquée par l'introduction, à côté des anciens instruments de silex taillé, d'outils nouveaux façonnés par le polissage. L'art magdalénien disparaît, mais la céramique est créée. Au climat froid et sec de l'époque magdalénienne avait succédé un climat tempéré. L'homme sort des cavernes ; les huttes se groupent dans les vallées des grands cours d'eau ou sur les collines. De chasseur qu'il était, l'homme devient pasteur et agriculteur. Le culte des morts se manifeste par la construction d'imposants monuments funéraires.

De grandes voies commerciales s'ouvrent.

Les outils ou armes en pierre polie sont la hache et ses dérivés ; quelques-uns sont percés d'un trou d'emmanchement. Les couteaux, les grattoirs et les pointes de flèche ou de lance étaient simplement taillés. Des massues et

---

1. Sur cette civilisation, outre les ouvrages cités plus haut, p. 32, voir : Hoernes, *Urgeschichte des Menschen*, Vienne, 1892. Sur la Grèce et les îles grecques, voir : Perrot, *Histoire de l'art dans l'antiquité*, VI, 1894, p. 114-130. A. Dumont, *Revue archéologique*, XV (1867), p. 356-359 ; cf. XVI (1867), p. 144-147. F. Lenormant, *Revue archéologique*, XIV (1866), p. 423-432 ; XV (1867), p. 10-19, 145-148.

d'autres objets en bois nous ont été exceptionnellement conservés. Parmi les objets en os, il faut signaler des aiguilles et des poinçons.

Les poteries [1] qui sont conservées entières, surtout dans les sépultures, sont de types et de formes très variés ; les unes sont ornées simplement d'empreintes de cordelettes ; d'autres, de bandes disposées en chevrons, en ondulations, en spirales ; d'autres se distinguent à la fois par leur forme de calice et leur décor en zones horizontales couvrant toute la surface du vase. Il est possible que ces dernières soient d'origine orientale.

On a relevé quelques fondations d'habitations de l'époque néolithique, le plus souvent circulaires, d'un diamètre de 1m50 à 2 mètres, et dont l'aire est creusée au-dessous du sol. C'étaient, sans doute, des huttes en clayonnages revêtus d'argile. On les trouve souvent groupées en villages. Certaines, qui présentent en abondance des *nucleus*, des percuteurs et des éclats, servaient sans doute d'ateliers pour la taille du silex ou le polissage des instruments de pierre.

Dans les pays où l'on trouve des lacs et des étangs, les villages étaient établis sur pilotis : on les appelle palafittes ou cités lacustres [2]. Des passerelles les reliaient à la rive. Des pirogues creusées dans un demi-tronc d'arbre [3] servaient à la pêche. Ce sont surtout les découvertes faites dans le limon où étaient plantés les pilotis qui nous ont renseignés sur les hommes de l'époque néolithique. Ceux-ci avaient domestiqué le chien, le cochon, le cheval, la chèvre, le mouton et le bœuf. Leur principal gibier était le

---

1. Voir P. du Chatellier, *La poterie aux époques préhistorique et gauloise en Armorique*, 1897.
2. On trouvera une bibliographie des palafittes chez R. Munro, *The Lake-dwellings of Europe*, Londres, 1890. Voir ci-dessus, p. 31.
3. A l'époque classique, des pirogues de ce genre sont signalées chez les Germains (Pline, XVI, 203. Velleius Paterculus, II, 107) et chez les Istres du Danube (Arrien, *Anabase*, I, 3, 6).

cerf. Ils cultivaient les céréales, le froment, l'orge, le mil ; ils avaient des meules à bras pour écraser le grain, et on a trouvé des restes de galettes rondes, cuites, sans doute, sans levain. Parmi les plantes textiles, on ne trouve guère que le lin ; il servait à fabriquer des filets, des cordages, des franges, des tissus ; les fuseaux sont rares, mais les fusaïoles sont fréquentes.

Nous ne connaissons rien de l'agencement du costume. Des matières colorantes, ocre jaune et rouge, cinabre, peroxyde de fer, semblables à celles que l'on a découvertes dans les foyers de l'époque du renne, ont été trouvées dans les fonds d'habitation et les sépultures, et des figurines d'argile de l'époque néolithique semblent présenter des tatouages. Il est donc probable que la coutume de se teindre le corps était alors très répandue. Ce n'était, d'ailleurs, pas la seule parure. Les coquillages et les dents d'animaux, qui formaient les colliers et les pendeloques à l'âge du renne, sont remplacés par des grains d'enfilage, le plus souvent en pierres tendres : calcaire blanc, gypse, ardoise.

Le trait le plus original de la civilisation néolithique est la construction de ces monuments primitifs, formés d'énormes blocs, auxquels on a donné le nom de dolmens et d'allées couvertes [1]. On les trouve tantôt à découvert, tantôt enveloppés dans un tertre, à la base duquel sont disposés des cercles de pierres. On ne peut guère douter que les dolmens ne soient des tombeaux. La destination d'autres monuments mégalithiques, les menhirs (pierres fittes, pierres debout), souvent groupés en longues files (alignements), ou en cercles (cromlechs), est encore incon-

---

1. Sur les dolmens, outre Déchelette, *Manuel d'archéologie*, I, p. 373-429 (bibliographie, p. 389, n. 2), voir : A. Bertrand, *Archéologie celtique et gauloise*, 2ᵉ éd., 1889, p. 100-190 ; Cartailhac, *La France préhistorique*, 2ᵉ éd., 1896 ; Fergusson, *Les monuments mégalithiques de tous pays*, trad. Hamard, 1878 ; Montelius, *Der Orient und Europa*, Stockholm, 1899 ; S. Reinach, *Revue archéologique*, XXI (1893), p. 195-226, 329-367 ; XXII (1893), p. 34-48.

nue. Ces monuments n'ont pu être dressés et construits que par une société fortement organisée en vue d'efforts communs.

Les sépultures sous dolmen ne sont pas les seuls modes employés à l'époque néolithique ; on trouve aussi l'inhumation en pleine terre, dans des grottes naturelles ou artificielles, dans des coffres de pierre. Les corps sont tantôt allongés, tantôt assis, repliés ou accroupis. L'incinération est exceptionnelle. Le mobilier des tombes se compose surtout d'objets de parure, d'armes et d'outils.

Les types anthropologiques sont multiples et variés [1]. En France, ils semblent pourtant se répartir en deux groupes : un groupe dolichocéphale, dit des Baumes-Chaudes, et un type brachycéphale, dit de Grenelle ou de Furfooz. On a trouvé en Suisse des restes d'hommes de très petite taille rappelant les Pygmées des anciens. En Autriche, en Suisse et en Allemagne on a relevé, comme en France, un mélange de dolichocéphales et de brachycéphales. Dans les Iles Britanniques (*long barrows*) et en Russie, on n'a retrouvé que des dolichocéphales. En Espagne, en Portugal, en Suède, on a trouvé des dolichocéphales, mélangés de quelques brachycéphales.

Il semble que les figures humaines très stylisées, sculptées sur des parois de grottes, sur des dalles, sur des menhirs, sur des rochers, sont des représentations de divinités analogues à celles que présentent les antiquités égéennes. Quant aux signes en forme de bâton recourbé, de joug, de peigne, de hache, d'écusson, que l'on trouve gra-

---

[1]. Pour la bibliographie, consulter : S. Reinach, *Description raisonnée du musée de Saint-Germain-en-Laye*, I, p. 128. Voir ainsi : G. Hervé, *Revue mensuelle de l'École d'Anthropologie de Paris*, 1892, p. 80 ; 1894, p. 393 ; 1895, p. 18 ; 1899, p. 265 ; J. Beddoe, *The races of Britain*, Londres, 1885 ; Montelius, *Les temps préhistoriques en Suède*, trad. S. Reinach, 1895 ; Cartailhac, *Les âges préhistoriques de l'Espagne et du Portugal*, 1886 ; Déchelette, *Manuel d'archéologie préhistorique*, I, p. 482-487 ; et les bibliographies de *L'Anthropologie*.

vés sur les monuments mégalithiques armoricains, ainsi que les cupules ou écuelles creusées sur certains blocs erratiques, il est, pour le moment, téméraire d'en donner une explication symbolique.

Outre les relations par mer que démontre le jalonnement le long des côtes de certains monuments ou objets, comme l'idole féminine stylisée que l'on trouve depuis l'Asie Mineure et l'Archipel jusqu'à la Péninsule ibérique, la Gaule et même les Iles Britanniques [1], ou comme le type des sépultures dolméniques, qui est répandu depuis la Syrie jusqu'au sud de la Suède, en passant par le Caucase, la Crimée, l'Afrique du Nord, la Péninsule ibérique, la France, les Iles Britanniques, la Hollande, l'Allemagne du Nord et le Danemark, on peut démontrer l'existence de quelques routes fluviales et terrestres [2].

La route de l'ambre est peut-être celle que l'on peut déterminer avec le plus de sûreté. En plus des réalités de l'archéologie, nous avons des témoignages historiques et légendaires, résumés de traditions qui peuvent remonter à une très haute antiquité.

Le nom de l'ambre, ἤλεκτρον, apparaît pour la première fois dans l'*Odyssée*; des marchands phéniciens offrent à la femme du roi de Syra un collier d'or où était enchâssé de l'ambre [3]. L'ambre, comme l'étain, était apporté de l'extrémité occidentale de l'Europe. Il venait, disait-on, d'un fleuve qui se jette dans la mer du Nord et que les barbares appelaient Éridan [4]. Cet Éridan fut de bonne heure confondu avec l'Éridan qui se jette dans la mer Adriatique, et quand la légende tenta d'expliquer l'origine de l'ambre, c'est sur les bords du Pô qu'elle plaça les sœurs de Phaéton, changées en peupliers pendant qu'elles pleuraient la

---

1. Déchelette, *Manuel d'archéologie*, I, p. 594-603.
2. Déchelette, *ibid.*, I, p. 412-429.
3. *Odyssée*, XV, 460.
4. Hérodote, III, 115.

mort de leur frère, et dont les larmes se durcirent en perles d'ambre [1]. Mais l'ambre était recueilli près d'une île appelée Basilée et située en face de la Scythie et au-dessus de la Gaule [2], ou près de l'île d'Abalos, près du pays des Gutons [3]. Il ne peut s'agir que des deux principaux gisements d'ambre connus : celui de la Frise, et celui du Samland, sur la Baltique [4]. La confusion avec l'embouchure du Pô [5] s'explique par l'identité de nom des deux Éridans, dont l'un coulait chez les Vénètes de l'Adriatique et l'autre non loin des Vénètes de Germanie, et par la localisation chez les Ligures de la légende de l'ambre.

Cycnos, roi des Ligures, est en effet parent de Phaéton [6]. Mais, anciennement, les Ligures occupaient les côtes de la mer du Nord d'où ils furent chassés par les Celtes [7], et, en conséquence, nous trouvons plus tard la légende des sœurs de Phaéton située chez les Celtes [8].

L'archéologie rend d'ailleurs compte de cette confusion. C'est surtout en Ligurie et en Vénétie que l'ambre est le plus répandu à l'âge du bronze; on ne le trouve guère alors dans l'ouest de la France; il est fréquent dans les villages lacustres de Suisse, d'Italie et de Savoie [9]. On conçoit qu'on l'ait cru originaire du pays où on le trouvait en abondance. Dès l'époque néolithique, on trouve l'ambre en Danemark, en Suède et dans la Grande-Bretagne, c'est-à-

---

1. Hygin, 154. Euripide, *Hippolyte*, 735-741. Diodore, V, 23, 3-4. Lucien, *De l'ambre ou des cygnes*.
2. Diodore, V, 23.
3. Pline, XXXVII, 35.
4. Pline, XXXVII, 42. Jacob, chez Saglio, *Dictionnaire des antiquités grecques et romaines*, II, p. 532.
5. Théophraste, chez Pline, XXXVII, 33.
6. Hygin, 154. Pausanias, I, 30, 3. Ovide, *Métamorphoses*, II, 1-380. Virgile, *Énéide*, X, 185-194.
7. Voir ci-dessous, ch. III.
8. Pausanias, I, 3, 6, à propos de l'invasion gauloise en Grèce. Cf. Apollonios de Rhodes, *Argonautiques*, IV, 603-613.
9. Déchelette, *Manuel d'archéologie*, II, p. 19-21.

dire dans les pays de production ou dans leur voisinage, ainsi que le long des vallées de la Vistule et du Dniester, qui formaient la route directe de la Baltique à la mer Noire.

Le jade (néphrite, jadéite, chloromélanite, saussurite) était aussi l'objet d'un commerce actif ; on trouve en Bretagne de belles haches en jadéite provenant de sépultures dolméniques, et on en trouve aussi dans les palafittes de la Suisse. On ne songe plus à chercher l'origine de ces minéraux en Asie et spécialement en Indo-Chine (où ils sont abondants), depuis qu'on les a rencontrés à l'état brut dans les Alpes [1]. On n'a pu déterminer encore la route qu'ils ont suivie.

L'obsidienne, ou verre des volcans, qui remplace dans certaines régions le silex, et qui provenait des régions volcaniques, a été répandue par les marchands assez loin de ses lieux de production. Dans la mer Égée, elle était exportée de l'île de Milo ; on l'a trouvée aussi dans plusieurs stations d'Italie [2].

La callaïs, pierre assez semblable à la turquoise, et employée en grains de collier et en pendeloques, était répandue par le commerce dans le Morbihan, les Hautes-Pyrénées, le Portugal, la Provence [3].

LES MÉTAUX

Parmi les métaux [4], c'est l'or qui fut d'abord connu ; dès l'époque néolithique, on le découvrit dans les sables aurifères des rivières ; à l'âge du bronze, il est déjà très utilisé pour la confection des bijoux et des vases de luxe. L'Irlande,

---

1. Déchelette, *ibid.*, I, p. 628.
2. A. Damour, *Revue archéologique*, XIII (1866), p. 190-207. Déchelette, *Manuel d'archéologie*, I, p. 628-629.
3. Déchelette, *ibid.*, I, p. 624.
4. E. Ardaillon, chez Saglio, *Dictionnaire des antiquités grecques et romaines*, VI, p. 1840-1873 (cartes).

la Dacie, l'Ibérie, la Gaule en Europe ; la Phrygie et la Lydie en Asie étaient les principaux lieux de production. L'industrie du cuivre ne se développa guère avant qu'on n'eût découvert les alliages qui en font un corps plus dur et plus fusible [1]. On trouve, toutefois, le cuivre seul, employé dans quelques pays, pendant une période que l'on appelle énéolithique. L'argent fut connu dès les commencements de l'âge du bronze ; il s'employait soit seul, soit comme alliage de l'or ; il venait sans doute des mines d'Ibérie. Au premier âge du fer, l'argent est très rare ; il reparaît à l'époque de La Tène. Le plomb apparaît à peu près à la même époque. Les Anciens en signalent la présence surtout en Grande-Bretagne, en Espagne, en Sardaigne et en Grèce. Le fer, connu en Égypte dès le milieu du second millénaire avant notre ère, n'apparut guère en Europe avant le commencement du premier millénaire. Les légendes grecques hésitent entre la Crète, l'Asie Mineure et la Sicile comme lieu d'origine des premiers métallurges, à la fois ouvriers et magiciens.

L'AGE DU BRONZE [2]

Le cuivre était connu en Assyrie et en Égypte dès le quatrième millénaire avant notre ère. Le bronze ne se

---

1. Déchelette, *Manuel d'archéologie*, II, p. 93-94.
2. Déchelette, *Manuel d'archéologie*, II, 1 (1911). Montelius, *La civilisation primitive en Italie depuis l'introduction des métaux*, Stockholm, 1895-1904. Chantre, *Études paléo-ethnologiques dans le bassin du Rhône, Age du bronze*, 1875-1876. Anderson, *Scotland in pagan times*, Edimbourg, 1886. Munro, *Prehistoric Scotland*, Edimbourg, 1899. J. Evans, *L'âge du bronze*, trad. Battier, 1882. E. Cartailhac, *Les âges préhistoriques de l'Espagne et du Portugal*, 1886. H. et L. Siret, *Les premiers âges du métal dans le Sud-Est de l'Espagne*, 1887. Montelius, *Les temps préhistoriques en Suède et dans les autres pays scandinaves*, trad. S. Reinach, 1895. Ridgeway, *The early age of Greece*, Cambridge, 1901. Much, *Die Kupferzeit in Europa*, 2e éd., Iéna, 1893. Peet, *The stone and bronze ages in Italy and Sicily*, Oxford, 1909 ; *Revue archéologique*, XVI (1910), p. 378-400.

trouve abondamment en Égypte que vers la fin du troisième millénaire. La connaissance de ces métaux et de leur préparation se serait répandue de proche en proche, au nord et à l'ouest de l'Europe, par les grandes routes commerciales, celle de l'Atlantique, et celle des Balkans à la Baltique. Il est actuellement difficile de décider si c'est de la Mésopotamie, de l'Égypte ou de la zone égéenne que partirent les premiers modèles, mais il est vraisemblable que la plupart des anciens objets de cuivre ou de bronze de l'Europe centrale, occidentale ou septentrionale dérivent de prototypes méditerranéens [1]. L'île de Chypre semble avoir été le centre, en Orient, de l'exploitation du minerai de cuivre, auquel d'ailleurs elle a donné son nom, κύπριον, aes cyprium.

Pour fabriquer le bronze, les Anciens pouvaient prendre l'étain dans trois gisements principaux : ceux de la Drangiane [2], qui furent utilisés sans doute par les Assyriens et les Égyptiens ; ceux de l'Ibérie [3], dont les Phéniciens se chargèrent de répandre le produit [4] ; ceux des Îles Britanniques [5] (Cornouaille et Devon). Ces derniers ont été souvent identifiés à ceux des îles Cassitérides, dont la situation exacte était déjà l'objet de controverses parmi les anciens ; mais les îles Cassitérides pourraient aussi désigner la côte nord-ouest de l'Espagne. Il est certain que ni les îles de Galice ni les îles Scilly ne sont des centres de production de l'étain. Si on prend à la lettre le mot « îles », il faut admettre que les îles en question servaient de dépôt d'étain pour les mines situées en Grande-Bretagne ou en

---

1. Déchelette, *Manuel d'archéologie*, II, p. 91-93.
2. Strabon, XV, 2, 10.
3. Diodore, V, 38. Strabon, III, 2, 9.
4. Ézéchiel, XXVII, 12. Voir ci-après, ch. III.
5. Polybe, III, 57; Timée, chez Pline, IV, 104 ; César, *Guerre de Gaule*, V, 12, 4 ; Diodore, V, 22; 38. Cf. Déchelette, *Manuel d'archéologie*, II, p. 95-96. On trouvait aussi de l'étain en Armorique (Vidal de La Blache, *La France, tableau géographique*, p. 18).

Galice [1] et étaient le lieu de rencontre des marchands. L'habitation de l'homme à l'âge du bronze ne diffère guère de celle que nous avons décrite à l'âge néolithique. On trouve des restes de villages lacustres et de villages terrestres. Dans la Haute Italie, on appelle terramares des villages bâtis sur pilotis, mais établis en terrain marécageux [2]. Les acropoles sont entourées de murs d'enceinte composés d'énormes blocs irréguliers ou polygonaux. Les sépultures de l'âge du bronze sont souvent placées dans des tertres abritant une chambre centrale. Les plus remarquables sont les tombes à coupole, que l'on trouve depuis la Crète jusqu'à la Thessalie [3]. Selon les pays et les époques, c'est tantôt l'inhumation, tantôt l'incinération qui domine.

L'industrie du bronze utilise des moules et des creusets en pierre; la soudure est inconnue; l'adhérence est obtenue par le ramollissement à chaud ou par des rivets. Les armes offensives et défensives, les outils de toute sorte ont été recueillis en abondance.

Les vêtements féminins que l'on a découverts dans les sépultures, ou qui sont figurés dans des fresques ou sur des statuettes, qu'ils proviennent du Danemark ou de la Crète, ressemblent singulièrement à ceux de notre époque. Les hommes portaient des tuniques et des manteaux [4]. Les vêtements sont attachés par des épingles et des fibules. Les bracelets, anneaux de jambes, bagues sont en bronze; les peignes sont en bois, en os, en ivoire, en corne et en bronze; les pinces, en argent ou en bronze; certains bijoux: anneaux-spirales, croissants, colliers, sont en or, ainsi que quelques pièces de vaisselle. L'argent est assez rare.

1. Voir Dottin, *Manuel pour servir à l'étude de l'Antiquité celtique*, 2ᵉ éd., 1915, p. 20-21.
2. Cf. la description de Ravenne et d'Altinum chez Strabon, V, 1, 7.
3. Dussaud, *Les civilisations préhelléniques*, p. 30, 35, 194-196.
4. Cf. le costume des habitants des îles Cassitérides, du temps de Poseidônios: Strabon, III, 5, 11.

AGE DU BRONZE

Le plomb sert à confectionner de menus objets. Le verre, connu en Égypte dès les premières dynasties, apparaît en Europe. Les poteries, fort nombreuses, sont remarquables par le développement des anses.

Le commerce, plus actif qu'à l'époque néolithique, est caractérisé par l'exportation de l'étain, dont les lieux de production sont bien connus, et par celle du sel gemme, dont les gisements semblent avoir été exploités dès cette époque.

L'ambre, rare dans l'Europe occidentale jusqu'à l'époque du bronze, est transporté par la route des vallées de l'Elbe, de la Moldau et du Danube. Cette route est jalonnée par les principaux dépôts de bronze. Par divers embranchements elle atteignait, d'une part, l'Adriatique, les Balkans et les pays helléniques ; d'autre part, les bassins du Rhin et du Rhône [1]. D'après Diodore, copiant sans doute Timée, l'étain était transporté dans l'île d'Ictis (Wight) ; là, les marchands venaient l'acheter et le faisaient transporter par bateau sur la côte nord de la Gaule ; on le chargeait sur des chevaux et il traversait ainsi toute la Celtique jusqu'à Marseille et Narbonne [2].

Le commerce utilisait peut-être comme monnaies des lingots de cuivre en forme de hache ou de double hache. Les palafittes ont livré quelques poids en plomb et en étain, munis d'un anneau.

Ce que l'on connaît du type physique des hommes de l'âge du bronze est variable selon les pays. En Angleterre, ce sont des sous-brachycéphales que l'on a trouvés dans les *round barrows* ; en Suède et en Danemark, ce sont des dolichocéphales ou des mésocéphales ; dans la vallée du Rhin et l'Allemagne méridionale, ce sont des dolichocéphales de grande taille (type des *Reihengräber*) ; dans les

---

1. Déchelette, *Manuel d'archéologie*, I, p. 626 ; II, p. 174-175.
2. Diodore, V, 22 ; 38.

palafittes de Suisse, les brachycéphales néolithiques sont remplacés par des dolichocéphales semblables à ceux de l'Allemagne [1].

Il est possible que certains emblèmes, qui ornent divers objets de l'âge du bronze, aient un caractère sacré ; que la roue représente le soleil ; que le swastika (ou croix gammée) soit l'emblème stylisé du soleil en mouvement ; que la barque traînée par des cygnes ait rapport à un mythe analogue à celui de Cycnos, qui fut changé en cygne par Phébus et placé parmi les astres. Les bovidés, ou simplement les cornes de bovidés, dont les représentations, fréquentes en archéologie égéenne, se trouvent également dans l'Europe occidentale, étaient sans doute un fétiche, comme aussi la hache, double en Crète, simple en Occident, qui est parfois associée à la roue et au swastika. Les anciens rapportent que la hache était un insigne sacré que se transmettaient les rois de Lydie [2].

Tandis qu'en Crète et dans les pays grecs, on trouve beaucoup de figurines en terre cuite et en faïence, en bronze et en os, des bas-reliefs en diverses matières et des fresques vigoureuses, l'art de l'Europe barbare semble avoir disparu ailleurs, après l'époque magdalénienne. On ne trouve guère que des stèles représentant, aussi grossièrement qu'à l'époque néolithique, les traits essentiels de la personne humaine, et que quelques grossières gravures rupestres. Quant à l'art décoratif, il s'inspire des motifs néolithiques, à côté desquels apparaissent les semis de cercles concentriques.

L'âge du bronze semble dominé par la civilisation égéenne [3], qui s'étendait sur le bassin oriental de la Médi-

---

1. Deniker, *Les races et les peuples de la terre*, p. 370-373.
2. Plutarque, *Questions grecques*, 45.
3. R. Dussaud, *Les civilisations préhelléniques dans le bassin de la mer Égée*, 2ᵉ éd., Paris, 1914. Burrows, *The discoveries in Crete*, Londres, 1907. J. Six, *Revue archéologique*, I (1903), p. 149-153.

terranée, et dont les stations les plus célèbres sont Hissarlik en Asie Mineure, Mycènes en Argolide, Cnosse et Phaistos en Crète, les Cyclades et l'île de Chypre, et qui fut florissante de l'an 3000 à l'an 1200 environ avant notre ère, autant qu'on en peut fixer les dates par le synchronisme des trouvailles d'objets égyptiens avec des objets égéens. Cette civilisation étendit son influence immédiate en Sicile, en Grande Grèce et peut-être jusque dans la péninsule ibérique [1]. C'est, sans doute, pour imiter ses modèles que se créèrent dans divers pays des industries du bronze, ayant chacune leur caractère distinct.

Les peuples égéens connaissaient l'écriture ; ils ont employé d'abord un alphabet hiéroglyphique connu surtout par le disque de Phaistos [2], puis un alphabet linéaire [3], qui était sans doute syllabique. Quant à leur langue, elle est encore inconnue ; il est possible qu'elle ait laissé des traces en grec et en latin dans des noms empruntés de plantes ou de métaux [4]. On a systématiquement relevé les mots conservés à la fois par le grec, le latin et les langues sémitiques occidentales ; on peut signaler, parmi eux, les mots en -νθος comme λαβύρινθος, ἀσάμινθος, et les mots à σ

Lagrange, *La Crète ancienne*, 1908. Voir les comptes rendus de S. Reinach, dans *L'Anthropologie* et la *Revue archéologique*, de 1901 à 1904. Schliemann, *Ilios*, trad. Egger, 1885. *Mycènes*, trad. J. Girardin, 1879. G. Perrot, *Histoire de l'art*, VI, 1894. Doerpfeld, *Troja und Ilion*, Athènes, 1902. Les travaux de A. Evans, l'explorateur de Cnosse, sont dispersés dans *The annual of the British school at Athens* et dans le *Journal of Hellenic studies*. Mosso, *The palaces of Crete and their bilders*, Londres, 1907.

1. P. Paris, *Essai sur l'art et l'industrie de l'Espagne primitive*, 1903.
2. A. J. Reinach, *Revue archéologique*, XV (1910), p. 1-65. Arthur J. Evans, *Scripta Minoa*. R. Weill, *Revue archéologique*, III (1904), p. 52-73.
3. Cuny, *Revue des études anciennes*, XVI (1914), p. 393-398. R. Weill, *Revue archéologique*, I (1903), p. 213-232.
4. A. Meillet, *Mémoires de la Société de linguistique de Paris*, XV (1908), p. 161-164.

initial ou intervocalique [1]. Ces mots peuvent être d'origine égéenne. Des langues égéennes ont été transcrites en caractères grecs, par exemple à Praisos en Crète, et dans l'île de Chypre.

Parmi les fresques, les peintures de vases, les statuettes et les sceaux qui appartiennent à la civilisation égéenne, sans doute un bon nombre ont une signification religieuse. Mais, en l'absence de tout texte qui les éclaire, on ne peut faire que des conjectures sur la déesse aux serpents, la déesse aux lions, la déesse aux colombes et sur le culte des piliers sacrés, des arbres et des armes [2].

La légende grecque a personnifié une partie de l'art de cette époque en quelques personnages fameux. L'Athénien Dédale, le premier, avait fait des statues en bois ayant les yeux ouverts, les jambes écartées, les mains étendues, tandis que, avant lui, les sculpteurs représentaient leurs statues les yeux fermés et les bras pendants et collés aux côtés. Le chœur de danse qu'il avait fait à Cnosse pour Ariane avait, dit-on, servi de modèle à Héphaistos pour le bouclier d'Achille [3]. Exilé d'Athènes pour avoir tué son disciple Talos, qui avait inventé la scie et le tour, Dédale se réfugia dans l'île de Crète, où il construisit le Labyrinthe. Redoutant la colère de Minos, parce qu'il avait aidé Pasiphaé à satisfaire sa passion, il s'enfuit de Crète avec son fils Icare, sur un vaisseau, d'après une tradition, à l'aide d'ailes artificielles, selon une autre. Arrivé en Sicile, chez les Sicanes, il y construisit une piscine près de Mégaris, une ville fortifiée à Camicos ; sur le territoire de Séli-

---

1. Cuny, *Revue des études anciennes*, XII (1910), p. 154-164. Cf. Meillet, *Aperçu d'une histoire de la langue grecque*, p. 61-65. G. Meyer, *Beiträge zur Kunde der indogermanischen Sprachen*, X (1886), p. 173. Kretschmer, *Einleitung in die Geschichte der griechischen Sprache*, Gœttingue, 1896, p. 289.
2. D. G. Hogarth, chez Hastings, *Encyclopaedia of religion and ethics*, I, p. 144-148.
3. *Iliade*, XVIII, 592.

nonte, il aménagea une grotte dans laquelle il faisait arriver les émanations d'un feu souterrain et où on amenait les malades pour les guérir. Il avait fabriqué pour le temple d'Aphrodite Erycine une ruche d'or, travail admirable qui imitait à s'y méprendre une ruche véritable. Après Dédale [1], Trophônios, qui donna son nom à un oracle, et Agamède avaient bâti le second temple de Delphes [2], qui fut brûlé en 548.

Quant aux constructions de l'époque mycénienne, elles étaient attribuées aux Cyclopes qui avaient, dit-on, élevé les murs de Tirynthe, Mycènes et Argos [3].

Les poèmes homériques déploient leur action dans le décor de la civilisation égéenne, mais ils n'en donnent qu'une idée très générale. Ils juxtaposent des détails, qui peuvent remonter au temps de la guerre de Troie, à d'autres, qui sont du temps de leur rédaction. C'est surtout de bronze que sont faites les armes : épées, lances, flèches ; mais le fer apparaît pour les outils et ustensiles : massues, couteaux, haches, chaînes, charrues ; et même, pour une pointe de flèche et une hache de combat [4]. Il n'est fait aucune allusion aux fresques, qui nous apparaissent comme le décor ordinaire des murs à Tirynthe, à Cnosse, à Haghia Triada. L'incinération, qui semble la pratique générale dans le monde de l'*Iliade* et l'*Odyssée*, n'a aucun rapport avec l'inhumation dans les tombes à coupole découvertes à Mycènes. Aucune description du costume des

---

1. Diodore, IV, 76-78.
2. Strabon, IX, 3, 9.
3. Strabon, VIII, 6, 11 ; Pausanias, II, 16, 5 ; 25, 8. Euripide, *Héraclès furieux*, 15 ; 998 ; *Iphigénie en Tauride*, 845.
4. Helbig, *L'épopée homérique*, trad. Trawinski, 1894, p. 422-438. Buchholz, *Die homerischen Realien*, Leipzig, 1871-1885, I, 2, p. 335-339. Lang, *Revue archéologique*, VII (1906), p. 280-296. Cf. les Massagètes d'Hérodote (I, 215), qui ne connaissaient que le cuivre (qu'ils employaient à la confection des armes offensives) et l'or (dont ils ornaient les armes défensives).

Les anciens peuples de l'Europe. 4

femmes dans l'*Iliade* et l'*Odyssée* ne s'applique au corsage uni et aux robes à volants des femmes de Mycènes [1].

D'autre part, la polychromie métallique du bouclier d'Achille s'explique par la technique des poignards à incrustations trouvés à Mycènes [2].

Il est rarement question dans les poèmes homériques de l'exportation des produits grecs à l'étranger ; encore s'agit-il sans doute de butin de guerre [3]. Parmi les objets importés, il faut citer : les glaives thraces, des baignoires d'argent et des trépieds égyptiens ; un cratère d'argent fabriqué par les Sidoniens ; une cuirasse de Chypre. Les esclaves sidoniennes sont d'habiles tisseuses. Le commerce semble être entre les mains des Phéniciens ; ceux-ci trafiquent en Égypte, en Crète, à Lemnos, à Ithaque, en Syrie [4].

Il est remarquable que la civilisation de l'*Iliade* soit commune aux Grecs, aux Troyens et à leurs alliés ; il est rare que le poète signale une particularité nationale. Les Lyciens semblent armés et équipés comme les Achéens. Les Thraces, qui, au temps d'Hérodote [5], portaient des bonnets en peau de renard, des tuniques, des manteaux brodés, des chaussures en peau de daim, et qui étaient armés de petits boucliers, de javelots et de poignards, combattent dans l'*Iliade* comme les Achéens, montés sur des chars, couverts d'armures d'airain, la tête couverte d'un casque à cimier, armés de longues lances et de fortes épées [6].

On peut craindre que les poètes de ces temps lointains n'aient pas été, au même degré que nous, préoccupés d'exactitude, et qu'ils aient uniformisé des détails caractéristiques, en sorte qu'on ne devrait utiliser qu'avec pré-

---

1. Dussaud, *Les civilisations préhelléniques*, 2e éd., p. 60-64.
2. Helbig, *L'épopée homérique*, p. 524-525.
3. *Iliade*, VII, 473-475. Cf. IX, 71-72 ; XXIII, 743-745.
4. Helbig, *L'épopée homérique*, p. 21-26.
5. Hérodote, VII, 75.
6. Helbig, *L'épopée homérique*, p. 7-11.

caution les renseignements qu'ils nous fournissent sur la civilisation des nations avec lesquelles ils n'ont pas eu de rapports immédiats. On a déjà remarqué que les noms propres des Troyens et de leurs alliés sont des noms grecs, ce qui est contraire à toute vraisemblance [1]; car quel que fût le développement de la puissance achéenne, elle n'aurait pu s'exercer sur l'onomastique, tradition des plus persistantes chez tous les peuples.

Quels ont été les promoteurs de la civilisation égéenne ? Ce ne peuvent être les Pélasges [2] que les Anciens n'ont jamais regardés comme un peuple industriel et artistique. Quant aux Cariens d'Asie Mineure [3], leur pays et les îles voisines n'ont pas livré jusqu'à présent d'antiquités antérieures à l'époque mycénienne. Ils semblent donc avoir été civilisés par les Égéens. Les Hittites [4], qui, vers 1500, semblent avoir dominé en Asie Mineure, ont une architecture et une céramique différentes de celles des Égéens. Ils sont soumis à l'influence de la Mésopotamie, et, quand ils s'avancent vers les côtes de l'Asie Mineure, il semble bien que l'influence mycénienne s'y était déjà répandue.

En Crète, ce sont sans doute les Étéocrétois ou les Cydones, les deux plus anciennes populations de l'île, qui furent les créateurs ou les propagateurs de la civilisation

---

1. G. Dottin, *De eis in Iliade inclusis hominum nominibus quae non unice propria nomina sunt*, Rennes, 1896, p. xx-xxii.
2. Dussaud, *Les civilisations préhelléniques*, p. 443. Telle est pourtant l'opinion de Ridgeway, *The Academy*, 1895, II, p. 32, et de Montelius.
3. Dussaud, *Les civilisations préhelléniques*, p. 204, 444. Dümmler a attribué aux Lélèges asservis par les Cariens la civilisation égéenne (*Mittheilungen des deutschen archaeologischen Institutes in Athen*, 1886, p. 15-46).
4. Dussaud, *Les civilisations préhelléniques*, p. 445. Sur ces peuples, voir Ménant, *Les Hétéens*, 1891. A.-H. Sayce, *Les Hétéens*, trad. fr., 1891. E. Vigouroux, *Revue des questions historiques*, XXXI (1882), p. 58-120. Hommel, *Grundriss der Geographie und Geschichte des alten Orients*, Munich, 1904, p. 42.

égéenne. En Grèce, ce sont probablement les Achéens, maîtres de Mycènes à l'époque homérique, et qui ont alors l'hégémonie sur tous les Grecs.

Quels que soient les peuples qui aient été les premiers à propager la civilisation égéenne, on ne saurait, en tout cas, oublier que l'Égypte a eu une influence considérable sur sa formation.

L'AGE DU FER [1]

Les découvertes archéologiques ne permettent pas encore de déterminer l'origine et les étapes successives de l'industrie du fer en Europe. A la fin du second millénaire avant notre ère, le fer est employé partout dans la Méditerranée orientale. Il venait sans doute d'Égypte, par l'intermédiaire des Égéens. Du XIIIe au XIIe siècle, le fer est utilisé industriellement dans les vallées du Tigre et de l'Euphrate. A partir de 900 avant notre ère, le Norique [2], l'Istrie et l'Illyrie sont des régions où l'industrie du fer est florissante. Il est possible que ce soit par la voie de l'Adriatique que la notion de l'industrie du fer a gagné, vers l'an 900, l'Europe centrale et occidentale. Par la vallée du Danube, elle se serait répandue dans les pays celtiques situés des deux côtés du Rhin [3].

En Grèce, le fer apparaît pour la première fois dans la nécropole d'Athènes appelée le Dipylon. Cette nécropole daterait de 1200 avant notre ère. En Étrurie, l'art dipylien apparaît vers l'an 1000; dans l'Italie du Nord, à peu

---

1. Déchelette, *Manuel d'archéologie*, II, 2 (1913); II, 3 (1914). Hoernes, *Die Urgeschichte des Menschen*, Vienne, 1892. L. de Launay, chez Saglio, *Dictionnaire des antiquités grecques et romaines*, IV, p. 1074-1094. Chantre, *Études paléo-ethnologiques dans le bassin du Rhône. Premier âge du fer*, 1880. Perrot, *Histoire de l'art*, VIII, 1903. Read and Smith, *British Museum : A Guide to the antiquities of the iron age*, Londres, 1905.
2. Pline, XXXIV, 145.
3. Déchelette, *Manuel d'archéologie*, II, p. 541-556.

près à la même date. L'Europe centrale (du sud-ouest de la Hongrie à la péninsule ibérique), qui est le domaine de la civilisation de Hallstatt, ainsi nommée d'une nécropole de Haute-Autriche [1], connut le fer vers l'an 900. Mais la Scandinavie, la Grande-Bretagne, la Gaule occidentale et en particulier l'Armorique, le nord de la péninsule ibérique ont conservé plus longtemps l'usage exclusif du bronze [2] et ne semblent guère avoir connu le fer avant les environs de l'an 500, à l'époque où apparaît la civilisation de La Tène [3], ainsi nommée d'une station préhistorique située sur le lac de Neufchâtel.

La civilisation du premier âge du fer, ou civilisation de Hallstatt, est peu homogène et présente de nombreuses variétés : l'une, au sud-est (Adriatique) ; une autre, au centre (Danube) ; une autre, au nord-est (Elbe et Oder) ; une quatrième, à l'ouest.

Le tumulus est caractéristique de la sépulture hallstattienne dans la plupart des régions ; il contient tantôt des squelettes, tantôt des cendres. Ces demeures des morts, fort nombreuses, nous sont mieux connues que les demeures des vivants. Ceux-ci habitaient, sans doute, dans des enceintes de terre ou de pierres sèches, des huttes peu différentes de celles de l'âge précédent.

Les armes sont singulièrement uniformes ; après une épée de bronze, on trouve une longue et lourde épée de fer, puis une épée courte dont le pommeau est surmonté d'antennes ; les lances et javelots sont imités des modèles de bronze. Le char de guerre apparaît dans l'Italie centrale.

Des vases de bronze de formes variées : seaux unis et ornés,

---

1. E. von Sacken, *Das Grabfeld von Hallstatt*, Vienne, 1868. Hoernes, *Congrès international d'anthropologie et d'archéologie*, Monaco, 1906, II, p. 75.
2. Déchelette, *Manuel d'archéologie*, II, p. 555.
3. E. Vouga, *Les Helvètes à La Tène*, Neufchâtel, 1885. Gross, *La Tène, un oppidum helvète*, 1886.

en forme de cônes renversés ; seaux cylindriques, ornés de cordons métalliques, sont importés des pays du Sud. Les premiers vases en verre sont introduits sur le littoral de la Méditerranée et même au nord des Alpes. Les outils et ustensiles de fer sont encore rares ; on a pourtant trouvé des haches et des couteaux, ainsi que quelques broches, chenets et crémaillères. La céramique commune est ornée de motifs géométriques assez simples ; des vases polychromes (blanc, rouge et noir) ont été découverts dans l'Europe centrale ; des vases peints, à décor géométrique, avec rouelle ou swastika, dans l'Allemagne du Sud ; quelques essais de figurations humaines ou animales, exécutées en gravure ou en ronde bosse, apparaissent sur des vases de l'Europe centrale.

Les parures sont nombreuses : bracelets en bronze, en fer, en lignite, quelquefois en or ; pendants d'oreille en bronze, épingles et fibules en bronze ; ceintures de femmes, en cuir orné de bronze battu. En général, les parures en or sont plus rares et plus légères qu'à l'âge du bronze. Les rasoirs sont, le plus souvent, en bronze. On a trouvé quelques trousses réunissant divers menus objets de toilette, pince, lime, cure-ongles, etc. Comme à l'âge précédent, il semble que certaines figures qui ornent surtout les objets de parure : la rouelle, le signe en *s*, le swastika ont une valeur d'amulettes.

La civilisation du second âge du fer ou de l'époque de La Tène (appelée aussi marnienne et *late Celtic*) est plus homogène que la civilisation hallstattienne. Elle semble être la transformation de cette dernière, et avoir été constituée dans le centre de l'Europe. Tandis que la civilisation de Hallstatt ne s'était développée que par l'imitation des modèles grecs et romains, la civilisation de La Tène semble être plus originale, et avoir été créée par des peuples chez lesquels l'industrie et le commerce étaient singulièrement florissants.

Cette civilisation serait née dans les régions rhénanes ; elle admet trois subdivisions géographiques : la première comprend la Gaule, l'Allemagne du Sud, l'Autriche-Hongrie, l'Italie du Nord et l'Espagne du Nord ; la seconde, les Iles Britanniques ; la troisième, l'Allemagne du Nord, le Danemark et la Suède. On la divise d'ordinaire en trois phases : La Tène I, de 500 à 300 ; La Tène II, de 300 à 100 ; La Tène III, de 100 à l'ère chrétienne.

Les restes d'habitations sont, comme aux âges précédents, rares ou difficiles à identifier ; quelques soubassements en pierre nous indiquent une forme rectangulaire et une forme ronde. Mais on a trouvé beaucoup d'enceintes fortifiées de la troisième époque de La Tène ; les murs en sont formés de pierres et de poutres. Les rites funéraires supposent, comme à l'âge précédent, la croyance à la prolongation de la vie terrestre dans le sépulcre. Le mort est déposé dans sa nouvelle demeure avec ses armes, son char de combat, des viandes, des provisions de bouche, même des amphores de vin. L'inhumation, qui domine dans les pays celtiques, y est, à l'époque de La Tène III, remplacée par l'incinération ; l'incinération est, aux trois époques de La Tène, caractéristique des Germains. Le tumulus est graduellement remplacé par la tombe plate.

Les armes offensives sont, comme à l'époque de Hallstatt, l'épée, la lance, les javelots. L'épée, d'abord courte et pointue, se transforme en un long sabre à pointe mousse. Le pommeau des poignards à antennes a été transformé en tête humaine. Les casques et les cuirasses continuent à être rares ; les boucliers, de forme d'abord ovale, puis ellipsoïdale sur les monuments figurés, ne nous sont guère connus que par leurs umbos et leurs poignées métalliques. On trouve, dans les sépultures, des mors en fer et en bronze et des éperons en bronze.

Le bijou le plus caractéristique de l'époque de La Tène est le collier (*torques*), porté d'abord par les femmes, puis par les guerriers ; il était en bronze ou en or, rarement en fer. Les bracelets et anneaux sont le plus souvent en bronze ; quelquefois en lignite, jayet ou schiste. Les ceintures de femmes sont formées de chaînettes en bronze ; les ceinturons (de cuir ou d'étoffe) des guerriers sont munis d'agrafes en bronze. Les fibules, très nombreuses, sont en bronze ou en fer ; leur variété se prête à des classifications chronologiques ; les épingles deviennent rares. Les pendants d'oreille sont dérivés des modèles hallstattiens. Les bagues, d'ordinaire en bronze, quelquefois en or, argent ou fer, sont plus fréquentes qu'à l'époque précédente. Les trousses de toilette sont plus simples. Les ciseaux apparaissent pour la première fois. Le peigne en bronze est toujours rare. Le miroir ne se trouve guère avant l'époque de La Tène III ; c'est alors aussi qu'apparaît l'étui à aiguilles. Les verroteries sont de plus en plus variées ; on trouve des anneaux et des bracelets de verre de diverses couleurs ; l'ambre et le corail sont importés abondamment. L'émail remplace le corail vers la fin du IVe siècle. L'or est particulièrement fréquent dans la région du Rhin moyen et le bassin de la haute Garonne. L'argent est toujours très rare. Il est vraisemblable qu'un certain nombre de bijoux avaient une valeur d'amulettes.

L'outillage de fer est très varié : haches, couteaux, ciseaux à froid, tranchets, poinçons, gouges, marteaux, enclumes, scies, limes, socs de charrues, faux, serpes, tridents, hameçons, clefs, serrures, broches, fourchettes, tisonniers. Les chenets sont en argile ou en fer. Le moulin rotatif est connu. L'emploi du tour permet de perfectionner la céramique. Le décor peint se développe. L'art est, en général, purement décoratif et les représentations de la personne humaine n'ornent que quelques objets métalliques ; cet art utilise la palmette, le signe en *s*, l'*s* à trois branches ou triscèle, le swastika.

L'activité commerciale est singulièrement accrue par

l'introduction des monnaies, d'abord imitées plus ou moins grossièrement des modèles grecs, puis présentant un caractère plus original.

La plus ancienne route commerciale était celle qui, partant de l'Adriatique, gagnait le passage du Brenner et, de là, la Bohême et le cours supérieur de l'Elbe. Un de ses embranchements atteignait la vallée du Rhin par le Vorarlberg et le lac de Constance. Un autre, par les défilés des Alpes, communiquait avec la Gaule orientale. Au milieu de son parcours, cette route rencontrait la vallée du Danube qui la faisait communiquer avec la mer Noire. Pendant les dernières phases de la civilisation de La Tène, c'est par la vallée du Rhône que se fait la pénétration en Gaule des produits du sud. A l'époque de Hallstätt, le corail, originaire de la mer Tyrrhénienne à la hauteur de la Campanie et des îles Lipari, pénétrait au nord des Alpes par le Tessin. A l'époque de La Tène, il venait sans doute des îles d'Hyères et gagnait la vallée de la Seine par la vallée du Rhône.

Les historiens anciens nous ont conservé des légendes sur l'origine de la métallurgie du fer. Les premiers habitants de la Crète passent pour avoir fait connaître l'usage du feu et découvert l'airain et le fer, ainsi que l'art de travailler ces métaux, dans la contrée située près du mont Bérécynthe [1]. C'est sans doute cette découverte et le mystère dont ils entouraient leurs travaux, qui leur valut la réputation de magiciens célèbres par leurs enchantements [2]. Ils passaient aussi pour avoir les premiers trempé l'acier [3]. On leur donne le nom de Dactyles de l'Ida. Comme il y a aussi un mont Ida en Troade, certains auteurs les disent originaires de Phrygie [4]. Les Telchines, eux aussi de l'île

---

1. J.-P. Rossignol, *Les métaux dans l'Antiquité*, 1863.
2. Diodore, V, 64. Scholiaste d'Apollonios de Rhodes, I, 1129. Eustathe, sur Denys le Périégète, 504.
3. Pseudo-Hésiode, fragm. 155 (Pline, VII, 197).
4. Diodore, V, 64; XVII, 7. Strabon, X, 3, 22. Les premiers fon-

de Crète, se rendirent d'abord à Chypre, puis à Rhodes; comme les Dactyles, ils passent pour avoir les premiers réussi à travailler le fer et le cuivre [1]. Un des aspects des Cabires, dont le culte mystérieux était pratiqué à Lemnos, Imbros, Samothrace et dans la Troade, était celui de génies métallurges [2].

Mais le peuple auquel est attaché dans le monde grec la notion du travail du fer est le peuple chalybe, voisin des Amazones [3] et qui habitait sur les bords du Thermodont [4], ou sur la côte méridionale du Pont Euxin [5]. Dans la langue des poètes attiques le mot χάλυψ est synonyme de fer ou d'acier, et les Chalybes, dompteurs du fer, sont mentionnés chez Euripide [6]. En 401, les Dix Mille trouvaient encore quelques Chalybes qui vivaient de l'industrie du fer [7]. Daïmachos distinguait, au IIIe siècle, quatre sortes d'aciers: celui des Chalybes, celui de Sinope, le lydien et le laconien [8]. Justin mentionne des Chalybes en Espagne, qui avaient des armes excellentes trempées dans l'eau du Bilbilis ou d'un fleuve Chalybs; il est probable que c'est une confusion due à l'emploi du nom des Chalybes dans le sens général de fondeurs et de forgerons, car le fleuve Chalybs n'existe pas.

Le fer commence à paraître dans les poèmes homériques,

---

deurs de bronze auraient été le lydien Scythès et le phrygien Dêlas (Aristote et Théophraste, chez Pline, VII, 197).

1. Strabon, XIV, 2, 7. Nicolas de Damas, fr. 116 (*F. H. G.*, III, p. 459). G. Darier, chez Saglio, *Dictionnaire des antiquités*, IX, p. 66-67.
2. Strabon, X, 3, 20-21. Nonnos, *Dionysiaques*, XIV, 21; XXIX, 196. Lenormant, chez Saglio, *Dictionnaire des antiquités*, II, p. 757.
3. Éphore, fr. 78 (*F. H. G.*, I, p. 258).
4. *G. G. M.*, I, p. 409, § 31. Eudoxe, chez Étienne de Byzance, Χάλυβες.
5. Pseudo-Scylax, § 88 (*G. G. M.*, I, p. 65).
6. Eschyle, *Les Sept contre Thèbes*, 727; *Prométhée enchaîné*, 133. Sophocle, *Trachiniennes*, 1260; Euripide, *Alceste*, 980.
7. Xénophon, *Anabase*, V, 5, 1. Strabon, XII, 3, 23; XIV, 5, 23.
8. Fr. 9 (*F. H. G.*, II, p. 442).

mais seulement pour quelques objets, et il est probable que le poète a commis un anachronisme en rapportant au temps de la civilisation mycénienne des détails qui n'étaient exacts que de son temps.

La diffusion du fer en Europe, et spécialement des armes de fer, doit être l'œuvre de peuples guerriers auxquels ce nouveau métal, plus résistant que le bronze, dut singulièrement faciliter leur conquête. Dans l'Orient, ce furent sans doute les Doriens [1]. Dans l'Italie septentrionale et centrale, au premier âge du fer, on trouve les traces de populations diverses : les Ombro-Latins, les Vénètes illyriens et surtout les Étrusques ; dans l'Italie du Sud, ce sont les Grecs et leur civilisation qui dominent [2]. Dans le centre de l'Europe, la diffusion de la civilisation de Hallstatt semble due aux Celtes, aux Illyriens et aux Germains [3]. L'intermédiaire entre ces peuples semble avoir été la nation des Sigynnes, qui prétendaient être une colonie des Mèdes et dont les tribus étaient établies depuis les bords de la mer Noire jusqu'à l'Adriatique [4]. Ils paraissent avoir été d'actifs commerçants ; leur nom désignait les marchands chez les Ligures, et les javelots chez les Chypriotes [5].

LA CIVILISATION INDO-EUROPÉENNE

Aux renseignements que fournissent sur la civilisation des anciens peuples l'archéologie et la légende, on peut ajouter ceux que donne la comparaison du vocabulaire commun des langues appartenant à la famille indo-européenne. Les restitutions qu'elle permet gardent, il est vrai,

[1]. Déchelette, *Manuel d'archéologie*, II, p. 518.
[2]. Déchelette, *ibid.*, II, p. 529.
[3]. Déchelette, *ibid.*, II, p. 590-591.
[4]. C. Jullian, *Histoire de la Gaule*, I, p. 298, n. 1. Strabon, XI, 11, 8. Apollonios de Rhodes, IV, 320 ; cf. II, 99.
[5]. Hérodote, V, 9.

un caractère conjectural, mais elles présentent l'avantage de s'appliquer à des peuples bien connus.

Le vocabulaire commun aux langues indo-européennes permet d'esquisser un tableau varié, s'étendant de l'organisation sociale à la personne humaine, et de l'agriculture à l'industrie [1].

La famille est déterminée par des noms de parenté à sens très précis ; outre le père, la mère, le fils, la fille, le frère, la sœur, on désigne par des mots spéciaux la femme du fils ; le père, la mère, le frère, la sœur du mari ; la femme du frère du mari. Le mot qui signifie « mari » veut dire aussi « maître de la maison ». Si les degrés de parenté sont bien fixés pour la famille de l'homme, ils sont vagues et divers pour la famille de la femme ; la situation de la femme était donc différente dans les diverses peuplades, et les rapports de parenté du mari avec la famille de la femme étaient très variables.

En dehors du groupe social représenté par la famille immédiate, on trouve un mot pour désigner le groupe de maisons et le chef de village. Le nom du roi n'est attesté qu'en sanskrit et dans les dialectes les plus occidentaux, et le mot désignant l'ensemble d'un peuple est commun seulement aux dialectes de l'Ouest. Il n'y a pas de mot désignant la ville dans le vocabulaire commun des Indo-européens. Le mot signifiant « lieu fortifié » appartient à plusieurs langues, mais non à toutes.

Les noms relatifs à la religion sont très différents dans les diverses langues indo-européennes. Il en faut conclure que chaque tribu avait ses dieux particuliers. Il n'y a aucun nom

---

[1]. A. Meillet, *Introduction à l'étude comparative des langues indo-européennes*, 3ᵉ éd., 1912, p. 364-404. Hirt, *Die Indogermanen, ihre Verbreitung, ihre Urheimat und ihre Kultur*, Strasbourg, 1905-1907. O. Schrader, *Reallexikon der indogermanischen Altertumskunde*, Strasbourg, 1901. S. Feist, *Kultur, Ausbreitung und Herkunft der Indogermanen*, Berlin, 1913.

propre de dieu, aucun nom pour le sacrifice, le rite ou le prêtre. Mais quelques noms d'astres et de phénomènes naturels sont regardés comme divins dans l'Inde et dans la Grèce, et une conception générale de la divinité se révèle par quelques épithètes : « divin, immortel » (tandis que l'homme est qualifié de mortel ou de terrestre), « donneur de richesse ».

Le système de numération est décimal. Les unités forment trois groupes : 1° « un » ; 2° « deux, trois, quatre » ; 3° de « cinq » à « dix ». Les dizaines, qui sont exprimées par des dérivés du mot « dix », sont, à partir de soixante, influencées par d'autres systèmes : duodécimal, vigésimal, etc. « Cent » s'exprime par un dérivé de « dix ». Il n'y a pas de nom indo-européen pour « mille ».

Les parties du corps sont désignées par des termes communs : tête, yeux, oreille, nez, bouche, dent, os, ongle, intestin, rate, cœur, coude, épaule, hanche, aisselle, derrière, nombril. Le mot pour « main » est variable.

Les Indo-Européens connaissent le groupement des animaux domestiques en troupeaux ; ils ont des noms pour le bœuf et la vache, le mouton et la brebis, le cheval et la jument, le bouc et la chèvre, le porc et le sanglier, le chien et la chienne, l'ours, le loup, le cerf, la souris ; parmi les oiseaux : l'aigle, la grive, la grue, l'oie, le canard. Les noms des poissons sont en général spéciaux à chaque langue. Parmi les animaux aquatiques, deux noms anciens désignent la loutre et le castor. Le serpent est connu, ainsi que divers insectes : la mouche, le frelon, la guêpe, l'abeille, et le ver.

Il y a un nom pour le bois et quelques noms d'arbres : le hêtre, le bouleau, le saule, le chêne.

L'agriculture est attestée par l'existence d'une racine signifiant « labourer » ; des noms de céréales (souvent confondus), pour l'orge, le froment, l'épeautre ; un nom pour la paille ; le mot qui désigne le grain n'est connu que dans les langues qui possèdent la racine signifiant « semer ». Le nom de la pomme et du pommier n'existe qu'en slave, lituanien, germanique, celtique.

L'alimentation semble avoir comporté surtout la viande des animaux sauvages ou domestiques ; la nourriture végétale, à en juger par le petit nombre de termes communs, était peu variée. Le lait et le beurre étaient connus. La boisson fermentée était l'hydromel.

Les noms d'outils et d'objets sont très variables, par exemple ceux qui dans les diverses langues désignent la hache. Les noms de la roue sont aussi assez divergents. Mais il y a accord entre les diverses langues pour désigner l'essieu, le moyeu, l'action d'aller en char, le bateau, la poupe, la rame et l'action de ramer.

Parmi les métaux, le nom le mieux attesté est celui du cuivre ou du bronze. Pour l'or, l'argent, les noms sont apparentés, mais non identiques. Le fer semble avoir été inconnu à l'époque de l'unité indo-européenne.

On pourrait songer à reconstituer la civilisation des Indo-Européens non seulement par la comparaison des langues indo-européennes, mais aussi par la comparaison des coutumes que les anciens historiens ont attribuées à divers peuples indo-européens. La communauté des coutumes entre ces peuples résulte soit d'emprunts mutuels, soit d'un ancien héritage. Lorsqu'il s'agit de peuples voisins, l'emprunt est plus vraisemblable ; lorsqu'il s'agit de peuples éloignés, il est plus probable que les traits de civilisation qui leur sont communs remontent à l'époque de l'unité. Malheureusement, si nous connaissons depuis l'époque historique la situation géographique de ces peuples, nous ignorons leurs déplacements antérieurs. En tout cas, les nombreux rapports qu'offre la civilisation des Gaulois avec celle des Germains [1] peuvent s'expliquer par

---

1. Dottin, *Manuel pour servir à l'étude de l'Antiquité celtique*, 2ᵉ éd., p. 450-452.

le voisinage des deux peuples. Les rapports entre les Celtes et les Perses sont plus inattendus. Il est curieux que chez les uns et les autres les sacrifices ne puissent avoir lieu sans la présence d'un druide [1] ou d'un mage [2], que les Celtes [3] comme les Perses [4] traitent d'insensés ceux qui élèvent aux dieux des statues et leur supposent une forme humaine, et que les enfants, chez les deux peuples [5], ne paraissent pas devant leurs pères. Mais Strabon avait déjà remarqué que les Ligures qui se rapprochaient beaucoup des Celtes par leur manière de vivre, étaient de race différente [6].

Quelle est la région qu'habitaient en commun les Indo-Européens? Cette région ne peut être exactement déterminée. On a pendant longtemps cru et enseigné que le centre primitif des Aryens était le plateau de l'Asie centrale, où l'Iaxarte (Syr-Daria) et l'Oxus (Amou-Daria) prennent leur source. Cette thèse, émise pour la première fois en 1820, attaquée dès 1848 par des géologues, des anthropologistes, des philologues et des linguistes, n'est plus acceptée aujourd'hui. L'origine européenne des Indo-Européens semble démontrée [7].

Les mouvements des Celtes se sont produits vers le sud; ceux des Cimbres et des Teutons, peuples germaniques, ont pris la même direction. Il est probable qu'antérieurement à ces invasions, ces peuples indo-européens étaient établis encore plus au nord de la région qu'ils occupaient.

1. Diodore, V, 31, 4.
2. Hérodote, I, 132.
3. Diodore, XXII, 9, 4.
4. Hérodote, I, 131.
5. Hérodote, I, 136. César, VI, 18.
6. Strabon, II, 5. 28.
7. S. Reinach, *L'origine des Aryens*, 1892; *Le mirage oriental*, 1894 (*Chroniques d'Orient*, II, p. 509-566; *L'Anthropologie*, 1893, p. 539, 699). I. Taylor, *L'origine des Aryens*, trad. par Varigny, 1895. E. de Michelis, *L'origine degli Indo-Europei*, Turin, 1903.

Si, d'autre part, l'on s'en rapporte aux indices que fournissent les noms d'arbres, on constate que le bouleau, qui se plaît dans les pays froids et humides, ne se rencontre ni dans les plaines de l'Inde et de l'Iran, ni en Grèce, ni en Italie. Les Indo-Européens, qui avaient un mot pour désigner le bouleau, habitaient donc un pays où poussait cet arbre, vers le nord de l'Europe peut-être, non loin de la Baltique [1].

La date de la séparation des Indo-Européens est aussi difficile à établir ; comme les invasions des époques historiques, elle a dû se faire peu à peu, les tribus se décidant à quitter leur ancien pays, soit par esprit de conquête, ou à cause de la surabondance de leur population, et appelant ensuite dans leur nouveau pays leurs anciens compatriotes. Cette séparation serait antérieure à l'âge du fer (pour lequel il n'y a pas de nom commun aux diverses langues indo-européennes), et postérieure à l'époque du bronze (dont le nom existe en sanskrit *ayah*, en zend *ayō*, en gotique *aiz*, en vieux-haut-allemand *ēr*, en latin *aes*). M. A. Meillet ne croit pas dépasser la vraisemblance en proposant pour date le cours du troisième millénaire avant notre ère [2].

Quelque hypothétique et vague que soit cette date, nous n'avons pas d'autre méthode pour la déterminer que la linguistique comparative. Les plus anciens textes datés d'une langue indo-européenne sont les inscriptions, en langue perse, de Darius (522-486). Il est impossible de déterminer combien il a fallu de temps pour effectuer les changements qui caractérisent le perse de la fin du VIe siècle au regard de l'indo-européen commun. La rapidité de l'évolution d'une langue dépend de circonstances diverses, géographiques et politiques, que, pour ces périodes anciennes, nous ignorons.

---

1. Meillet, *Aperçu d'une histoire de la langue grecque*, p. 11-12. H. Hirt, *Indogermanische Forschungen*, I (1892), p. 464-485.
2. Meillet, *ibid.*, p. 13. M. Much, *Die Kupferzeit in Europa und ihr Verhältniss zur Kultur der Indogermanen*, 2e éd., Iéna, 1893.

Quant à l'archéologie, elle ne peut jusqu'à présent venir en aide à la linguistique pour déterminer l'origine des Indo-Européens et la date de leur séparation. Les découvertes des époques quaternaire et néolithique n'ont pas été favorables à l'ancienne théorie sur l'origine asiatique des Aryens. On a cherché à expliquer diverses phases de la civilisation préhistorique par l'arrivée des Indo-Européens. A. Bertrand [1] a placé cette arrivée au début de l'âge du bronze ; Penka [2], à la fin du néolithique ; et M. I. Taylor [3], au début du néolithique. Mais, comme l'a fait remarquer J. Déchelette, ces hypothèses constructives se heurtent au fait que l'on ne remarque aucune discontinuité ou innovation subite dans le développement normal de la culture indigène pendant l'âge néolithique et l'âge du bronze [4]. L'influence qu'auraient eue les invasions indo-européennes sur les usages et sur l'industrie des peuples qui les auraient précédés n'apparaît donc point clairement, du moins jusqu'ici, dans les trouvailles archéologiques.

1. *La Gaule avant les Gaulois*, 2ᵉ éd., 1891, p. 206-207.
2. *Origines Ariacae*, Vienne, 1883. *Die Herkunft der Arier*, Vienne, 1886.
3. *L'origine des Aryens.*
4. *Manuel d'archéologie*, II, p. 9, n. 1.

CHAPITRE III

LES PEUPLES [1]

LA PARENTÉ DES ANCIENS PEUPLES. — LES IBÈRES ; LES SICANES. — LES LIBYENS. — LES ÉGYPTIENS, LES PHÉNICIENS, LES CRÉTOIS. — LES LÉLÈGES ET LES CARIENS. — LES PÉLASGES. — LES TYRRHÈNES OU ÉTRUSQUES. — LES HELLÈNES. — LES ILLYRIENS. — LES THRACES. — LES SCYTHES. — LES LIGURES. — LES SICULES. — LES ITALIOTES. — LES CELTES. — LES GERMAINS.

LA PARENTÉ DES ANCIENS PEUPLES

La détermination de la parenté de race des anciens peuples entre eux est un élément important pour la solution du problème de leur origine.

Les renseignements sur les cultes communs à plusieurs peuples, qui, de ce point de vue, sont particulièrement importants, nous font presque entièrement défaut [2].

Les Anciens, pour les quelques remarques ethnogra-

---

1. Les sources générales pour les anciens peuples de l'Europe sont, outre l'ouvrage de H. d'Arbois de Jubainville, *Les premiers habitants de l'Europe*, 2ᵉ éd., 1889-1894 : l'ancien, mais excellent, livre de K. Zeuss, *Die Deutschen und die Nachbarstämme*, Munich, 1837 ; et le livre plein d'aperçus originaux de K. Müllenhoff, *Deutsche Altertumskunde*, Berlin, 1870-1891. On trouvera aussi d'utiles renseignements dans les articles, de valeur inégale, des encyclopédies : *La Grande Encyclopédie* ; l'*Encyclopaedia britannica*, 11ᵉ éd., Cambridge, 1911 ; Ersch et Gruber, *Allgemeine Encyclopaedie der Wissenschaften und Künste*, Leipzig, et surtout Pauly-Wissowa, *Real-Encyclopaedie der classischen Altertumswissenschaft*, Stuttgart.
2. Voir cependant, ci-après, les Lydiens.

phiques qu'ils nous ont laissées, se fondaient sur l'aspect physique, sur la langue et sur les coutumes [1].

Les rapports qu'offraient les caractères physiques et les différences qu'ils présentaient ne peuvent malheureusement pas être établis sûrement d'après les témoignages insignifiants que nous ont transmis les historiens [2]. Chez les Grecs, les dieux et les héros sont représentés grands et blonds ; les gens de condition libre sont, à leur image, caractérisés comme grands, larges, droits, bien bâtis, blancs de peau et blonds. On peut supposer que les classes inférieures présentaient les caractères physiques opposés à ceux-là. Il semble que chez les Romains la coloration claire ait été rare. Les Gaulois et les Germains étaient grands, blonds ; ils avaient les yeux bleus, mais les Gaulois étaient moins roux que les Germains. Les Ibères et les Aquitains étaient assez différents des Gaulois [3] ; ils avaient les cheveux frisés et le visage coloré [4] ; c'est sans doute un type conventionnel que décrivent les poètes latins d'après lesquels les Ibères sont des hommes grands, blonds, à peau blanche [5]. Les Ligures étaient maigres et nerveux, petits et musclés [6]. Les Tyrrhènes ou Étrusques étaient gros et gras [7]. Les Scythes étaient grands, blonds, avaient les chairs blanches et molles, ils étaient lymphatiques et pleins d'humeurs, peu prolifiques [8]. Les Thraces, représentant leurs dieux à

---

[1]. Voir Dottin, *Manuel pour servir à l'étude de l'Antiquité celtique*, 1915, p. 35-36.

[2]. On trouvera les textes principaux chez G. Vacher de Lapouge, *L'Aryen*, p. 76-78, 298-304, 311-312, 320-322, 329-330, 517-540. Sur les squelettes des hommes préhistoriques, voir ci-dessus, p. 34, 38, 45.

[3]. Strabon, IV, 1, 1 ; 2, 1.

[4]. Tacite, *Agricola*, 11.

[5]. Silius Italicus, XVI, 471-472. Calpurnius Flaccus, *Déclamations*, 2. Philipon, *Les Ibères*, p. 224-226. Cf. toutefois S. Ph., I, p. 384, 385.

[6]. Diodore, IV, 20 ; V, 39.

[7]. Virgile, *Géorgiques*, II, 193 ; Catulle, 39, 11.

[8]. Hippocrate, *Des airs*, 19 ; éd. Littré, II, p. 72. Adamantios,

leur image, leur donnaient des cheveux roux et des yeux bleus [1]. Les Illyriens étaient grands et roux comme les Germains, les Dalmates et les Sauromates [2]. Les Celtes, les Germains, les Thraces et les Scythes avaient la peau froide et humide, molle, blanche et dépourvue de poils [3].

Rien n'empêche, d'ailleurs, de supposer que si les caractères de la race dépendent, en quelque mesure, du sol, les types actuels peuvent donner quelque idée des types anciens et que la répartition actuelle des divers types peut suggérer quelques hypothèses sur les anciennes races. Voici la classification, par Deniker [4], des races des peuples de l'Europe :

1° Un type blond, dolichocéphale, de très haute taille, en Scandinavie, dans le nord de l'Écosse, l'ouest de l'Angleterre, l'est de l'Irlande, le nord de l'Allemagne (race nordique, kymrique, germanique (*Reihengräber*), *homo Europaeus*).

2° Un type blond, sous-brachycéphale, de petite taille, chez les Blancs-Russiens et les Polonais (race orientale et race vistulienne).

3° Un type très noir, très dolichocéphale, de très petite taille, dans la péninsule ibérique, la Corse, la Sardaigne, la Sicile, le sud-ouest de la France et le sud de l'Italie (race ibéro-insulaire, *homo Meridionalis*).

4° Un type noir, très brachycéphale, de petite taille, trapu, en France, dans les Cévennes, le plateau Central et les Alpes (race occidentale ou cévenole, celtique, rhétienne, celto-slave, ligure, celto-ligure, *homo Alpinus*).

Physiognomica (S. Ph., I, p. 393). Quinte Curce, VII, 4. Galien, *Des tempéraments*, II, 5 (I, p. 648). Clément d'Alexandrie, *Pédagogue*, III, 3, 24 (S. Ph., II, p. 306).

1. Xénophane, fr. 16 (Diels, *Die Fragmente der Vorsokratiker*, 2ᵉ éd., 1906, I, p. 49).
2. Galien, *Des tempéraments*, II, 5 (I, p. 648).
3. Galien, *ibid.*, II, 6 (I, p. 627).
4. Deniker, *Les races et les peuples de la terre*, p. 384-394 (avec carte).

5° Un type brun, mésocéphale, de haute taille, sur le littoral de l'Atlantique et de la Méditerranée jusqu'à l'embouchure du Tibre (race littorale, atlanto-méditerranéenne).

6° Un type brun, brachycéphale, de haute taille, sur les bords de l'Adriatique, en Bosnie, Dalmatie, Croatie, Romagne, Vénétie; chez les Slovènes, les Ladins, sur le plateau de Langres (race adriatique, dinarique et race subadriatique ou lorraine).

Ces six types sont ramenés à trois principaux par W.-Z. Ripley [1] :

1° *homo Europaeus*, dolichocéphale, dont le signalement est : figure longue, cheveux très clairs, yeux bleus, grande taille, nez étroit, aquilin.

2° *homo Alpinus*, brachycéphale, dont le signalement est : figure large, cheveux châtain clair, yeux brun-gris; taille moyenne, trapue, nez assez large et gros.

3° *homo Mediterraneus*, dolichocéphale, dont le signalement est : figure longue, cheveux brun foncé ou noirs, yeux foncés, taille moyenne et mince; nez assez large.

Les résultats obtenus par cette méthode sont, il faut l'avouer, de peu d'importance, car elle tend à faire la synthèse des caractères physiques, alors que nous recherchons, par l'analyse, à caractériser les divers peuples. Nous devons nous résigner à étudier l'histoire des anciens habitants de l'Europe sans connaître leur apparence physique [2].

A défaut de l'anthropologie, la linguistique permet d'établir avec précision les liens de parenté qui unissaient les peuples parlant des langues appartenant à la même famille. Tels sont, par exemple, les Indo-Européens.

Les langues indo-européennes ne nous sont connues

---

1. Ripley, *The races of Europe*, p. 121.
2. G. Lagneau, dans le *Dictionnaire encyclopédique des sciences médicales* de Dechambre, à l'article *France*, 1879, a étudié les textes et les documents anthropologiques relatifs aux anciens habitants de la Gaule.

directement qu'à des époques très différentes les unes des autres :

L'indo-iranien de l'Inde est la langue des textes védiques dont quelques-uns peuvent remonter à une haute antiquité. Mais le plus ancien texte sanskrit daté est du milieu du iiie siècle avant J.-C.

L'indo-iranien de l'Iran est la langue de l'Avesta, dont on ignore la date ; les plus anciens textes datés sont les inscriptions perses du roi Darius (522-486).

Les poèmes homériques, qui donnent le plus ancien exemple d'une langue littéraire grecque, remontent au moins au viiie siècle. Mais les plus anciennes inscriptions grecques datent du viie siècle avant J.-C.

Le latin n'est guère connu avant la seconde moitié du iiie siècle avant J.-C.

Toutes les autres langues indo-européennes ne nous sont attestées qu'après l'ère chrétienne. Des langues celtiques : le gaélique est représenté depuis le viie siècle ; le brittonique, dès le viiie ; des langues germaniques : le gotique dès le ive siècle ; le germanique septentrional dès le iiie siècle ; le germanique occidental, à partir du ixe siècle. Les langues baltiques sont connues seulement à partir du xve siècle, et le slave dès le ixe siècle ; l'albanais à dater du xviie siècle et l'arménien dès le ve siècle.

Néanmoins, la connaissance des dialectes que parlaient les Indo-Européens après la période de l'unité, permet aussi d'entrevoir, par la parenté plus proche de certains dialectes, que certains peuples sont restés plus longtemps en contact plus étroit. Un groupe oriental est constitué par l'indo-iranien, le slave, le baltique, l'arménien et l'albanais. Un groupe occidental comprend le germanique, le celtique et l'italique. Le grec occupe une situation intermédiaire entre les deux groupes, près de l'italique d'une part et de l'iranien de l'autre. Plus anciennement que l'unité italique, qui englobe le latin et l'osco-ombrien, il y a eu une unité italo-celtique [1]. L'unité indo-iranienne est bien attestée ; l'unité balto-slave est possible.

Si l'on essaie de préciser ces notions historiques et de retrouver les anciens noms des peuples indo-européens, on se heurte à quelques difficultés qui proviennent, pour la plupart, de notre ignorance des langues que parlaient les anciens peuples de l'Europe. Les Grecs et les Latins ne s'intéressaient guère aux langues des barbares, et les inscriptions en langues inconnues, que l'on a découvertes, ne nous donnent aucun renseignement historique. Certaines langues indo-européennes ont disparu ; on peut espérer en trouver de nouvelles ; mais, comme le « tokharien » [2], découvert en 1893, elles seront sans doute anonymes. Lorsqu'il s'agit de l'indo-iranien, du grec, du latin, du celtique, du germanique, de l'arménien, on ne peut douter que ces langues ne soient celles des Indiens, des Perses, des Hellènes, des Latins, des Gaulois, des Germains, des Arméniens de l'Antiquité. On a pensé que l'albanais est la forme moderne de la langue des Illyriens [3], mais quels étaient, dans l'Antiquité, les noms des peuples qui parlaient le baltique et le slave ? Pour des raisons géographiques, K. Müllenhoff pense que *Aestii* est le nom général des Prussiens, Lithuaniens et Lettes, dont Tacite dit qu'ils se rapprochent des Suèves par les mœurs et les coutumes, des Bretons par la langue [4]. Quant aux *Venedi*, que Tacite ne sait s'il doit rattacher aux Germains ou aux Sarmates, Müllenhoff les croit slaves [5]. Les Thraces et les Scythes

---

1. A. Meillet, *Les dialectes indo-européens*, p. 24-48, 130-136.
2. Sur les langues indo-européennes récemment trouvées en Asie centrale, voir A. Meillet, *Revue du mois*, XIV (1912), p. 135-152.
3. Benlœw, *La Grèce avant les Grecs*, p. 43, suppose que l'albanais est le reste des langues parlées par les habitants primitifs de la Grèce, mais ne peut étayer sa thèse que par l'étymologie des noms de lieu.
4. *Germanie*, 45. K. Müllenhoff, *Deutsche Altertumskunde*, II, p. 11-34.
5. *Germanie*, 46. K. Müllenhoff, *Deutsche Altertumskunde*, II, p. 34-39.

semblent être, d'après leurs noms propres, des Indo-Européens ; nous ignorons leur langue. Les Scythes et les Sarmates ne sont pas les ancêtres des Slaves [1].

Les noms des tribus indo-européennes ne nous sont connus qu'à des dates singulièrement rapprochées de nous, si l'on met à part les peuples de la mer des documents égyptiens du XIIIe siècle. Le nom des Hellènes paraît, pour la première fois, dans le Catalogue des vaisseaux de l'*Iliade*, sans doute vers le VIIIe siècle ; le nom des Ombriens, les plus anciennement connus des Italiotes, aurait, il est vrai, apparu dès le XIIIe siècle ; mais le nom de Celtes n'est mentionné, pour la première fois, qu'au milieu du Ve siècle [2] et celui des Germains, au plus tôt en 73 av. J.-C. [3] ; le nom de Slaves n'apparaît qu'au Ve siècle après notre ère [4].

Les langues indo-européennes ne sont pas les seules que parlaient les anciens peuples de l'Europe. Certaines langues pouvaient appartenir à un groupe intermédiaire entre les langues sémitiques et les langues indo-européennes ; d'autres à des groupes encore inconnus. L'étude de ces langues est encore trop peu avancée pour qu'on puisse déterminer les parentés qui les unissent. A peine peut-on entrevoir que l'ibère était peut-être apparenté au basque, que le lydien était peut-être parent du lycien. Mais on ne sait à quoi rattacher l'étrusque, et les langues de la civilisation égéenne n'ont même pas encore été déchiffrées.

Beaucoup de langues ont pu disparaître depuis l'an 2000 avant notre ère, qui ont laissé des traces dans le vocabulaire et la syntaxe des langues indo-européennes, par exemple dans les langues celtiques. Mais, de ces *substrata*

---

1. K. Müllenhoff, *Deutsche Altertumskunde*, III, p. 124.
2. Dottin, *Manuel pour servir à l'étude de l'Antiquité celtique*, p. 395-396.
3. Salluste, *Histoires*, III, fr. 96 d. Müllenhoff, *Deutsche Altertumskunde*, II, p. 155.
4. Procope, *Guerre des Goths*, III, 14. Schafarik, *Slawische Alterthümer*, Leipzig, 1843-1844, II, p. 661.

il serait téméraire de tirer les matériaux d'une construction historique. En dehors de la famille indo-européenne, la linguistique ne permet de déterminer l'origine que des Phéniciens, dont la langue est très proche parente de l'hébreu, et qui sont incontestablement d'origine sémitique, et des Finnois, dont la langue est apparentée au hongrois et qui sont peut-être venus, comme les Hongrois, des monts Oural. Ce sont sans doute les *Fenni* des Anciens [1].

Quelque précaires que soient les résultats que donne le rapprochement des textes anciens relatifs à la vie des différents peuples, il est cependant intéressant et peut-être utile de signaler les divers groupements auxquels la même coutume est attribuée. Les femmes travaillaient aux champs chez les Ibères, les Ligures, les Gaulois, les Germains, les Thraces [2]. La communauté des terres existait chez les Germains, les Vaccéens, les habitants des îles Lipari [3]. On cultivait le millet chez les Aquitains, à Marseille, à Thulé, dans l'Italie du nord, chez les Iapodes, les Péoniens, les Pannoniens, les Thraces, les Scythes, les Sarmates, les Lacédémoniens [4] ; le seigle chez les *Taurini*, les Thraces et les Macédoniens [5]. Le cannibalisme a été noté chez les Cyclopes et les Lestrygons légendaires, chez les Irlandais, les Bretons et les Scythes [6]. La bière était la boisson des Ibères,

---

[1]. Müllenhoff, *Deutsche Altertumskunde*, II, p. 39-75. Ci-dessus, p. 30. La parenté du finnois avec l'indo-européen semble démontrée à Hirt (*Die Indogermanen*, II, p. 577). Pourtant, elle est encore niée par H. Winkler, *Uralaltaische Völker und Sprachen*, Berlin, 1884.

[2]. Strabon, III, 4, 17. Justin, XLIV, 3. Diodore, IV, 20. Tacite, *Germanie*, 15. Hérodote, V, 6.

[3]. César, VI, 22. Diodore, V, 9 ; 34. Cf. les Indiens (Strabon, XV, 1, 66) et les Ibères du Caucase (Strabon, XI, 3, 6).

[4]. Strabon, IV, 2, 1 ; 5, 5. César, *Guerre civile*, II, 22. Polybe, II, 15, 2. Strabon, VII, 5, 4. Athénée, X, p. 447 d. Dion Cassius, XLIX, 36. Xénophon, *Anabase*, VII, 5, 12. Pline, XVIII, 100-101. Hésychios, Ἔλυμορ.

[5]. Pline, XVIII, 141. Galien, éd. Kühn, Leipzig, 1821-1823, VI, p. 320.

[6]. *Odyssée*, IX, 369 ; X, 116. Strabon, IV, 5, 4 ; VII, 3, 6. Saint

des Ligures, des Gaulois, des Germains, des Thraces et des Phrygiens [1]. Les demeures souterraines sont attestées chez les Germains, les Thraces, les Scythes, les Cimmériens [2]. Les vêtements de peaux sont mentionnés chez les Bretons et les Germains [3]. Les Germains, les Celtes, les Thraces avaient des tables [4]. La polygamie était pratiquée chez les anciens Hellènes et les anciens Italiotes, chez les Thraces et peut-être chez les Celtes [5] ; la communauté des femmes chez les Bretons, les Scythes (Massagètes et Agathyrses) [6] ; le matriarchat chez les Lyciens, les Cantabres [7], l'achat de la femme chez les anciens Hellènes, et les Thraces [8] ; le suicide ou la mise à mort de la veuve, chez les Hellènes, les Hérules, les Thraces [9] ; le meurtre de la femme adultère chez les Romains et les Saxons [10] ; l'exposition des enfants

Jérôme, *Contre Jovinien*, II, 7. Diodore, V, 32. Hérodote, IV, 26 ; 64 ; 106.

1. Strabon, III, 3, 7. Pline, XIV, 149. Florus, *Epitome*, I, 34. Strabon, IV, 6, 2. Diodore, V, 26. Tacite, *Germanie*, 23. Archiloque chez Athénée, X, p. 447 b. Cf. les Arméniens (Xénophon, *Anabase*, IV, 5, 26) ; les Égyptiens (Strabon, XVII, 2, 5).

2. Tacite, *Germanie*, 16. Varron, *De re rustica*, I, 57. Virgile, *Géorgiques*, III, 376. Méla, II, 1, 10. Strabon, V, 4, 5. Cf. les Arméniens (Xénophon, *An.*, IV, 5, 25).

3. César, V, 14 ; VI, 21. Tacite, *Germanie*, 17.

4. *Germanie*, 22. Athénée, IV, p. 151 e. Xénophon, *An.*, VII, 3, 21.

5. Hérodote, V, 16 ; Arrien, fr. 37 (*F. H. G.*, III, p. 594). César, VI, 19. Cf. les Perses (Hérodote, I, 135).

6. César, V, 14. Hérodote, I, 216 ; IV, 104. Cf. les Troglodytes (Strabon, XVI, 4, 17).

7. Hérodote, I, 173. Strabon, III, 4, 18. Sur le prétendu matriarchat des Pictes, voir H. d'Arbois de Jubainville, *Revue Celtique*, XXIII, p. 359.

8. Aristote, *Politiques*, II, 5, 12. Hérodote, V, 6 ; Xénophon, *An.*, VII, 2, 38.

9. Pausanias, IV, 2. Procope, *De la guerre des Goths*, II, 146. Hérodote, V, 5. Cf. les Slaves (Maurice, *Stratégique*, XI, 5, éd. Scheffer, Upsal, 1664).

10. Caton chez Aulu-Gelle, X, 23. Boniface, *Monumenta Moguntina*, éd. Jaffé, 1866, p. 172.

chez les Hellènes, les Romains, les Norrois [1]. On trouve la fraternisation par le sang chez les Scythes, les Lydiens [2]. Le tatouage est en usage chez les Iapodes, les Illyriens, les Thraces, les Daces, les Sarmates, les Agathyrses [3]. L'hospitalité est pratiquée par les Celtibères, les Celtes, les Germains [4]. Les Gaulois, les Germains et les Athéniens comptaient par nuits [5]. Parmi les coutumes religieuses on peut citer : les sacrifices humains chez les anciens Romains, les anciens Hellènes, les Gaulois, les Germains, les Illyriens [6]; la divination par les morceaux de bois chez les Germains et les Scythes [7]; le culte des arbres et des forêts chez les Romains, les Gaulois, les Germains [8].

La linguistique démontre la parenté de langue des Celtes, des Italiotes, des Grecs, des Germains, auxquels il faut peut-être ajouter les Thraces et les Scythes, peut-être aussi les Ligures. Il serait imprudent de fonder des conclusions

---

1. Plutarque, *Lycurgue*, 16. Denys d'Halicarnasse, II, 15. *Gunnlaugssaga*, 3.
2. Hérodote, IV, 70; I, 74. Cf. les Mèdes et les Arabes, *ibid.*, III, 8.
3. Strabon, VII, 5, 4. Hérodote, V, 6. Athénée, XII, p. 524 d. Ammien Marcellin, XXXI, 2, 14. Pline, XXII, 2. Méla, II, 10. Cf. les habitants de l'Asie Mineure (Xénophon, *An.*, V, 4, 32), les Assyriens (Lucien, *De la déesse syrienne*, 59).
4. Diodore, V, 34. César, VI, 23. Tacite, *Germanie*, 21. Méla, III, 3, 28. Nicolas de Damas, fr. 105 (*F. H. G.*, III, p. 457). Cf. les Slaves (Maurice, *Stratégique*, XI, 5).
5. César, VI, 18. Tacite, *Germanie*, 11. Macrobe, *Saturnales*, I, 3, 4. Pline, 11, 188. Cf. les Numides (Nicolas de Damas, fr. 139, *F. H. G.*, III, p. 463).
6. Servius, *ad Aen.*, X, 519. Plutarque, *Thémistocle*, 13. Diodore, V, 32. César, VI, 16. Tacite, *Germanie*, 9. Procope, *De la guerre des Goths*, II, 15, 24. Arrien, *Anabase*, 1, 5, 7.
7. Tacite, *Germ.*, 10. Hérodote, IV, 67. Ammien, XXXI, 2, 24. Cf. les Celtes (J. Loth, *Annales de Bretagne*, XX (1905), p. 350; *Revue celtique*, XVI (1895), p. 343).
8. Tite Live, 1, 10. Pline, XII, 1; 3. Tacite, *Germ.*, 9. Lucain, III, 399. Maxime de Tyr, *Discours*, 8, 8. Sénèque, *Œdipe*, 543.

plus étendues sur des langues mal connues et sur des rapports vagues de mœurs ou d'usages.

LES IBÈRES [1]

Le nom d'Ibères (Ἴβηρες) apparaît en deux points opposés du monde connu des Anciens : au sud-ouest de l'Europe, dans le pays que les Grecs appelaient Ἰβηρία, et qui est la péninsule hispanique ; au nord-est de l'Asie Mineure, dans la région comprise entre le mont Caucase et le fleuve Araxe [2]. La parenté possible de ces deux peuples était, dès l'Antiquité, un sujet de discussion parmi les savants. Les uns regardaient les Ibères d'Asie comme une colonie des Ibères d'Europe ; d'autres, comme les ancêtres de ces Ibères ; d'autres, enfin, considéraient que les Ibères orientaux et les Ibères occidentaux n'avaient de commun que le nom, car il n'y avait rien de semblable ni dans leurs mœurs, ni dans leurs langues [3].

Nous ne connaissons guère la langue des deux groupes d'Ibères, et nous ne pouvons vérifier sur ce dernier point l'assertion des Anciens. Mais, comme les Ibères d'Asie avaient adopté, les uns, les mœurs des Mèdes et des Arméniens, les autres, le genre de vie des Scythes et des Sarmates, il est possible que, prompts à s'assimiler à leurs voisins, ils aient de bonne heure perdu leur langue nationale.

L'onomastique de l'Ibérie d'Asie prête, en tout cas, à des comparaisons qu'il est difficile d'attribuer au hasard [4].

---

1. H. d'Arbois de Jubainville, *Les premiers habitants de l'Europe*, I, p. 24-73. C. Jullian, *Histoire de la Gaule*, I, p. 255-280. E. Philipon, *Les Ibères, étude d'histoire, d'archéologie et de linguistique*, 1909.
2. Apollodore, fr. 123, 161 (*F. H. G.*, I, p. 454, 456).
3. Appien, *Guerre de Mithridate*, 101. Strabon, I, 3, 21 ; cf. XI, 2, 19.
4. E. Philipon, *Les Ibères*, p. 91-97.

Les Ibères d'Asie habitent dans la vallée du Cyrnos [1], qui a pour affluent l'*Iber*; les Ibères d'Europe ont peuplé la vallée de l'*Iber* ou Èbre. Le nom du *Cyrnos* est identique au nom primitif de la Corse, qui comptait encore au premier siècle de notre ère des Ibères parmi ses habitants. A Cessa, ville située au pied du Caucase, on peut comparer le nom des *Cessêtes* de Tarraconaise; *Aginna*, ville de l'Ibérie asiatique, ressemble singulièrement à *Aginnum*, Agen. On trouve des Bébryces à la fois sur les deux versants des Pyrénées orientales et en Colchide.

On peut donc admettre, sans faire preuve de trop de hardiesse, la parenté des Ibères d'Europe avec les Ibères d'Asie. Une partie de ceux-ci aurait émigré des bords de la mer Noire à l'extrémité occidentale de la Méditerranée, à l'exemple de leurs voisins les Colchidiens qui allèrent fonder, en Crète, une ville, que, du nom de leur capitale asiatique *Cyta*, ils appelèrent *Cytaion*, et, en Illyrie, une ville de *Pola* [2].

Les établissements des Ibères en Italie, en Sicile, en Sardaigne, en Corse, en Languedoc marquent-ils leurs étapes successives avant d'arriver en Espagne, ou, au contraire, le développement vers l'est de leur puissance, dont le centre était la péninsule hispanique? Il est difficile de le démêler parmi la chronologie confuse des Anciens. Quant à l'origine des Ibères, si l'on n'admet pas qu'ils soient autochthones, ni qu'ils soient venus d'Asie, on a le choix entre deux hypothèses : ou ils seraient venus en Espagne par le sud et seraient d'origine libyenne; ou, établis au nord-ouest de l'Europe, ils auraient été refoulés par les Indo-Européens au sud des Pyrénées. La première hypothèse est plus vraisemblable.

Avant que les Ibères ne fussent connus des Grecs, les

1. C'est la leçon de Plutarque, *Pompée*, 34; 35.
2. Callimaque, chez Strabon, I, 2, 39.

peuples les plus puissants de la péninsule semblent avoir été les Atlantes et les Tartesses. Le héros éponyme des Atlantes, Atlas, est fils d'Uranos et frère de Cronos. Cronos régna sur la Libye, la Sicile et l'Italie; Atlas, époux d'Hespéris, régna sur l'Hespérie et le pays des Hyperboréens. Les Atlantes étaient de haute taille; ils étaient renommés pour leur piété; ils croyaient que leur pays était le berceau des dieux. Ils avaient des villes et des temples; leurs champs étaient fertiles. Uranos les avait tirés de l'état sauvage; il leur avait appris l'usage des fruits et la manière de les conserver, ainsi que la division de l'année en saisons et en mois. L'empire d'Uranos s'étendait sur presque toute la terre, principalement du côté de l'Occident et du Nord [1].

L'histoire des Atlantes est tellement liée à la légende de l'Atlantide, que des savants ont pu renverser l'ordre des rapports qui unissent la réalité et la fable et chercher dans la fabuleuse Atlantide le pays d'origine des Ibères. D'après Platon, l'Atlantide était située en face des colonnes d'Hercule. Elle était plus grande que la Libye et l'Asie réunies; son sol était d'une richesse inouïe; on y trouvait tous les métaux, tous les matériaux nécessaires aux arts; des fruits, des légumes, des parfums de toute sorte; de nombreux animaux sauvages et apprivoisés y trouvaient largement leur pâture. Cette île merveilleuse avait été donnée à Poseidôn, dont Atlas était le fils. Les rois, descendants de Poseidôn, étendirent leur domination jusqu'à l'Égypte et la Tyrrhénie, neuf mille ans avant Platon, qui cite comme sources Solon et les prêtres égyptiens. La puissante armée des Atlantes fut arrêtée par les Athéniens. Mais, dans les temps qui suivirent, à la suite d'inondations et de tremblements de terre, l'île Atlantide disparut sous la mer [2]. D'après Théopompe, les conquérants,

1. Diodore, III, 53; 56; 60. Apollodore, *Bibliothèque*, II, 5, 11.
2. Platon, *Timée*, p. 24 e-25 d; *Critias*, p. 113-114 a.

venant de l'île située au delà de l'Océan, débarquèrent au nombre de mille myriades chez les Hyperboréens. Quand ils eurent appris que ceux-ci étaient les hommes les plus heureux de notre continent, ils dédaignèrent leur existence humble et médiocre et jugèrent indigne d'eux d'aller plus loin [1].

L'histoire de Tartesse est moins mélangée d'éléments fabuleux. Tartesse est sans doute le Tharsis de la Bible [2], qui semble avoir compris en général tout l'ouest de l'Europe; l'expression « navires de Tharsis » avait fini par désigner les long-courriers de toute provenance [3]. Les Phéniciens de Tyr recevaient de Tharsis l'argent, le fer, l'étain et le plomb [4]. Le pays de Tartesse était borné à l'ouest par l'Anas (Guadiana), au nord par le pays des *Cempsi*, et à l'est par celui des *Etmanei*. Les Tartesses, peuple ancien et riche, commerçaient avec les îles Œstrymnides [5], et l'airain de Tartesse était bien connu [6]. Ils continuèrent avec les Grecs les relations qu'ils avaient eues avec les Phéniciens. Vers 630, des Samiens, de passage à Tartesse, en avaient emporté des marchandises dont la vente leur rapporta soixante talents [7]. Au temps de Crésus, des Phocéens s'étaient rendus à Tartesse et le vieux roi Arganthônios leur avait donné une somme d'argent pour payer l'enceinte de murailles de leur ville [8].

Les anciens géographes distinguaient la Tartesside (sud

---

1. Théopompe, fr. 76 (*F. H. G.*, I, p. 290).
2. *Genèse*, X, 4; *I Chroniques*, I, 7; *Psaumes*, LXXII, 10; *Isaïe*, XXIII, 6; 10; 14; LXVI, 19. F. Lenormant, *Les origines de l'histoire d'après la Bible*, 2ᵉ éd., 1880-1884.
3. *III Rois*, X, 22; *II Chroniques*, IX, 21. Perrot, *Histoire de l'art dans l'Antiquité*, III, p. 33.
4. *Ezéchiel*, XXVII, 12.
5. Aviénus, *Ora maritima*, 85, 113, 269.
6. Pausanias, VI, 19, 2.
7. Hérodote, IV, 152.
8. Hérodote, I, 163.

de la péninsule) de l'Ibérie (nord de la péninsule [1]). Des Modernes ont pensé que les Tartesses n'étaient pas de la même race que les Ibères et qu'ils venaient de Libye, comme les Atlantes [2]. Toutefois, Hérodore, énumérant les tribus de race ibère, nomme les Cynètes à l'ouest, les Glètes au nord, puis les Tartesses, les *Elbysini*, les *Mastiêni*, enfin les *Celciani* qui touchent au Rhône [3].

Les Tartesses avaient pour voisins les *Cempsi* et les *Saefes*, qui semblent avoir occupé toute l'Espagne occidentale, et aussi les Artabres et les Cantabres qui, au temps de l'empire romain, étaient retirés dans les montagnes du nord de l'Espagne. On ne sait rien de l'origine de ces peuples. Dans le pays des Cantabres, il y avait des peuples et des fleuves dont les noms ne pouvaient être prononcés par une bouche romaine [4].

Les Ibères, établis primitivement dans la vallée du fleuve qui porte leur nom, l'Èbre (*Iber*), ne durent être maîtres de la plus grande partie de la péninsule qu'après avoir soutenu des luttes sur lesquelles nous n'avons aucun renseignement. Mais la puissance ibère, dès le ve siècle, s'étendit bien au delà des Pyrénées. Les Ibères avaient occupé la région située entre les Pyrénées et le Rhône [5]. Ils eurent longtemps pour limite, au nord-est, le fleuve du Rhône [6]. Quand, dans la seconde moitié du ve siècle avant

---

1. Pseudo-Scymnos, 198-200 (*G. G. M.*, I, p. 203). Charax, fr. 5 (*F. G. H.*, III, p. 637). Strabon, III, 4, 19. Aviénus, *Descriptio orbis terrae*, 479.
2. Philipon, *Les Ibères*, p. 37-42.
3. Hérodore, fr. 20 (*F. H. G.*, II, p. 34). On trouvera les textes relatifs aux Tartesses chez H. d'Arbois de Jubainville, *Les premiers habitants de l'Europe*, I, p. 48, n. 1.
4. Méla, III, 15.
5. H. d'Arbois de Jubainville, *ibid.*, I, p. 375.
6. Hérodore, fr. 20 (*F. H. G.*, II, p. 34). Pseudo-Scylax, 1-3 (*G. G. M.*, I, p. 15-17). Pseudo-Scymnos, 206 (*G. G. M.*, I, p. 204). Aviénus, *Ora maritima*, 608-610. Strabon, III, 4, 19.

notre ère, les Phocéens vinrent fonder les colonies de Rhodanusie et d'Agde, ces villes étaient encore situées en Ibérie [1]. Vers la même époque, la rive droite du Rhône était habitée par une population mélangée d'Ibères et de Ligures [2]. *Iliberris*, nom d'une ville de Narbonnaise, est aussi le nom d'une ville de Bétique.

Au nord-ouest des Pyrénées, un peuple d'origine tartesse ou ibère, les Aquitains, s'était établi. Leur langue, leur aspect physique, les rapprochaient plus des Ibères que des Gaulois [3]. L'onomastique de l'Aquitaine et de l'Espagne du Sud présente de nombreuses identités : *Asta*, Aste, Basses-Pyrénées, et *Asta*, ville de Bétique; *Bigerriones*, habitants du Bigorre, et *Bigerra*, ville de Bastitanie; *Carissa*, ville d'Aquitaine, et *Carissa*, ville de Bétique; *Calagurris*, ville d'Aquitaine, et ville des Ilergètes; *Ilunnus*, divinité pyrénéenne, et *Ilunum*, ville de Bétique; *Iluro*, Oloron, Basses-Pyrénées, et *Iluro*, ville de Bétique; *Sicor*, port d'Aquitaine, et *Sicoris*, fleuve des *Calpiani*; *Tolosa*, nom ancien de Toulouse, Haute-Garonne, et de plusieurs *Tolosa* d'Espagne [4]. Ces Aquitains, dont le pays était borné par la Garonne, les Pyrénées et l'Océan, avaient gardé des relations avec les Ibères d'Espagne auxquels, lorsqu'ils furent attaqués par Crassus, ils envoyèrent demander des renforts et des chefs [5].

Les conquêtes des Ibères s'étaient étendues, si l'on s'en rapporte à un périple mis en vers par Festus Aviénus, jusqu'aux bords glacés de l'Océan boréal; ils auraient été les voisins des féroces Bretons et de la blonde Germanie [6]. Les Silures de Grande-Bretagne, qui portaient le même

---

1. Pseudo-Scymnus, 208 (*G. G. M.*, I, p. 204).
2. Pseudo-Scylax, *Périple*, 3 (*G. G. M.*, I, p. 47).
3. Strabon, IV, 1, 1 ; 2, 1.
4. Philipon, *Les Ibères*, p. 79-81. Luchaire, *Remarques sur les noms de lieux du pays basque*, 1874; *De lingua aquitanica*, 1877.
5. César, III, 23.
6. Aviénus, *Descriptio orbis terrae*, 414-420.

nom qu'une montagne d'Ibérie, avaient, d'après Tacite, le teint coloré et les cheveux crépus des Ibères [1]. M. Rhys a cru trouver dans la langue des Pictes d'Écosse des arguments pour les rattacher aux Basques et, derrière ceux-ci, aux Ibères [2]. Mais la langue des Pictes est certainement celtique [3].

Les développements de la puissance ibérique à l'est de l'Espagne sont attestés par des témoignages plus probants. Longtemps avant la guerre de Troie, une flotte ibère, commandée par Norax, fonda en Sardaigne *Nora*, qui fut la première ville de l'île; jusque-là, les habitants avaient vécu épars dans des cavernes [4]. D'après Denys d'Halicarnasse, Rome reçut des milliers d'Ibères [5]. Les Ibères sont nommés parmi les premiers barbares qui occupèrent la Sicile [6]. Mais les Ibères d'Italie et de Sicile sont généralement connus sous le nom de Sicanes.

Les renseignements que nous fournissent les Anciens sur les coutumes des Ibères datent le plus souvent de l'époque romaine [7]. Mais il est vraisemblable qu'en particulier chez les montagnards, ces coutumes s'étaient transmises depuis une haute antiquité. Ces montagnards, pendant les deux tiers de l'année, ne se nourrissaient que de glands de chêne, qui, séchés et broyés, servaient à faire du pain. Leur boisson ordinaire était une bière d'orge; le vin était rare; ils se servaient de beurre et non d'huile;

---

1. Tacite, *Agricola*, 11.
2. Rhys, *Proceedings of the Society of antiquaries of Scotland*, XXVI, p. 263-351 ; XXXII, p. 324-398. *Revue celtique*, VI, p. 396-400.
3. J. Loth, *Annales de Bretagne*, VI (1890), p. 111-116.
4. Pausanias, X, 17, 2-5. Cf. Strabon, V, 2, 7; Solin, IV, I. Les *Hispani* de Corse, dont les chapeaux et les chaussures étaient les mêmes que ceux des Cantabres et qui parlaient une langue apparentée, sont sans doute des Ibères. Sénèque, *Ad Helviam*, 7, 8-9.
5. Denys, I, 89.
6. Éphore chez Strabon, VI, 2, 4.
7. Voir E. Cordier, *Revue historique de droit*, XIV (1868), p. 332-359, qui rapproche les usages des Ibères de ceux des Basques.

ils mangeaient assis. Les banquets de famille se terminaient par des danses [1] en chœur. Chez les Bastitans, chaque femme avait son danseur en face d'elle et lui donnait de temps en temps les mains. Les Ibères se baignaient dans des étuves chauffées par des pierres rougies au feu. Les malades étaient exposés sur les chemins pour provoquer les conseils de ceux qui avaient été atteints des mêmes maux. Les Ibères n'avaient que des barques de cuir pour traverser les estuaires et les étangs; plus tard, ils eurent des canots creusés dans des troncs d'arbres. A l'intérieur du pays, on utilisait en guise de monnaies des lames d'argent que l'on découpait dans des lingots à mesure qu'on en avait besoin [2].

Chez certains peuples ibères, les femmes avaient une situation prépondérante; ainsi, chez les Cantabres, c'était l'époux qui apportait une dot à sa femme et les filles qui héritaient, à charge de marier leurs frères [3]. Ailleurs, les femmes travaillaient à la terre. A peine accouchées, elles faisaient coucher leurs maris et les servaient. Leurs coiffures avaient paru singulières à Artémidore d'Éphèse : les unes portaient au-dessus de la tête et en avant du front des baguettes en arc de cercle qui supportaient leur voile; d'autres se coiffaient d'une sorte de petit tambour qui leur serrait la tête jusque derrière les oreilles; d'autres s'épilaient le haut du crâne; d'autres enfin enroulaient leurs cheveux autour d'un petit bâton d'un pied de haut et les recouvraient d'un voile [4].

A la guerre, les Celtibères portaient de légers boucliers gaulois et d'excellentes épées à deux tranchants; les

---

[1]. Sur les danses des Lusitans, voir Diodore, V, 34; des Galiciens : Silius Italicus, III, 346-347.
[2]. Strabon, III, 3, 6-8.
[3]. Strabon, III, 4, 18.
[4]. Cf. les coiffures des femmes chez P. Paris, *Essai sur l'art et l'industrie de l'Espagne primitive*, Paris, 1903-1904, et surtout le buste de la Dame d'Elche (pl. 1).

Lusitans, de petits boucliers faits de fibres entrelacées et des javelots tout en fer terminés par un crochet [1]. En général, les Ibères étaient armés à la légère ; ils montaient à deux le même cheval, et l'un des deux cavaliers mettait pied à terre au moment du combat. Ils se dévouaient jusqu'à la mort à ceux à qui ils étaient attachés et portaient sur eux du poison en cas de malheur [2].

Leurs religions sont mal connues [3] ; les Anciens mentionnent l'usage de sacrifier les prisonniers de guerre et les présages tirés de la chute des victimes. Aux environs du promontoire Sacré, il y avait des groupes de pierres autour desquelles on tournait dans divers sens [4], après y avoir fait des libations ; il n'était pas permis d'y offrir des sacrifices ni d'y venir la nuit, parce que les dieux, alors, s'y réunissaient.

Sur les tombes des guerriers on plantait autant d'« obélisques » qu'ils avaient tué d'ennemis. Il est probable qu'il s'agit de cercles ou d'alignements de pierres analogues à ceux que l'on a trouvés en Grèce, en Étrurie et en Armorique, plutôt que de pieux en fer [5]. A Aguilar d'Anguita (province de Guadalajara), on a trouvé 2.264 sépultures à incinération [6], datant du premier âge du fer, rangées sur 44 lignes et surmontées chacune d'une stèle ; ces stèles

---

1. Diodore, V, 33-34.
2. Strabon, III, 4, 17-18. Le dévouement, jusqu'à la mort, des soldats à leurs chefs est signalé aussi chez les Germains (Tacite, *Germanie*, 14), les Gaulois transalpins (César, VII, 40), les Aquitains (César, III, 22 ; Nicolas de Damas, chez Athénée, VI, 45).
3. Macrobe (*Saturnales*, I, 19, 5) signale chez les *Accitani* un dieu Neton, dont la statue ressemblait à un Mars orné de rayons. Les Celtibères et leurs voisins du nord avaient un dieu sans nom qu'ils honoraient, les nuits de pleine lune, par des chœurs de danse devant leurs maisons (Strabon, III, 4, 16).
4. Strabon, III, 1, 4. Sur les religions lusitanes, voir Leite de Vasconcellos, *Religiões da Lusitania*, Lisbonne, 1897-1905.
5. Aristote, *Politiques*, VII, 2, 6. Déchelette, *Manuel d'archéologie*, II, p. 635.
6. De Cerralbo, *Revue des études anciennes*, XV (1913), p. 437-439.

sont en pierre brute et de grandeurs variant de 3 mètres à environ 0 m 50.

La condition assez misérable et la civilisation peu avancée des Ibères montagnards contrastent avec le genre de vie des anciens habitants du pays de Tartesse enrichis par le commerce et les produits des mines d'argent [1]. Les Carthaginois, dans une expédition conduite par Barca, avaient trouvé chez les Turdétans des crèches et des tonneaux en argent [2]. Ces mêmes Turdétans ou Turdules passaient pour savants, et conservaient des annales, des poèmes et des lois en vers, qui, à ce qu'ils prétendaient, remontaient à six mille années [3].

La langue des Ibères, d'après Strabon, n'était pas une [4]. De cette langue, nous ne connaissons guère que des noms propres, conservés par les écrivains grecs et latins ou dans des inscriptions lapidaires ou monétaires [5]. Une douzaine d'inscriptions contiennent quelques noms communs, dont la lecture et le sens sont également obscurs; une vingtaine d'autres noms communs sont donnés comme espagnols dans des textes grecs et latins, par exemple : *gurdus* « sot » (Laberius), *cantus* « jante » (Quintilien), *dureta* « escabeau » (Suétone), *celia* et *cerea* « boissons de grains » (Pline).

Ces documents ne sont même pas suffisants pour qu'on ait pu déterminer avec sûreté à quelle famille de langue on

---

1. Les mines d'argent de l'Ibérie étaient connues d'Homère si l'on admet avec Th. Reinach (*Revue celtique*, XV, 1894, p. 209-215) que Alybê, patrie de l'argent (*Il.* II, 856-857), dont la détermination embarrassait fort Strabon (XII, 3, 20-27), est identique à Alybê, l'une des colonnes d'Hercule chez Denys le Périégète (335-337).
2. Strabon, III, 2, 14.
3. Strabon, III, 1, 6.
4. Strabon, III, 1, 6.
5. On trouvera les inscriptions chez Hübner, *Monumenta linguae ibericae*, Berlin, 1893. Sur les mots ibères en espagnol, cf. Windisch, *Berichte über die Verhandlungen der königlich sächsischen Gesellschaft der Wissenschaften*, 1897, p. 101-126.

pourrait apparenter l'ibère. La théorie la plus en faveur le rattache au basque [1] ; le nom de ville *Ili-berris* peut s'expliquer par le basque *iri-berri* « ville neuve » ; *Bi-gerra* « pays de Bigorre » serait le basque *ibai-gorri* « fleuve rouge » ; *gorri* se trouverait aussi dans le nom de ville *Cala-gurris* ; le mont *Oros-peda* correspondrait au basque *oros-pide* « chemin des veaux », et le mont *Idu-beda* au basque *idi-bide* « chemin des bœufs ». Mais on ne saurait trop se défier de l'étymologie des noms propres. En tout cas, les théories qui rattachent l'ibère à l'indo-européen [2], aux langues africaines [3], aux langues américaines [4], sont loin d'entraîner la conviction.

Les alphabets ibériques sont assez différents les uns des autres [5]. On en distingue deux types principaux : l'un dit celtibérien ; l'autre, turdétan. Le *b* et le *g* y sont rares ; ils écrivent *P(i)lp(i)lis* pour *Bilbilis*, *Seq(o)prices* pour *Sego-brices* ; ils remplacent *d* tantôt par *t*, tantôt par *th* ; certaines lettres semblent d'origine phénicienne ; d'autres, d'origine grecque.

L'archéologie nous apprend peu de chose sur les anciens Ibères. Jusqu'à l'âge du fer, on ne peut que remarquer quelques analogies entre la civilisation de l'Espagne et celle de la Gaule occidentale, et c'est sans doute d'Ibérie qu'a été apportée aux côtes de l'Atlantique la connaissance de l'or, du cuivre et du bronze. A quel peuple faut-il en

---

1. W. von Humboldt, *Prüfung der Untersuchungen über die Urbewohner Hispaniens vermittelst der Vaskischen Sprache*, Berlin, 1821 ; trad. en français par A. Marrast, 1866. Cf. J. Vinson, *Mélanges de linguistique et d'anthropologie*, 1880, p. 209 et suiv.
2. E. Philipon, *Mélanges H. d'Arbois de Jubainville*, p. 237-269 ; réfuté par Schuchardt, *Sitzungsberichte der kaiserlichen Akademie der Wissenschaften in Wien*, CLVII, 1907.
3. G. von Gabelentz, *Die Verwandtschaft des Baskischen mit dem Berbersprachen*, Brunswick, 1894.
4. Whitney, *La vie du langage*, 1880, p. 213.
5. Cf. Strabon, III, 1, 6. Ph. Berger, *Histoire de l'écriture dans l'Antiquité*, 2ᵉ éd., 1897, p. 333-340.

faire honneur? Aux Tartesses, aux Ibères ou aux Phéniciens? A la seconde époque du fer [1], on trouve à la fois dans les tumulus du Sud-Ouest de la France et en Castille le javelot tout en fer, caractéristique des peuples ibériques [2]. Les objets de harnachement sont nombreux ; les mors et caveçons, caractéristiques. L'habileté des Ibères dans l'équitation était mentionnée par Strabon [3], et l'acier de Bilbilis et de Turiasson était célèbre dans l'Antiquité [4]. Les épées à antennes sont du même type que celles des tombes pyrénéennes. Des deux côtés des Pyrénées, les morts sont incinérés. Mais s'agit-il d'Ibères ou de Celtibères? Des armes gauloises de la seconde époque du fer ont été découvertes en Catalogne [5].

LES SICANES [6]

L'origine des Sicanes était déjà discutée dans l'Antiquité. Les Sicanes se disaient autochthones en Sicile [7], et ils ont passé auprès de plusieurs historiens pour les plus anciens habitants de ce pays [8]. Mais leur origine ibérique semble avoir été généralement admise par les Anciens. Les Ibères venaient des bords d'un fleuve d'Ibérie, appelé Sicanos, d'où ils avaient été chassés par les Ligures [9].

1. Déchelette, *Manuel d'archéologie*, II, p. 665, 688, 1150-1153.
2. Déchelette, *Revue des études anciennes*, XIII (1911), p. 453-456.
3. Strabon, III, 4, 15 ; 18.
4. Martial, I, 49 ; IV, 55 ; XII, 18. Pline, XXXIV, 144. Justin, XLIV, 3.
5. Déchelette, *Manuel d'archéologie*, II, p. 1100.
6. H. d'Arbois de Jubainville, *Les premiers habitants de l'Europe*, I, p. 26-37. E.-A. Freeman, *History of Sicily*, Oxford, 1891, I, p. 107-124, 472-494. Voir aussi : Holm, *Geschichte Siciliens im Alterthum*, Leipzig, 1870-1874. Pais, *Storia della Sicilia e della Magna Grecia*, Turin, 1894.
7. Thucydide, VI, 2.
8. Ephore, fr. 51 (*F. H. G.*, I, p. 246). Timée, fr. 2 (*F. H. G.*, I, p. 193), qui accuse Philiste d'ignorance.
9. Thucydide, VI, 2, 2. Philiste de Syracuse, fr. 3 (*F. H. G.*, I, p. 185). Denys d'Halicarnasse, I, 22. Silius Italicus (XIV, 34) les fait venir des Pyrénées.

Avant d'occuper la Sicile, ils s'étaient établis en Italie qu'ils abandonnèrent, fuyant devant les Ligures. Les Sicanes sont cités parmi les anciens habitants de l'Italie [1] ; certains noms que l'on trouve dans le Latium sont identiques ou prochement apparentés à des noms géographiques d'Ibérie [2] : *Astura*, rivière du Latium, et *Astura*, rivière d'Asturie ; *Dercennus*, roi légendaire du Latium, et *Dercenna*, rivière de Bilbilis ; *Suessa*, capitale des Arunci, et *Suessē*, capitale des Ibères *Suessetes* ; *Tibur*, ville du Latium, et *Tibures*, peuple d'Ibérie. On peut trouver encore, çà et là, dans diverses parties de l'Italie, des noms ibères : *Arnus*, l'Arno, fleuve d'Étrurie, et *Arnum*, fleuve de l'Ibérie orientale ; *Cortona*, ville des Aborigènes d'Étrurie, et ville de Tarraçonaise ; *Tribola*, ville des Aborigènes d'Étrurie, et ville de Lusitanie ; *Iria*, ville de Ligurie et ville d'Espagne. L'Italie du Sud-Ouest portait peut-être, au temps de Diomède, le nom d'Ibérie [3] ; on y trouvait un fleuve *Tamarus* (cf. le *Tamaris* de Galice) et la ville de *Cales* (cf. *Cales* en Galice).

D'Italie, les Sicanes passèrent en Sicile, dont ils changèrent l'ancien nom de Trinacrie en celui de Sicanie. La date de ce passage peut être à peu près déterminée. Minos ayant chassé de Crète Dédale, celui-ci se réfugia près de Côcale, roi des Sicanes, dont la capitale était *Camicos* [4]. Depuis le temps de Minos (XIV° siècle avant notre ère) jusqu'à l'arrivée des Sicules (vers 1035 [5]), les Sicanes dominèrent en Sicile ; puis ils furent refoulés par les Sicules dans le sud-ouest de l'île [6]. La toponomastique a

---

1. Caton, fr. 56 (*H. R. F.*, p. 52).
2. Philipon, *Les Ibères*, p. 101-110.
3. Denys le Périégète, 485 (*G. G. M.*, II, p. 132, note).
4. Hérodote, VII, 170. Philiste, fr. 1 (*F. H. G.*, I, p. 185). Ephore, fr. 99 (*F. H. G.*, I, p. 264). Héraclide, fr. 29 (*F. H. G.*, II, p. 220). Diodore, IV, 76-79. Aristote, *Politiques*, II, 10, 2. Cf. E.-A. Freeman, *History of Sicily*, I, p. 495-505.
5. Thucydide, VI, 2.
6. Diodore, V, 6.

gardé des traces de leur occupation : le fleuve *Alabos* (cf. la ville d'*Alaba* en Ibérie); la ville d'*Alēta* (cf. *Alētos*, colline de Carthagène).

Les Sicanes semblent avoir pratiqué l'agriculture. Ils habitaient des bourgs construits sur des hauteurs pour se garantir des brigands. Chaque bourg avait son chef [1].

LES LIBYENS [2]

Les Libyens (Λίβυες) [3] représentent, dans les anciennes traditions de l'Europe, les peuples de l'Afrique du Nord-Ouest qui s'établirent dans l'Europe occidentale. C'est d'eux, sans doute, que veut parler Aviénus, lorsqu'il dit que l'Hespérie était habitée par une race d'Éthiopiens et que des géographes rattachaient à la Libye le sud de l'Espagne [4]. Des Libyphéniciens occupaient, au IVe siècle, le sud-ouest de la péninsule [5]. Comme les Ibères, les Libyens s'étaient sans doute avancés jusqu'au Rhône, qui, chez Philéas [6], marque les bornes de la Libye; deux branches du Rhône s'appelaient *Libyca* [7], ainsi qu'un fleuve de Galice et une ville des Cérètes; *Libya* était un nom de ville de Tarraconaise, de Lusitanie ou de Cantabrie.

Les rapports sont assez nombreux entre les noms géographiques de la Libye et ceux de l'Ibérie : *Bulla*, ville de Numidie, et ville de Bétique; *Obba*, ville de Tunisie, et

---

1. Diodore, V, 6.
2. Philipon, *Les Ibères*, p. 37-81. Gsell, *Histoire ancienne de l'Afrique du Nord*, I, 1913.
3. Ce sont les *Libou* ou *Rebou* des textes égyptiens du XIIIe siècle. Chabas, *Études sur l'Antiquité historique*, 2e éd., p. 184.
4. *Descriptio orbis terrae*, 329, 738. Cf. Pseudo-Scymnos, 152-158 (G. G. M., I, p. 200).
5. *Ora maritima*, 419-421. Cf. Pseudo-Scymnos, 196-198.
6. Philéas chez Aviénus, 684-686. Polybe, III, 33, 15. On a comparé les *Sordi*, *Sordones* du Roussillon à Sardus, éponyme des Sardes, qui venait de Libye.
7. Pline, III, 33.

Oba, ville de Bétique ; *Ruscino*, port de la région des Syrtes, et ville de Narbonaise ; *Subur*, fleuve de Tingitane, et ville de Tarraconaise ; *Ucubi*, ville de Tunisie et ville de Bétique. Les *Turdetani* de Bétique semblent identiques aux *Turzetani* du nord de l'Afrique, et les *Icositani* de la région de Carthagène semblent apparentés aux *Icositani* d'Alger [1].

On a conservé quelques débris de la langue des Libyens, mais ils ne nous fournissent pas de renseignements clairs qui permettent d'en déterminer la parenté [2].

Faut-il croire que les Libyens allèrent jusqu'en Sardaigne, puisque Sardus, fils d'Héraclès, qui s'empara de la Sardaigne, est un libyen [3] ; que la Corse a été peuplée par des Libyens [4] ; que ceux-ci atteignirent même Vérone et Brescia, puisque le territoire de ces villes fut occupé par des *Libui* [5] ? Enfin, les *Liburni*, qui occupèrent avec les Sicules la plus grande partie de la Cisalpine [6], sont-ils apparentés aux *Libui* [7] ? Il est plus vraisemblable que les *Liburni* sont des Illyriens [8], et des généalogies mythiques ou des noms de peuples ne suffisent pas à démontrer la réalité des établissements des Libyens en Sardaigne et en Italie.

D'autre part, peut-on admettre que l'histoire des Amazones de l'île Hespéra, à l'ouest de la Libye, est autre

---

1. Philipon, *Les Ibères*, p. 54-57. Gsell, *Histoire ancienne de l'Afrique du Nord*, I, p. 324-326.
2. Ph. Berger, *Histoire de l'écriture dans l'Antiquité*, 2e éd., p. 324-332. Gsell, *Histoire ancienne de l'Afrique du Nord*, I, p. 308-326.
3. Solin, 4, 1. Pausanias, X, 17, 2. Silius Italicus, XII, 359-360. Isidore, *Origines*, XIV, 6, 39. Nicolas de Damas, fr. 137 (*F. H. G.*, III, p. 463).
4. Pausanias, X, 17, 8.
5. Tite Live, V, 35.
6. Pline, III, 112.
7. H. d'Arbois de Jubainville, *Les premiers habitants de l'Europe*, I, p. 37.
8. Appien, *Illyriques*, 12 ; 16 ; 25.

chose qu'une réplique de l'histoire des Amazones scythiques, et croire que les expéditions des Amazones occidentales contre les Atlantes [1] sont un épisode des luttes des Libyens contre les habitants de l'Ibérie ? On ne saurait, pourtant, accepter la partie de la légende qui nous montre ces Amazones à la conquête de la Syrie, de la Cilicie, de la Grande Phrygie et de Lesbos ; il est plus vraisemblable qu'il y a là un souvenir des expéditions des Amazones de Scythie. En tout cas, Diodore, qui reproduit Dionysios de Mytilène, affirme que la race des Amazones d'Hespérie disparut plusieurs générations avant la guerre de Troie, tandis que les Amazones scythiques florissaient encore un peu avant cette époque. Des souvenirs de gynécocratie étaient, comme nous l'avons vu, conservés chez les Cantabres [2]. Était-ce la trace qu'avaient laissée, en Ibérie, les Amazones ?

Si, en général, la pénétration de peuples de l'Afrique du Nord dans le Sud de l'Europe occidentale n'a rien d'invraisemblable (puisque le fait s'est renouvelé à l'époque historique lors de l'invasion des Arabes), dans le détail, la ressemblance du nom des Libyens (Λίβυες) avec celui des Ligures (Λίγυες) a pu prêter à de nombreuses confusions. Ainsi, au témoignage de Pausanias sur les Libyens de Corse, s'oppose celui de Solin [3], qui dit que la Corse a été peuplée par les Ligures, ce qui est plus vraisemblable.

Les Grecs avaient toutefois conservé quelques traditions d'anciens rapports avec les Libyens [4]. Certains mythographes admettent qu'Athêna est née près du lac Triton [5] en Cyrénaïque, où les filles des *Machlyes* et des *Auses* célébraient des fêtes guerrières en son honneur [6]. La

---

1. Diodore, III, 52-53.
2. Strabon, III, 4, 18.
3. Solin, 3, 3.
4. Benlœw, *La Grèce avant les Grecs*, p. 126-132.
5. Apollodore, III, 12, 3, 4.
6. Hérodote, IV, 180.

légende de Gorgô, que tua Athéna ou Persée, est d'ordinaire rattachée à la Libye, qui est la patrie des Gorgones[1]. L'égide des statues d'Athêna était, d'après Hérodote, empruntée aux peaux de chèvres que les Libyennes mettaient par-dessus leurs habits[2]. Poseidôn, qu'adoraient les Libyens des bords du lac Triton[3], était, dans les généalogies grecques, l'époux de Libye.

LES ÉGYPTIENS, LES PHÉNICIENS, LES CRÉTOIS

Une curieuse généalogie grecque[4] met en rapport les héros qui personnifient les civilisations égyptienne, phénicienne et égéenne.

Poseidôn et Libye

Agénor roi de Phénicie				Bêlos roi d'Égypte	
Europe	Cadmos roi de Thèbes	Phénix roi de Phénicie	Cilix roi de Cilicie	Égyptos	Danaos roi d'Argos
Minos[5] roi de Crète Sarpédon roi de Lycie Rhadamanthe roi d'Élysion					

Les traditions, souvent confuses et contradictoires, qui

---

1. Pausanias, II, 21, 5-6. Diodore, III, 52.
2. Hérodote, IV, 189.
3. Hérodote, IV, 188. Le lac Triton est mentionné aussi dans la légende des Argonautes.
4. Apollodore, II, 1, 4 (*F. H. G.*, I, p. 126); III, 1, 1 (*F. H. G.*, I, p. 150). H. d'Arbois de Jubainville, *Les premiers habitants de l'Europe*, I, p. 177.
5. Dans l'*Iliade* (XIV, 321-322), Minos est fils de la fille de Phénix.

nous ont été conservées sur Danaos [1] et Cadmos [2] constituent à peu près la somme de nos connaissances sur les plus anciens rapports de l'Égypte et de la Phénicie avec les peuples de la Méditerranée orientale, si l'on met à part les mentions hypothétiques de peuples de l'Europe dans les documents égyptiens du xive au xiie siècle avant notre ère.

Quant à Minos, les récentes découvertes archéologiques ont permis de connaître, à défaut de l'histoire de son peuple, la civilisation à laquelle les modernes ont attaché son nom.

DANAOS

Danaos était originaire de *Chemmis* en Égypte [3]. Il n'était pas Égyptien de race ; il fut chassé du pays parce qu'il n'avait pas la même religion que les autres habitants [4]. Comme Cadmos, il fonda un temple dans l'île de Rhodes ; ce fut le sanctuaire élevé à Athéna de Lindos par les filles de Danaos, qui arrivèrent dans cette ville en fuyant les fils d'Égyptos [5]. Comme Cadmos, il importa en Grèce l'alphabet [6]. Mais il s'établit à Argos, où il fut proclamé roi parce qu'il y avait découvert des sources, et son empire fut assez puissant pour que le nom des Δαναοί fût, à l'époque de l'*Iliade*, devenu un des noms génériques des Grecs [7]. Le nom de Danaouna, qui apparaît sous Ramsès III,

1. Saglio, *Dictionnaire des antiquités grecques et romaines*, III, p. 24.
2. Saglio, *ibid.*, II, p. 775.
3. Hérodote, II, 91, 5.
4. Diodore, XL, 3, 2.
5. Hérodote, II, 182. Diodore, V, 58. Apollodore, *Bibliothèque*, II, 1, 4-5.
6. Pythodore, Phillis de Délos (*F. H. G.*, IV, p. 476). On pourrait ajouter Anaximandre, Denys et Hécatée de Milet si le texte était sûr (cf. *F. H. G.*, I, p. 29, n° 361).
7. Strabon, I, 2, 15. Euripide, *Archélaos*, chez Strabon, V, 2, 4. Diodore, I, 28.

est sans doute la forme égyptienne de Δαναοί [1]. H. d'Arbois de Jubainville a émis l'hypothèse que Danaos serait venu en Grèce après la défaite des Hycsos, vers 1700 [2]. Les chronologues grecs datent sa venue de 1511-1485. En dehors de la légende de Danaos, l'établissement de colonies égyptiennes en Grèce n'est attesté que par d'autres légendes : Lélex, éponyme des Lélèges, était d'origine égyptienne d'après certaines traditions [3]. Des légendes attiques donnaient la même origine à Cécrops, Érechtheus, ainsi qu'à Pétès, père de Ménestheus [4].

L'attribution à Danaos de l'introduction de l'alphabet en Grèce doit être remarquée, puisque l'origine égyptienne de l'alphabet phénicien, dont procède l'alphabet grec, semble hors de doute, bien que la démonstration n'en ait pu être faite rigoureusement [5].

L'influence vraisemblable que l'art égyptien, directement ou par des intermédiaires, eut sur l'art grec n'est pas établie par beaucoup de textes. D'anciennes statues des temples grecs ressemblaient, d'après Pausanias, à des statues égyptiennes [6].

CADMOS

Cadmos, Phénicien [7], originaire de Sidon [8] ou de Tyr [9], envoyé par son père Agénor à la recherche d'Europe,

1. Maspero, *Histoire ancienne*, II, p. 360, n. 1. Voir ci-dessus, p. 2.
2. *Les premiers habitants de l'Europe*, I, p. 178. Cette hypothèse avait déjà été faite par Fréret, *Mémoires de l'Académie des Inscriptions et Belles-Lettres*, XLVII (1809), p. 33.
3. Voir ci-dessous, p. 110.
4. Diodore, I, 28-29.
5. Ph. Berger, *Histoire de l'écriture dans l'Antiquité*, 2ᵉ éd., p. 117-122.
6. Pausanias, I, 42, 5.
7. Pausanias, IX, 12, 2.
8. Euripide, *Bacchantes*, 170-172.
9. Hérodote, II, 49, 5. Euripide, *Phéniciennes*, 638-639.

aborda à Rhodes. Assailli pendant la traversée par une violente tempête, il avait fait vœu d'élever un temple à Poseidôn. Il construisit ce temple dans l'île de Rhodes et laissa quelques Phéniciens pour le desservir [1]. A Théra, il avait débarqué aussi des Phéniciens qui l'habitèrent pendant huit générations [2]. Il apporta en Grèce la connaissance de l'alphabet [3] et s'établit à Thèbes et en Béotie [4]. De Thèbes, il passa chez les Enchélées et fut roi des Illyriens [5]. C'était, sans doute, à l'époque où les Phéniciens furent chassés de Thèbes par les Thraces et les Pélasges et où une partie d'entre eux passa en Thessalie chez les Arnées et y séjourna longtemps [6]. Les historiens grecs racontaient que la richesse de Cadmos était tirée des mines de la Thrace et du mont Pangée [7].

L'histoire de Cadmos a de nombreux rapports avec celle de Danaos, et il semble que les deux héros soient souvent confondus [8]. Cadmos est arrivé à Rhodes peu après Danaos, d'après Diodore [9]; il est arrivé en Grèce après Danaos, d'après Pythodore et Phillis de Délos [10]; mais il est antérieur à Danaos d'après la Chronique de Paros, qui date Cadmos de 1519, et Danaos de 1511.

D'après la légende de Cadmos, les lettres grecques seraient d'origine phénicienne. Cette légende semble conforme à la vérité. Les noms des lettres grecques, leur forme, leur ordre, prouvent la parenté des deux alphabets grec et

---

1. Diodore, V, 58. Ergias de Rhodes, fr. 1 (*F. H. G.*, IV, p. 405).
2. Hérodote, IV, 147, 4.
3. Hérodote, V, 58. Éphore, fr. 128 (*F. H. G.*, I, p. 270). Aristote, fr. 256 (*F. H. G.*, II, p. 184). Cf. Diodore, V, 57.
4. Diodore, IV, 2.
5. Apollodore, III, 5, 4. Pausanias, IX, 5, 3.
6. Strabon, IX, 2, 3.
7. Strabon, XIV, 5, 28.
8. H. d'Arbois de Jubainville, *Les premiers habitants de l'Europe*, I, p. 182.
9. Diodore, V, 58.
10. *F. H. G.*, IV, p. 476.

phénicien. Tandis que l'alphabet phénicien ne note pas systématiquement les voyelles, l'alphabet grec a utilisé, pour les noter, des aspirations phéniciennes ; c'est la seule différence importante qui les sépare. Si l'alphabet grec, à son origine, a gardé un certain nombre de signes comme le qof et le çade, qui n'ont point d'usage en grec, mais qui sont utiles dans les langues sémitiques, c'est qu'il est emprunté à l'alphabet phénicien. Les alphabets égéens, où l'on trouve des lettres qui ressemblent à certaines lettres grecques, ont été parfois considérés comme les ancêtres de l'alphabet grec. Mais, outre que nous ignorons la valeur de ces alphabets qui ne sont pas encore déchiffrés, il est à croire que ces alphabets étaient syllabiques, comme l'alphabet cypriote ; ils procédaient donc d'une conception plus archaïque de la notation des sons du langage ; et ils n'ont pu, sans intermédiaires, donner naissance à l'alphabet grec [1]. D'après la légende, les lettres grecques, peu après leur introduction en Grèce, furent apportées en Italie par les Arcadiens d'Evandre [2].

LES PHÉNICIENS [3]

Les Phéniciens, antérieurement à Homère, nous dit Strabon, possédaient la meilleure partie de la Libye et de l'Ibérie [4]. Il faut sans doute entendre par là qu'ils avaient des comptoirs commerciaux sur toutes les côtes de la Médi-

---

1. A. Meillet, *Bulletin de la société de linguistique de Paris*, XIX (1914), p. 59-60. Sur l'alphabet grec, voir Lenormant, chez Saglio, *Dictionnaire des antiquités*, I, p. 196-207. S. Reinach, *Traité d'épigraphie grecque*, 1885.
2. Denys d'Halicarnasse, I, 33.
3. Movers, *Die Phönizier*, Berlin, 1849-1856. Maspero, *Histoire ancienne*, II, p. 199-204, 567-589. Perrot, *Histoire de l'art dans l'Antiquité*, III, 1885. F. Lenormant, *Les premières civilisations*, II, p. 338-397.
4. Strabon, III, 2, 14. Cf. I, 3, 2.

terranée occidentale. Ils avaient découvert les mines d'or de Thasos [1] et avaient bâti dans l'île, vers le XVe siècle av. J.-C. [2], un temple d'Héraclès [3]. Ils furent chassés de Thasos au VIIIe siècle [4]. Ils colonisèrent plusieurs Cyclades : Oliaros, Mélos, Théra, ainsi que l'île de Rhodes [5]. Les statues des Cabires de Memphis ressemblaient aux figures qui décoraient la proue des navires phéniciens et le nom des Cabires est d'origine phénicienne [6]. Le temple d'Aphrodite à Cythère avait été élevé par des Phéniciens [7]. A Athènes, la famille des Géphyrées était d'origine phénicienne ; elle descendait des compagnons de Cadmos qui vinrent avec lui s'établir en Béotie dans le pays de Tanagra [8]. Les Phéniciens furent chassés de Thèbes par les Thraces et les Pélasges [9]. Ils avaient établi des stations à Malte et à Gaudos [10]. Ils avaient créé des établissements sur le pourtour de la Sicile pour commercer avec les Sicules, et finirent par se concentrer à Motya, Soloïs et Palerme [11]. En Italie, leurs traces sont peu distinctes [12]. Ils donnèrent peut-être des noms puniques à quelques établissements du golfe du Lion [13]. Ils exploitèrent les premiers l'argent des

1. Hérodote, VI, 47. Cf. Pseudo-Scymnos, 660-663 (G. G. M., I, p. 222).
2. Cinq générations avant la naissance du fils d'Amphitryon, laquelle se place neuf cents ans avant Hérodote (II, 145).
3. Hérodote, II, 44, 5.
4. Denys, chez Clément d'Alexandrie, Stromates, I, 21.
5. Thucydide, I, 8. Etienne de Byzance, s. v.
6. Hérodote, III, 37. S. Reinach, Revue archéologique, XXXII (1898), p. 56-61. Sur les Cabires de Samothrace, voir Seure, Bulletin de correspondance hellénique, XXIV (1900), p. 147-169.
7. Hérodote, I, 105, 2. Cf. Pausanias, I, 14, 7 ; III, 23, 1.
8. Hérodote, V, 57. Lenormant, Annales de philosophie chrétienne, XV (1867), p. 11.
9. Strabon, IX, 2, 3.
10. Diodore, V, 12.
11. Thucydide, VI, 2, 6. Freeman, History of Sicily, I, p. 559-564.
12. Olshausen, Rheinisches Museum, VIII (1853), p. 336-339. Bérard, Les Phéniciens et l'Odyssée, II, p. 114, 298, 350.
13. Bargès, Recherches archéologiques sur les colonies phéniciennes

Les anciens peuples de l'Europe. I. 7

mines des Pyrénées et envoyèrent de nombreuses colonies en Sardaigne et en Ibérie [1]. Vers 1110, ils fondèrent la ville de *Gadir* (Cadix) et y établirent un temple d'Héraclès [2]. Au temps de Strabon, dans la plupart des villes de la Turdétanie et des campagnes voisines, le fond de la population était d'origine phénicienne; *Malaca* (Malaga) avait une physionomie complètement phénicienne. La supériorité des habitants des îles Baléares dans le maniement de la fronde datait, disait-on, du temps où les Phéniciens occupaient ces îles, et on croyait que c'étaient les Phéniciens qui avaient introduit chez ce peuple l'usage des tuniques à large bordure de pourpre [3]. Au temps de Ptolémée, onze villes de la côte méridionale de l'Espagne étaient encore occupées par les descendants des colons phéniciens [4].

L'étude des noms de lieux n'accroît pas beaucoup le nombre des colonies phéniciennes. Il est toutefois possible que plusieurs îles et promontoires de la Méditerranée aient été dénommés par eux, et M. Bérard a démontré que, souvent, lorsqu'un même lieu est désigné par deux noms, l'un grec, l'autre étranger, ce dernier peut s'expliquer par les langues sémitiques, où il a le même sens que le mot grec. On trouve déjà chez Hérodote [5] le doublet *Théra-Callistê*; M. Bérard y ajoute d'autres noms d'îles de la mer Égée : *Rhêneia-Celadussa*, *Oliaros-Hylêessa* (Paros et Antiparos) : *Amorgos-Psychia*, *Meropê-Acis* (Siphnos);

établies sur le littoral de la Celtoligurie, 1878. Cf. Clermont-Ganneau, *Revue critique*, VIII (1879), p. 145-149; Ph. Berger, *Revue celtique*, IV (1879), p. 283-289. Bérard, *l. c.*, I, p. 219-220. Clerc, *Revue historique de Provence*, I (1901), p. 202. Jullian, *Annales du Midi*, XV (1903), p. 207-211.

1. Diodore, V, 35, 5.
2. Strabon, III, 5, 5. Velleius Paterculus, I, 2, 4. Méla, III, 6, 46. Macrobe, I, 29. Diodore, V, 20. Arrien, *Anabase*, II, 16, 4.
3. Strabon, III, 2, 13; 4, 2; 5, 1.
4. Ptolémée, II, 4, 6.
5. Hérodote, IV, 148. Bérard, *Les Phéniciens et l'Odyssée*, I, p. 474.

Casos-Achnê; et des noms de montagnes, de sources et de plantes : *Cythêra-Scandeia* à Cythère; *Ida-Dictê*, en Crète; *Alopê-Philotês*, à Mégare; *Ambryssos-Cyparissos*, en Phocide ; *Abia-Calamoi*, en Messénie; *Neda-Lymax*, en Elide; *Enosim-Hieracion*, en Sardaigne.

Outre les noms de ce genre, qui ne sont pas très nombreux, il y a de plus en Messénie et en Crète des ports qui s'appellent φοινικοῦς et qui doivent peut-être leur nom aux Phéniciens ou au commerce de la pourpre.

Après avoir attribué aux Phéniciens un rôle considérable dans la diffusion de la civilisation [1], les savants modernes tendent de plus en plus à le réduire [2]. A n'en juger que par les mots empruntés par le grec au phénicien et qui ne sont pas au nombre de plus d'une dizaine, il ne semble pas, en effet, que les Phéniciens aient eu une grande influence sur les Grecs, et que les relations des deux peuples aient été autres que des relations d'affaires.[3]

D'autre part, les archéologues, après avoir d'abord supposé une origine phénicienne à la civilisation égéenne, ont été amenés, par les résultats de fouilles récentes, à admettre plutôt une influence de la civilisation égéenne de Chypre sur l'art industriel des Phéniciens [4]. Il est, en tout cas, incontestable que les Phéniciens faisaient le commerce des produits manufacturés étrangers. Ils transportaient à une date très ancienne des marchandises d'Égypte et d'Assyrie en diverses contrées, notamment à Argos [5]. Ils s'emparaient de femmes et d'enfants qu'ils allaient vendre comme esclaves [6]. On leur attribuait d'avoir les premiers observé

---

1. Voir par exemple Bénlœw, *La Grèce avant les Grecs*, et surtout Movers, *Die Phönizier*.
2. Par exemple Beloch, *Rheinisches Museum*, XLIX (1894), p. 111-132.
3. Meillet, *Aperçu d'une histoire de la langue grecque*, p. 52.
4. Dussaud, *Les civilisations préhelléniques*, p. 303-326.
5. Hérodote, I, 1. Bérard, *Les Phéniciens et l'Odyssée*, II, p. 23.
6. *Odyssée*, XV, 415-484.

la périodicité annuelle des marées, utilisé la Grande Ourse pour se guider en mer et même enseigné aux Grecs les éléments de l'arithmétique et de l'astronomie [1]. Ils dominèrent dans la mer Égée pendant 45 ans, à partir de 824.

Les principales divinités des Phéniciens, Astarté et Melqart, ont été assimilées par les Grecs à Aphrodite et à Héraclès. Il est possible que dans les légendes d'Aphrodite et d'Héraclès aient pénétré des éléments d'origine phénicienne. On n'en peut douter quand Héraclès est qualifié de tyrien. Le nom du dieu marin Mélicerte semble une transcription grecque de Melqart [2]. Il est probable que les colonnes d'Hercule du sud de l'Espagne, comme celles de l'Océan germanique [3], doivent leur nom à l'Héraclès tyrien et rappellent les navigations phéniciennes. Les Pélasges arcadiens avaient peut-être reçu des Phéniciens une religion complète [4].

Les Phéniciens sont d'origine sémitique. Les nombreuses inscriptions phéniciennes que l'on a recueillies sont rédigées en une langue très prochement apparentée à l'hébreu [5].

Il est difficile de fixer les dates anciennes de l'histoire des Phéniciens. Les prêtres du temple d'Héraclès à Tyr racontèrent à Hérodote qu'il y avait 2.300 ans que leur ville était habitée [6]. Tyr aurait donc été fondée vers 1850. Mais la première mention de Tyr dans les documents égyptiens est seulement d'environ 1.600 avant notre ère [7]. La suprématie de Sidon dura jusque vers le temps de la prise de Troie [8].

---

1. Strabon, III, 5, 8; I, 1, 6; XVI, 2, 24.
2. Voir toutefois S. Reinach, *Revue archéologique*, XXXII (1898), p. 56-61.
3. Tacite, *Germanie*, 34.
4. Bérard, *De l'origine des cultes arcadiens*, 1894.
5. Ph. Berger, *Histoire de l'écriture dans l'Antiquité*, 2ᵉ éd., p. 169-187. *Corpus inscriptionum semiticarum*, 1881-1914, Pars prima.
6. Hérodote, II, 44.
7. Lenormant, *Manuel d'histoire ancienne*, 2ᵉ éd., 1868, III, p. 31.
8. Justin, XVIII, 3.

A cette date, vers le xiie siècle, elle passa aux Tyriens qui la conservèrent jusque vers le viiie siècle.

C'est à l'époque où le commerce de la Méditerranée passa aux mains des Égéens que les Phéniciens cherchèrent des débouchés dans le bassin occidental de la Méditerranée [1]. Ils franchirent les colonnes d'Hercule peu après la guerre de Troie et fondèrent des villes aux environs, jusqu'à la moitié de la côte de Libye [2]. Ils furent sans doute les premiers à connaître la route des îles Cassitérides et ils la cachaient soigneusement aux autres navigateurs [3]. Le déclin de leur influence dans l'ouest de l'Europe fut produit par le développement de la colonisation grecque. Syracuse était fondée dès 733 par des Corinthiens. En 640, des Phocéens se rendaient à Tartesse, et, en 600, d'autres Phocéens fondaient Marseille. En 578, des Rhodiens fondaient Rhoda au nord-est de l'Espagne [4].

Ce furent les Carthaginois qui tentèrent de relever l'empire phénicien. Carthage avait été fondée par les Tyriens, vers l'an 814 avant notre ère [5]. Dès le vi^e siècle, les Carthaginois firent des expéditions en Sicile [6] et en Espagne [7]; ils s'attaquèrent à la marine des Marseillais [8] et firent alliance avec les Étrusques [9], rivaux des Marseillais dans la mer Tyrrhénienne. Ils abandonnèrent aux Étrusques la Corse jus-

---

1. Maspero, *Histoire ancienne*, II, p. 585-588.
2. Strabon, I, 3, 2.
3. Strabon raconte (III, 5, 11) que le patron d'un navire phénicien, observé et suivi par des Romains, se dirigea sur un bas-fond, préférant perdre son navire avec ceux qui le poursuivaient, plutôt que de trahir le secret de sa route, et qu'il fut indemnisé par l'État de la perte de ses marchandises.
4. Perrot, *Histoire de l'art dans l'Antiquité*, III, p. 36. On trouvera p. 37 une carte des colonies phéniciennes.
5. Gsell, *Histoire ancienne de l'Afrique du Nord*, I, 1913, p. 401.
6. Justin, XVIII, 7. Hérodote, VII, 158; 165-167. Diodore, XI, 21-24.
7. Polybe, I, 10. Gsell, *l. c.*, I, p. 443.
8. Thucydide, I, 13. Justin, XLIII, 5, 2.
9. Hérodote, I, 166. Aristote, *Politiques*, III, 5, 10.

qu'aux guerres puniques [1], mais firent la conquête de la Sardaigne [2] (vi[e] siècle) et s'établirent aux Baléares (160 ans après la fondation de Carthage [3]), et aux îles Lipari [4]. Pour assurer leur domination sur mer, ils coulaient impitoyablement tout navire étranger qu'ils rencontraient dans leurs parages se dirigeant vers la Sardaigne ou les colonnes d'Hercule [5].

Vers le ve siècle, Hannon avait exploré le pays au delà des colonnes d'Hercule et fondé sept colonies sur la côte nord-ouest de la Libye [6]; Himilcon avait remonté au nord de l'Atlantique le long des côtes de l'Espagne et de la Gaule jusqu'à la Grande-Bretagne [7].

MINOS ET RHADAMANTHE

L'origine phénicienne de Minos n'est pas douteuse, si l'on s'en rapporte aux généalogies qui le font petit-fils ou neveu de Phénix, roi de Phénicie [8]. Minos vint s'établir en Crète trois générations avant la guerre de Troie, dont son petit-fils, Idoménée, est contemporain [9]. L'île était alors occupée par les Pélasges. Minos et Sarpédon s'en disputèrent la souveraineté; Minos eut l'avantage, et Sarpédon, exilé, passa en Asie avec ses partisans et y porta les lois de Crète. Minos fut, d'après les Grecs, le premier à avoir une flotte et il domina sur la mer [10]. Quand sa marine fut

---

1. Diodore, V, 13; XI, 88.
2. Diodore, XV, 24, 2. Strabon, V, 2, 7. Justin, XVIII, 7. Unger, *Rheinisches Museum*, XXXVII (1882), p. 165-172.
3. Diodore, V, 16. Strabon, III, 5, 1.
4. Polybe, I, 24.
5. Strabon, XVII, 1, 19.
6. *G. G. M.*, I, 1. Arrien, *Indica*, 43, 11. Gsell, *Histoire ancienne de l'Afrique du Nord*, I, p. 472-509.
7. Pline, II, 169. Aviénus, *Ora maritima*, 117.
8. Voir ci-dessus, p. 92.
9. *Iliade*, XIII, 424, 451-452.
10. Thucydide, I, 4. Hérodote, I, 173; III, 122. Apollodore, III, 1, 3, 2. Pausanias, I, 27, 9.

organisée, il rendit la navigation libre en chassant des îles les pirates qui les infestaient et établit des colonies dans la plupart d'entre elles [1]. Le tribut de sept jeunes garçons et de sept jeunes filles, que les Athéniens envoyaient chaque année en Crète au Minotaure et dont Thésée les affranchit [2] vers le xii⁰ siècle, nous conserve, sans doute, le souvenir de la suzeraineté temporaire des Phéniciens ou des Pélasges de Crète sur les Athéniens. Minos vint en Sicanie à la poursuite de Dédale et y mourut de mort violente [3].

Les Grecs rattachaient au nom de Minos un certain nombre de lieux appelés *Minôa* et dont les plus connus sont une ville de Crète, le port de Nisée en Mégaride et un fort de Laconie.

Minos passe pour avoir fondé en Crète les trois villes de Cnosse, Phaistos et Cydonie, et avoir donné des lois aux Crétois. Mais, d'après Ephore, il s'était montré en cela l'émule d'un ancien sage nommé Rhadamanthe [4], qui était réputé le plus juste des hommes et qui passe pour avoir le premier civilisé la Crète en lui donnant des lois, des cités, des magistratures, pour lesquelles il se disait inspiré de Zeus. D'autres témoignages représentent Minos comme un tyran oppresseur de ses sujets et de ses voisins [5]. Il avait, dit la légende, fait jeter à la mer Scylla, fille de Nisos, qui lui avait, par amour, livré la forteresse de Nisée; Britomartis (Dictynna) avait dû se précipiter du haut d'une montagne, pour se soustraire à ses outrages [6].

On rattache, comme nous l'avons vu [7], au nom de Minos la civilisation égéenne, qui a d'ailleurs été constatée dans

---

1. Thucydide, I, 8. Aristote, *Politiques*, II, 7, 2.
2. Diodore, IV, 61. Plutarque, *Thésée*, 19-22. Pausanias, I, 17, 3. Apollodore, III, 15, 9, 2.
3. Hérodote, VII, 170. Diodore, IV, 79.
4. Apollodore, III, 1, 2, 5.
5. Strabon, X, 4, 8. Pseudo-Platon, *Minos*, 12.
6. Strabon, VIII, 6, 13; X, 4, 12.
7. Ci-dessus, p. 48.

les pays où l'histoire et la légende placent les événements de la vie de Minos. On en a découvert les restes les plus considérables à Cnosse et à Phaistos, dont la fondation lui est attribuée ; on la trouve dans les Cyclades, où Minos établit des colonies ; en Sicanie, où il poursuivit Dédale ; en Iapygie où ses compagnons furent jetés par la tempête [1].

Rhadamanthe, frère de Minos et roi d'Élysion, règne aux extrémités de la terre, « là où la vie est le plus facile aux hommes, où il n'y a pas de neige, ni long hiver, ni pluie, mais où l'Océan envoie les brises stridentes du zéphyr pour rafraîchir les hommes [2] ». Si Rhadamanthe, qui devint juge aux Enfers, est, comme Minos, un personnage historique, on doit chercher son royaume à l'ouest de l'Europe en Ibérie [3]. H. d'Arbois de Jubainville a cru retrouver le nom d'Élysion dans l'ethnique Élésyces [4], Élisyces [5] ou Hélisyces [6] qui désigne une population des environs de Narbonne, établie au vi[e] siècle en pays ligure [7].

D'autre part, Rhadamanthe est, dans l'*Odyssée*, mis en rapport avec les Phéaciens, qui le conduisirent en Eubée pour visiter Tityos, fils de la Terre [8]; d'autres traditions rapportent sa fuite en Béotie, après qu'il eut donné des lois aux insulaires [9] et il est difficile d'en faire un personnage différent de Rhadamanthe, ancien législateur de la Crète [10].

1. Arthur J. Evans, *Scripta Minoa*, p. 95.
2. *Odyssée*, IV, 563-568.
3. Strabon, III, 2, 13.
4. Aviénus, *Ora maritima*, 584-588.
5. Hécatée, fr. 20 (*F. H. G.*, I, p. 2).
6. Hérodote, VII, 165.
7. H. d'Arbois de Jubainville, *Les premiers habitants de l'Europe*, I, p. 189.
8. *Odyssée*, VII, 324.
9. Apollodore, III, 1, 2.
10. Ci-dessus, p. 103.

LES CRÉTOIS

Quels étaient les groupes ethniques sur lesquels régnait Minos et dont la civilisation s'étendit à tout le bassin de la mer Égée ? C'était, d'après Diodore, un mélange d'Étéocrétois autochthones, de Pélasges, de Doriens, de Thessaliens [1] et d'Achéens, de barbares, dont Minos et Rhadamanthe parvinrent à faire un peuple. Parmi les premiers habitants de la Crète, les plus célèbres étaient les Dactyles de l'Ida, et les Curètes, fils de la Terre ou descendants des Dactyles.

D'après les légendes crétoises, les dieux et les héros de la Grèce étaient nés en Crète [2]. Une déesse plus spécialement crétoise est Britomartis, fille de Zeus et de Carmê, fille d'Euboulos (fils de Dêmêter), et amie d'Artémis. Elle est peut-être différente de Dictynna, déesse du mont Dicté, avec laquelle on l'a confondue [3]. Dictynna est plus vraisemblablement identique à Dêmêter. C'est en Crète qu'Hésiode place les amours de Dêmêter et de Jasios ; et Bacchylide, l'enlèvement de Perséphone [4].

Mais le culte le mieux attesté en Crète est celui du taureau sacré, dont le souvenir s'est conservé dans les légendes du Minotaure [5], d'Europe [6] et de Pasiphaé [7]. Des gemmes et des fresques représentant des scènes de tauromachie, où des femmes jouent un rôle, ont été découvertes en Crète et dans le monde égéen [8].

1. Les colons thessaliens seraient venus en Crète cinq générations avant la guerre de Troie. Conon, *Narrations*, 36. Cf. Plutarque, *Questions grecques*, 21.
2. Voir ci-après, ch. IV.
3. Diodore, V, 76.
4. *Théogonie*, 971. Scholiaste à Hésiode, *Théogonie*, 914.
5. Apollodore, III, 15, 8, 6. Dürrbach, chez Saglio, *Dictionnaire des antiquités grecques et romaines*, VI, p. 1933.
6. Apollodore, III, 1, 1. Hild, chez Saglio, *ibid.*, VIII, p. 862.
7. Apollodore, III, 1, 4.
8. E. Cahen, chez Saglio, *Dictionnaire des antiquités*, IX, p. 50-52.

LES PEUPLES

Les légendes des Dactyles idéens, des Curètes et de Dédale[1] représentent la Crète comme un centre d'art et d'industrie.

Les Crétois sont célèbres comme législateurs et la tradition rapportait que Lycurgue leur devait ses lois[2]. Ils étaient renommés en Grèce comme archers[3]. Ils eurent une marine nombreuse qui exerçait la piraterie après que les pirates tyrrhéniens furent anéantis; les Crétois furent à leur tour ruinés par les Ciliciens[4].

Les inscriptions crétoises, hiéroglyphiques et linéaires, ne sont pas encore déchiffrées; après l'introduction de l'alphabet grec en Crète, cet alphabet servit à transcrire les langues indigènes; on a trouvé en 1901 deux inscriptions de cette espèce à Praisos[5].

Les établissements des Crétois en dehors de Crète sont mal connus. Les Telchines, peuple industriel, originaire de Crète, colonisèrent Rhodes[6]. Un des anciens noms de la Crète était Telchinie[7]. Les Botties, qui figurent parmi les premiers habitants de la Macédoine, étaient, disait-on, originaires de Crète[8]. Ce sont des marins de Cnosse qui introduisirent à Crissa le culte d'Apollon Delphinios[9]. On disait même qu'ils avaient occupé la Phocide et donné à Delphes le nom de leur chef[10]. On a d'ailleurs trouvé à

---

1. Ci-dessus, p. 57.
2. Denys d'Halicarnasse, II, 23. Polybe (VI, 45-48) montre la fausseté de cette tradition. Sur la ressemblance des lois spartiates aux lois crétoises, voir : Aristote, *Politiques*, II, 7, 1; Plutarque, *Lycurgue*, 4; Éphore chez Strabon, X, 4, 17.
3. Pausanias, I, 23, 4; IV, 8, 3. Sur les mercenaires crétois, voir : Thucydide, VII, 57; Xénophon, *Anabase*, III, 3; Polybe, IV, 8; V, 14; Justin, XXXV, 2.
4. Strabon, X, 4, 9.
5. Conway, *Annual of the British School at Athens*, VIII (1903), p. 125. Hirt, *Die Indogermanen*, p. 569.
6. Strabon, XIV, 2, 7.
7. *Etymologicon Magnum*, Τελχίν.
8. Strabon, VII, fr. 11.
9. *Hymne homérique à Apollon*, 438-522.
10. *F. H. G.*, I, p. 356, fr. 78.

Delphes quelques vestiges de civilisation minoenne et mycénienne [1].

Les Crétois étaient en relations avec les habitants de Théra [2]. Les Cauniens et les Teucres d'Asie Mineure passaient pour être venus de Crète; les Cauniens parlaient une langue apparentée à celle des Cariens [3]. Les Termiles de Lycie étaient une colonie crétoise conduite en Asie Mineure par Sarpédon [4]. La tradition milésienne rapporte que des Crétois qui fuyaient Minos abordèrent en Ionie, alors occupée par les Cariens, et c'est du nom du chef crétois Milet que le pays, qui s'appelait Anactoria, fut alors dénommé [5].

Magnésie du Méandre était une ancienne colonie de Magnètes thessaliens et de Crétois [6]. Les principales colonies des Crétois étaient situées en Grande-Grèce : Tarente, Salente, Hyria, Brentesion [7]. Après la mort de Minos, les Crétois avaient assiégé Camicos en Sicanie; forcés par la famine d'en lever le siège, et jetés par la tempête en Grande-Grèce, ils y fondèrent la ville de Hyria et changèrent leur nom de Crétois en celui de Iapyges-Messapiens, deux générations avant la guerre de Troie [8].

Il est difficile de déterminer les rapports qui unissaient les Étéocrétois aux Philistins et aux peuples de la mer, avec lesquels les Modernes les ont parfois confondus [9].

LES LYCIENS

L'origine des Lyciens d'Asie Mineure serait européenne,

1. Perdrizet, chez Homolle, *Fouilles de Delphes*, V, p. 4.
2. Hérodote, IV, 151.
3. Hérodote, I, 172. Strabon, XIV, 2, 3; XIII, 1, 46.
4. Strabon, XII, 8, 5.
5. Pausanias, VII, 2, 5.
6. Strabon, XIV, 1, 11.
7. Strabon, VI, 3, 2; 5; 6.
8. Hérodote, VII, 170. Diodore, IV, 79.
9. Evans, *The Academy*, 1894, II, p. 136.

si l'on s'en rapporte à la généalogie donnée par Hérodote, et d'après laquelle Lycos, fils du roi d'Athènes Pandion II, ayant été chassé par son frère Égée, se rendit chez Sarpédon et donna son nom aux Lyciens. Ceux-ci seraient originaires de Crète et auraient été exilés avec Sarpédon [1]. Un autre Lycos est fils de Poseidôn et de Célainô, fille d'Atlas [2]; chez les uns, c'est un roi de Mysie et fils de Dascylos [3]; chez d'autres, c'est un Telchine rhodien qui éleva sur les bords du Xanthe un temple à Apollon; il se rendait en Lycie pour échapper aux déluges [4]. L'hypothèse d'une origine pélasgique [5] pour Lycos résoudrait à peu près ces contradictions.

Le roi légendaire Proïtos avait fait venir de Lycie sept Cyclopes pour fortifier Tirynthe [6]. La légende mentionne encore d'autres rapports entre les Lyciens et les Grecs. Persée, petit-fils d'Acrisios, roi d'Argos, est caractérisé par le lion ailé de Lycie [7]. Bellérophon, petit-fils de Sisyphe, roi de Corinthe, est envoyé en Lycie par Proïtos [8]. Le poète lycien Ôlên, venu à Délos, avait composé les anciens hymnes qui se chantaient dans l'île [9]. L'oracle d'Apollon à Patara rivalisait avec celui de Delphes [10].

Les *Loukaou* ou *Loukou* sont connus des Égyptiens dès le XIVe siècle, vraisemblablement comme peuple d'Asie Mineure. Ces Loukou sont sans doute identiques aux

---

1. Hérodote, I, 173. Pausanias, VII, 3, 7.
2. Hellanique, fr. 56 (*F. H. G.*, I, p. 52). Cf. Strabon, XII, 8, 18.
3. Apollodore, II, 5, 9, 6.
4. Diodore, V, 56.
5. L'opinion de F. Lenormant est que les Lyciens sont un peuple pélasgique apparenté aux Ioniens.
6. Strabon, VIII, 6, 11.
7. Curtius, *Histoire grecque*, trad. Bouché-Leclercq, I, 1880, p. 113. Glotz, chez Saglio, *Dictionnaire des antiquités grecques et romaines*, VII, p. 398.
8. *Iliade*, VI, 168.
9. Hérodote, IV, 35. Pausanias, V, 7, 8.
10. Strabon, XIV, 3, 6. Hérodote, I, 182. Horace, *Odes*, III, 4, 64.

Lyciens, bien que l'ancien nom des Lyciens, d'après Hérodote [1], ait été Termiles.

Les inscriptions funéraires en lycien [2] sont nombreuses ; quelques-unes sont bilingues. Si l'on entrevoit le sens des plus courtes, les plus longues, en particulier l'inscription de Xanthos [3], ne sont pas encore expliquées. L'alphabet est dérivé du grec, mais l'alphabet grec n'a pu s'adapter à la transcription du lycien qu'avec l'addition de nouveaux signes. Le lycien avait donc un système phonétique très différent de celui du grec; c'est d'ailleurs une langue à flexions comme les langues indo-européennes. Les noms propres sont à deux termes comme *Purihi-mete*, *Pertinamuwa* [4]. Certains linguistes [5] rattachent le lycien à l'indo-européen ; d'autres [6] l'en séparent. L'alphabet lycien semble d'origine dorienne [7].

Parmi les coutumes des Lyciens, la plus remarquable est le matriarchat, qui, d'ailleurs, ne leur est pas spécial [8].

[1]. Hérodote, VII, 92.
[2]. E. Kalinka, *Tituli Lyciae lingua lycia conscripti*, Vienne, 1901. J. Imbert, *Mémoires de la Société de linguistique de Paris*, VIII, p. 449-472 ; IX, p. 192-232 ; X, p. 24-58, 207-227 ; XI, p. 217-257. Lassen, *Zeitschrift der deutschen morgenländischen Gesellschaft*, 1856, p. 329-388. J. Salvelsberg, *Beiträge zur Entzifferung der lykischen Sprachdenkmäler*, Bonn, 1874-1878. M. Schmidt, *Beiträge zur vergleichenden Sprachforschung*, V (1868), p. 257, 305, 477. A. Torp, *Beiträge zur Kunde der indogermanischen Sprachen*, XXVI (1901), p. 292-300. *Lykische Beiträge*, Christiania, 1898-1901.
[3]. S. Bugge, dans *Festschrift für O. Benndorf*, Vienne, 1898, p. 231.
[4]. Hirt, *Die Indogermanen*, p. 65, 574. Kretschmer, *Einleitung in die Geschichte der griechischen Sprache*, p. 370-374.
[5]. Bugge, *Lykische Studien*, Christiania, 1897 ; *Indogermanische Forschungen*, X (1899), p. 59-61. H. Pedersen, *Zeitschrift für vergleichende Sprachforschung*, XXXVII (1904), p. 189. Deecke, *Beiträge zur Kunde der indogermanischen Sprachen*, XII (1887), p. 124-154, 315-340 ; XIII (1888), p. 258-259 ; XIV (1889), p. 184-242.
[6]. Pauli, *Vorgriechische Inschrift von Lemnos*, Leipzig, 1886-1894. Arkwright, *The Babylonian and oriental record*, V (1891), p. 49.
[7]. Ph. Berger, *Histoire de l'écriture dans l'Antiquité*, 2ᵉ éd., p. 145-147.
[8]. Voir ci-dessus, p. 74.

Chez les Lyciens, les enfants étaient nommés du nom de leur mère [1]; les femmes étaient plus honorées que les hommes et les héritages allaient aux filles [2]; il semble même que les femmes gouvernaient l'État [3].

LES LÉLÈGES [4]

Les Lélèges étaient déjà pour les Grecs un de ces peuples disparus dont on ne savait pas grand'chose [5]. Ils semblent avoir passé en Europe avant les Pélasges. Le héros éponyme des Lélèges, Lélex, est fils de Poseidôn et de Libye [6]; il est venu d'Égypte, selon les Mégariens; d'après Aristote, il est autochthone de Leucadia, en Acarnanie [7]; d'après les Lacédémoniens, il fut le premier roi de Lacédémone [8]. Pour Hésiode, les Lélèges sont autochthones en Grèce [9].

C'est en Asie Mineure, pourtant, qu'ils avaient laissé le plus de souvenirs historiques et archéologiques. Les Lélèges occupaient en Asie Mineure la côte occidentale de l'Ionie à la suite d'Éphèse et de Milet, jusqu'à Phocée [10], au nord des Cariens; ils en furent chassés par les Ioniens. Ils avaient été maîtres d'une partie de la Carie et de la Pisidie [11]. Ils occupaient la ville haute d'Éphèse à l'arrivée des Hellènes [12]. De là, ils avaient passé dans les îles: à

---

1. Hérodote, I, 173.
2. Nicolas de Damas, fr. 129 (*F. H. G.*, III, p. 461).
3. Héraclide de Pont, fr. 15 (*F. H. G.*, II, p. 217).
4. K. Deimling, *Die Leleger*, Leipzig, 1863. H. d'Arbois de Jubainville, *Les premiers habitants de l'Europe*, I, p. 190-195.
5. Strabon, VII, 7, 2; XIV, 5, 28.
6. Pausanias, I, 44, 3. Cf. I, 39, 6. Apollodore, III, 10, 3.
7. Pausanias, I, 39, 6. Aristote, chez Strabon, VII, 7, 2.
8. Pausanias, III, 1, 1; IV, 1, 1.
9. Strabon, VII, 7, 2.
10. Phérécyde, fr. 111 (*F. H. G.*, I, p. 98). Strabon, XIV, 1, 3; 21.
11. Strabon, XIII, 1, 58-59; XIV, 2, 27.
12. Pausanias, VII, 2, 8.

Chios, à Samos, où il y avait un temple de Héra [1] bâti par eux.

Mais ils avaient aussi de nombreux établissements sur le continent grec : en Béotie, Locride, Étolie, Acarnanie [2]; en Mégaride [3], Laconie [4] et Messénie [5]. On considérait, au IV° siècle, les Locriens comme des Lélèges; Locros est un roi des Lélèges [6]. Les Lélèges et les Curètes avaient chassé les Pélasges de Thessalie [7].

Les Lélèges étaient, dans l'*Iliade*, apparentés aux Troyens. Leur chef, Altès, qui habitait Pêdasos, au pied de l'Ida, avait marié sa fille à Priam. Déjà, à l'époque de la guerre de Troie, leur puissance était bien diminuée, car ils ne sont point nommés dans le *Catalogue* où, au contraire, les Pélasges sont mentionnés comme formant des tribus redoutables [8]. Au temps de Strabon, on ne trouvait plus de Lélèges, et le géographe grec supposait, pour expliquer pourquoi ils avaient pu disparaître complètement, que c'était un peuple formé de la réunion d'éléments divers, rapidement dissociés [9]. Certains auteurs les identifiaient avec les Cariens [10]; dans le territoire de Milet, il y avait, encore au temps de Strabon, des habitations dites des Lélèges, et, sur plus d'un point de Carie, des tombeaux et des forts abandonnés, que l'on attribuait aux Lélèges [11].

1. Hérodote, I, 171. Ménodote, fr. 1 (*F. H. G.*, III, p. 103). Athénée, XV, p. 672 b.
2. Aristote, fr. 127 (Strabon, VII, 7, 2).
3. Pausanias, IV, 36, 1 ; I, 39, 6.
4. Pausanias, III, 1. Sparta, femme de Lacédaimon, est petite-fille de Lélex.
5. Pausanias, IV, 1, 5 ; 36, 1.
6. Aristote, chez Strabon, VII, 7, 2; Denys d'Halicarnasse, I, 7. Pseudo-Hésiode, *Catalogues*, 25.
7. Denys d'Halicarnasse, I, 17.
8. *Iliade*, II, 840; XXI, 86. Cf. X, 428-429.
9. Strabon, XIII, 3, 1 ; cf. XIII, 1, 7; VII, 7, 2.
10. Hérodote, I, 171. Strabon, XIII, 1, 58.
11. Strabon, VII, 7, 2; cf. XIII, I, 59. Paton (*Journal of Hellenic*

Tout ce que l'on en peut conclure, c'est que les Lélèges ont occupé la Carie. Au temps de l'historien Philippe de Suangéla, qui avait composé un traité sur les Cariens, les Lélèges servaient d'esclaves aux Cariens, comme les hilotes aux Lacédémoniens [1]. Mausole, roi de Carie, avait annexé six de leurs villes à Halicarnasse [2]. A Tralles, le meurtre d'un Lélège se rachetait par un boisseau de lentilles [3].

Quelque vagues que soient les traditions relatives aux Lélèges, on y démêle cependant quelques traces d'histoire, et le témoignage de l'historien Philippe, qui avait vu des Lélèges, ne permet tout de même pas de révoquer en doute, comme l'ont fait certains critiques, l'existence de ce peuple. On peut seulement s'étonner qu'Hérodote, qui connaît les Pélasges, ne dise mot des Lélèges. Il les comprend sans doute dans la foule des peuples barbares anonymes qui ont contribué à former la nation hellénique [4].

Les historiens modernes ont proposé diverses hypothèses sur l'origine des Lélèges. D'après Deimling, les Lélèges sont des Asiatiques de même race que les Grecs. Thirlwall les regardait comme apparentés aux Pélasges ou aux Grecs [5]. D'autres ont confondu les Pélasges avec les Lélèges, en remarquant que ces deux peuples sont souvent juxtaposés ou pris les uns pour les autres [6] : en Carie, les anciens habitants étaient pour la plupart Lélèges et Pélasges [7]; Antandros appartient aux Lélèges d'après Alcée [8], aux Pélasges d'après Hérodote [9]; le Péloponnèse

studies, VIII (1887), p. 64) croit avoir découvert à Assarlik, près de Myndos, de ces tombes lélèges.
1. Athénée, VI, p. 271 b.
2. Strabon, XIII, 1, 59.
3. Plutarque, *Questions grecques*, 46.
4. Hérodote, I, 58.
5. *History of Greece*, 1, p. 45.
6. L. Benlœw, *La Grèce avant les Grecs*, p. 37.
7. Strabon, XIV, 2, 27.
8. Strabon, XIII, 1, 51.
9. Hérodote, VII, 42.

passe pour la plus ancienne patrie des Pélasges, mais Lélex est le plus ancien roi autochthone de Lacédémone [1].

La civilisation des Lélèges nous est moins connue encore que celle des Pélasges. Ils ne paraissent pas avoir constitué une grande puissance militaire. Les rois lélèges de Thérapné et d'Andanie semblent céder sans résistance leur trône aux Achéens [2]. Ancée, roi lélège de Samos, ne repousse pas les colons ioniens qui envahissent son île [3]. Achille s'était emparé facilement de la ville lélège de Pêdasos [4]. Les Lélèges semblent avoir accepté facilement la situation d'auxiliaires et d'esclaves des Cariens [5]. Ils avaient, dans l'Antiquité, la réputation d'avoir mené longtemps une vie errante, soit en compagnie de ce peuple, soit seuls [6], et leur nom était devenu le nom générique des nomades et des aventuriers [7].

LES CARIENS

Les Cariens (Καέρες, Κᾶρες [8]) occupaient en Asie Mineure, au sud des Lélèges, le territoire qui comprend les villes de Milet, Mycale, Éphèse [9]. Leur histoire est confondue souvent avec celle des Lélèges. D'après les Crétois, au temps où ils étaient soumis à Minos, ils s'appelaient Lélèges et occupaient les îles [10]; ils ne payaient aucun tribut, mais fournissaient à Minos tous les marins dont il avait besoin.

---

1. Pausanias, III, 1, 1; IV, 1, 1.
2. Pausanias, IV, 3, 7; cf. IV, 1, 2; III, 19, 9.
3. Strabon, XIV, 1, 3. Pausanias, VII, 4, 2.
4. Strabon, XIII, 1, 7.
5. Pausanias, VII, 2, 8.
6. Strabon, VII, 7, 2.
7. Denys d'Halicarnasse, 1, 10.
8. K. Lugebil, *Beiträge zur Kunde der indogermanischen Sprachen*, X (1886), p. 303-304.
9. Phérécyde, fr. 111 (*F. H. G.*, 1, p. 98).
10. Hérodote, 1, 171. Cf. Strabon, XIV, 2, 27. Thucydide, I, 4. Pausanias, VII, 3, 7.

Les anciens peuples de l'Europe.

Lorsque, en 426, l'île de Délos fut purifiée par les Athéniens et qu'on enleva toutes les tombes qui s'y trouvaient, on constata que plus de la moitié appartenaient à des Cariens, à en juger par la forme des armes qu'elles contenaient et par la manière dont, encore à cette époque, ce peuple enterrait les morts [1]. Les Cariens habitaient Samos au temps où Patroclès et Tembrion y envoyèrent une colonie [2]. Ils avaient fondé Épidaure et Hermione [3] en Argolide. A Mégare, l'acropole s'appelait encore Carie au temps de Pausanias [4]. Leurs conquêtes en Grèce continentale avaient été faites sur les Lélèges et les Pélasges [5].

Les Cariens furent chassés des îles par les Doriens et les Ioniens, et c'est alors, rapportaient les Crétois, qu'ils passèrent en Asie Mineure. Mais les Cariens se disaient autochthones et prétendaient être apparentés aux Mysiens et aux Lydiens [6], quoiqu'ils ne parlassent pas la même langue, Car, fils de Phorôneus, étant frère de Lydos et de Mysos.

On attribuait aux Cariens l'invention des panaches de casques, l'ornementation des boucliers par des figures, et l'addition au bouclier d'une poignée en cuir [7]. Ils semblent aussi s'être adonnés à la fabrication des ivoires polychromes [8]. Leurs lois étaient en usage en Lycie en même temps que celles des Crétois [9].

Quelques inscriptions cariennes ont été découvertes; elles sont écrites dans un alphabet apparenté à l'alphabet grec,

---

1. Thucydide, I, 8.
2. Thémistagoras, fr. 1 (*F. H. G.*, IV, p. 512).
3. Aristote chez Strabon, VIII, 6, 15.
4. Pausanias, I, 40, 6.
5. Strabon, XIV, 2, 27.
6. Cicéron (*Orator*, VIII, 25, 27) dit qu'un ton oratoire un peu gras était propre à la Carie, la Phrygie et la Mysie.
7. Hérodote, I, 171.; Strabon, XIV, 2, 27.
8. *Iliade*, IV, 141-145.
9. Hérodote, I, 173.

mais comprenant un grand nombre de signes nouveaux [1]. Les quelques bilingues égyptien-cariens que l'on possède sont très courts, et le texte carien ne semble pas être la simple traduction du texte égyptien. Pas plus que ces inscriptions, les gloses cariennes ne permettent de déterminer à quelle famille de langues appartenait le carien [2]. C'était, au dire de Philippe, une langue qui n'avait rien de rude et était mélangée de mots grecs [3].

En Carie, la statue de Zeus Labrandeus représentait le dieu brandissant une hache au lieu d'un foudre [4]. L'épithète de Zeus Λαβραύνδας ou Λαβραύνδης est d'ailleurs connue par des inscriptions, et traduite, en Carie même, par Jupiter *bipennifer* [5]. Plutarque l'expliquait par le mot lydien *labrys* « hache », et ajoute que la hache était l'insigne des rois de Lydie, que le carien Arsélis avait rapporté dans son pays. En Égypte, aux fêtes en l'honneur d'Isis, où les assistants se frappaient en l'honneur de la divinité, les Cariens se découpaient le front avec leurs épées [6].

Les Cariens nous apparaissent comme un peuple essentiellement guerrier. Des Cariens figurent comme mercenaires dans les armées de Psammétique [7] qui leur donna des terres, et d'Apriès [8]. Amasis en avait fait ses gardes

---

1. Ph. Berger, *Histoire de l'écriture dans l'Antiquité*, 2e éd., p. 147.
2. Voir Sayce, *Transactions of the society of biblical archaeology*, IX (1887), p. 116-154. G. Meyer, *Beiträge zur Kunde der indogermanischen Sprachen*, X (1886), p. 147-202. Lagarde, *Gesammelte Abhandlungen*, p. 267. Kretschmer, *Einleitung*, p. 376. Hirt, *Die Indogermanen*, p. 575. Voir ci-dessous, p. 139.
3. Strabon, XIV, 2, 28. Cf. *Iliade*, II, 867 : Κᾶρες βαρβαρόφωνοι. La prophétesse du temple d'Apollon Ptôos en Béotie prophétisa un jour en carien (Hérodote, VIII, 135).
4. Plutarque, *Questions grecques*, 45. Voir ci-dessus, p. 46.
5. *C. I. G.*, 2750, 2896. B. Schaefer, *Dissertationes philologicae Halenses*, XX (1912), 4.
6. Hérodote, II, 61.
7. Hérodote, II, 152; 154.
8. Hérodote, II, 163.

du corps[1]. Ces Cariens ont laissé en Égypte des graffites comme traces de leur passage. Le métier des armes était si en honneur en Carie que le mot « Carien » en était arrivé à signifier en Grèce « mercenaire »[2].

A une époque où les autres peuples n'avaient encore noué aucune relation avec les Grecs, et où, à l'exception de quelques rares individus que le hasard avait mis en rapport avec des Grecs isolés, personne ne manifestait la moindre velléité d'adopter le genre de vie des Grecs ou d'apprendre leur langue, les Cariens couraient déjà toute la Grèce à la suite des armées dans lesquelles ils servaient comme mercenaires[3].

Mais c'était surtout la mer qui les attirait. Ils y dominèrent de 730 à 669[4]. Un poète lyrique grec du ve siècle les appelle « intendants des mers » et leur attribue l'invention des barques[5]. Thucydide les range, moins honorablement, parmi les pirates de la mer Égée[6].

LES PÉLASGES[7]

L'origine des Pélasges n'était pas connue des Anciens. Il est possible qu'ils fussent, comme la plupart des peuples de Grèce, originaires de Thessalie[8]. Leur héros éponyme, Pélasgos, roi d'Arcadie[9] ou de Thessalie, était, suivant les

---

1. Hérodote, II, 154.
2. Archiloque, fr. 24 (*P. L. G.*, II, p. 389).
3. Strabon, XIV, 2, 28.
4. Voir ci-après ch. IV.
5. Critias, fr. 1, 10 (*P. L. G.*, II, p. 280).
6. Thucydide, 1, 4; 8.
7. H. d'Arbois de Jubainville, *Les premiers habitants de l'Europe*, I, p. 74-128. Bruck, *Quae veteres de Pelasgis tradiderint*, Breslau, 1884.
8. Plutarque (*Romulus*, 2), confondant les Pélasges avec les Tyrrhènes.
9. Éphore plaçait en Arcadie l'origine des Pélasges (Strabon, V, 2, 4).

uns, autochthone ; selon d'autres, il descendait de l'Océan et de l'Inachos ; il était fils de Zeus et de Niobé, ou de Hélios et de Rhodos [1]. Il n'était point apparenté à Hellène, héros éponyme des Grecs [2].

Les Pélasges étaient, avant les Hellènes, le peuple le plus puissant de Grèce [3] ; ils auraient occupé dans la Grèce continentale : la Macédoine [4] ; le mont Athos [5], la Thessalie d'où ils avaient été chassés au bout de cinq ans d'occupation par les fils de Deucalion, les Lélèges et les Curètes, et dont une partie, l'Argos pélasgique, rappelait leur nom [6] ; l'Épire [7] ; la Béotie [8], d'où les Pélasges, unis aux Thraces, avaient chassé les Phéniciens ; Athènes, où ils étaient venus, de Béotie ou de Samothrace [9] ; le Péloponnèse, qui avait porté le nom de Pélasgie [10] ; Argos, où régnait Phorôneus, grand-père de Pélasgos et père de

1. Pseudo-Hésiode, *Catalogues*, 97; Eschyle, *Suppliantes*, 250; Asios, fr. 2 (*Asii fragmenta*, p. 1). Apollodore, II, 1, 1, 5 ; III, 8, 1. Pausanias, VIII, 1, 4. Athénée, XIV, p. 639 e. Cf. Bérard, *De l'origine des cultes arcadiens*, p. 244-248.
2. H. d'Arbois de Jubainville, *Les premiers habitants de l'Europe*, I, p. 117.
3. Hérodote, VIII, 44, 2; cf. II, 56, 1. Thucydide, I, 3. Strabon, V, 2, 4 ; VII, 1, 10.
4. Justin, VII, 1, 1.
5. Thucydide, IV, 109, 4. Strabon, VII, fr. 35.
6. *Iliade*, II, 681. Strabon rapporte que *Argos* signifiait « plaine » en macédonien ou thessalien (VIII, 6, 9). Diodore, V, 61, 1. Hellanique, fr. 28 (*F. H. G.*, I, p. 49). Hécatée, fr. 112 (*F. H. G.*, I, p. 8). Ptolémée, III, 12, 14. Denys d'Halicarnasse, I, 17. Pausanias, IV, 36, 1. Strabon, VIII, 6, 5 ; IX, 5, 3 ; cf. V, 2, 4.
7. Strabon, V, 2, 4. Les Curètes établis en Étolie et Acarnanie descendent de la fille de Phorôneus, grand-père de Pélasgos. Strabon, X, 3, 1. Pseudo-Hésiode, *Catalogues*, fr. 91. Denys d'Halicarnasse, I, 11.
8. Strabon, IX, 2, 3.
9. Hérodote, I, 57; II, 51, 3 ; VI, 137; VIII, 44, 2. Thucydide, IV, 109. Pausanias, I, 28, 3. Strabon, V, 2, 4. Pseudo-Scymnos, 560.
10. Acusilas, fr. 11 (*F. H. G.*, I, p. 101). Éphore, chez Strabon, V, 2, 4.

Car[1]. Était-ce de cet Argos ou de l'Argos de Thessalie que Pélasgos (c'est-à-dire les Pélasges) avait étendu sa domination sur la région du Strymon et les pays situés à l'occident de ce fleuve, sur les Perrhèbes de Thessalie et la Thessalie occidentale vers Dodone[2]? Si, en tout cas, c'était sous la conduite d'Achaios, de Phthios et de Pélasgos que les Pélasges avaient gagné l'Hémonie[3], il s'agit sans doute d'une expédition entreprise par trois peuplades thessaliennes. Dans le Péloponnèse, les Pélasges avaient occupé encore l'Arcadie où régna Lycaon, fils de Pélasgos[4], et l'isthme.

Ils avaient peuplé parmi les îles : Lemnos (d'où ils s'étaient répandus dans la presqu'île du mont Athos[5]), Imbros[6], Lesbos[7], Chios[8], Samothrace[9], Scyros[10]; Délos qui s'était appelée Pélasgie[11]; l'île de Crète[12], d'où les Pélasges envoyèrent peut-être une colonie chez les Sicanes. Les Pélasges avaient colonisé en Asie Mineure toutes les

---

1. Acusilas, fr. 14 (*F. H. G.*, I, p. 102).
2. Eschyle, *Suppliantes*, 250-259. Cf. *Iliade*, II, 681; XVI, 233. Strabon, VIII, 6, 5; Éphore, fr. 54 (*F. H. G.*, I, p. 248). Callimaque, *Les bains de Pallas*, 51.
3. Denys d'Halicarnasse, I, 17.
4. Hérodote, I, 146, 1. Strabon, V, 2, 4. Hésiode, fr. 98. Pausanias, VIII, 1-4. D'après Pausanias, Arcas est petit-fils de Pélasgos.
5. Strabon, VII, fr. 35.
6. Hérodote, V, 26; VI, 136; 140. Apollodore, I, 9, 18. Pausanias, VII, 2, 2. Les Athéniens s'emparèrent de Lemnos en 497; et les Perses, d'Imbros, peu auparavant.
7. Diodore, V, 81, 1. Strabon, V, 2, 4. Denys, I, 18. Cette occupation aurait eu lieu, d'après Diodore, sept générations avant le déluge de Deucalion.
8. Strabon, XIII, 3, 3.
9. Hérodote, II, 51.
10. Diodore, XI, 60, 2. Nicolas de Damas, fr. 47 (*F. H. G.*, III, p. 379). Les Athéniens s'emparèrent de Scyros en 470.
11. Étienne de Byzance, Δῆλος.
12. *Odyssée*, XIX, 172, 177. Philiste, fr. 1 (*F. H. G.*, I, p. 185). Éphore, fr. 99 (*F. H. G.*, I, p. 264). Diodore, V, 80. Pausanias, VIII, 53, 4. Denys d'Halicarnasse, I, 18. Étienne de Byzance, Δώριον.

côtes de l'Ionie [1]. Comme plus tard les Hellènes, les Pélasges de Grèce passèrent en Italie; les uns, chassés de Thessalie par les Lapithes, se rendirent à Dodone, et de là, par mer, à l'embouchure du Pô [2]; d'autres venaient de Cyllène [3] et s'établirent auprès des Tyrrhènes; d'autres occupèrent la Campanie [4], l'Oïnotrie, la Lucanie et le Bruttium [5]; d'autres, établis en Ombrie, en furent chassés par les Ombriens et se réfugièrent chez les Aborigènes [6]. Des Pélasges avaient occupé la Sabine [7] et le Latium [8]. Oïnotros et Peucétios, héros éponymes des Oïnotries et des Peucéties, sont fils de Lycaon, roi d'Arcadie, et petits-fils de Pélasgos [9]. Ils avaient quitté l'Arcadie en des temps très anciens; car c'est seulement sous le règne de Callistos, successeur de Nyctimos, frère d'Oïnotros, que Triptolème introduisit en Arcadie le froment et la fabrication du pain. D'après une autre tradition, Oïnotros serait arrivé en Italie dix-sept générations avant la guerre de Troie [10].

Les Pélasges eurent sans doute à soutenir de nombreuses guerres. Platon fait allusion à leurs luttes légendaires avec les Atlantes [11]. Pline rapporte qu'ils chassèrent d'Étrurie les Ombriens, mais qu'ils furent chassés à leur tour par les

1. Ménécrate, fr. 1. (*F. H. G.*, II, p. 342). Hérodote, VII, 95. Denys, I, 18.
2. Hellanique, fr. 1 (*F. H. G.*, I, p. 45). Denys d'Halicarnasse, I, 17-20. Jérôme de Cardie, fr. 11 (*F. H. G.*, II, p. 455). Diodore, XIV, 113.
3. Denys le Périégète, 348 (*G. G. M.*, II, p. 124).
4. Denys d'Halicarnasse, I, 21. Strabon, V, 4, 8. Servius, *ad Aen.*, VIII, 738.
5. Antiochos de Syracuse, fr. 3; 6 (*F. H. G.*, I, p. 181-182).
6. Denys d'Halicarnasse, I, 20.
7. Varron, *De re rustica*, III, 1, 6.
8. Pline, III, 56. Plutarque, *Romulus*, 1. Denys d'Halicarnasse, I, 30.
9. Phérécyde, fr. 85 (*F. H. G.*, I, p. 92). Apollodore, III, 8, 1.
10. Pausanias, VIII, 3, 5; 4, 1. Denys d'Halicarnasse, I, 11.
11. Timée, p. 25 *b*.

Lydiens, dont le roi s'appelait Tyrrhène [1]. La plupart des Pélasges de Grèce s'étaient, semble-t-il, facilement assimilés aux Hellènes. Cependant les Pélasges d'Arcadie étaient restés autonomes; Crestone en Thrace, Placia en Mysie avaient conservé leur langue [2]. Denys d'Halicarnasse, qui identifie Crestone à Cortone d'Étrurie, avait remarqué que les Cortoniates ne parlaient pas la même langue que leurs voisins les Tyrrhènes [3]. Les Pélasges possédaient une marine puissante et dominèrent sur la mer pendant quatre-vingt-cinq ans à partir de 1088 [4]. Il s'agit, d'après Denys d'Halicarnasse, des Pélasges de Spina [5]. Ils se livraient à la piraterie; les Pélasges de Lemnos avaient enlevé des Athéniennes lors d'une fête d'Artémis [6].

Les Hellènes leur doivent, dit-on, plusieurs de leurs divinités. D'après Hérodote, les noms des dieux sont venus d'Égypte aux Pélasges (qui, primitivement, sacrifiaient aux dieux et les invoquaient sans leur donner de noms particuliers); puis, des Pélasges aux Hellènes [7]. L'oracle de Zeus à Dodone est qualifié de pélasgique [8]. On adorait, à Samos, Héra pélasgique [9]; à Argos, Dêmêter Pélasgis, dont le temple aurait été fondé par Pélasgos [10]. Les statues ithyphalliques d'Hermès étaient venues des Pélasges aux Athéniens. Les mystères des Cabires, célébrés à Samo-

---

1. Pline, III, 50. Voir ci-après, p. 129. Au sud de la Ligystique, les Pélasges étaient mélangés aux Tyrrhènes (Pseudo-Scymnos, 217-219).
2. Hérodote, I, 57. Strabon, VII, fr. 41.
3. Denys d'Halicarnasse, I, 29.
4. Diodore, VII, fr. 13. *Ctesiae et chronographorum fragmenta*, éd. C. Müller, p. 180.
5. Denys d'Halicarnasse, I, 18.
6. Hérodote, VI, 138.
7. Hérodote, II, 52.
8. *Iliade*, XVI, 233. Cf. Hésiode, fr. 51. Hérodote, II, 52; 55-56.
9. Denys le Périégète, 534 (*G. G. M.*, II, 137). Cf. Apollonios de Rhodes, I, 14.
10. Pausanias, II, 22, 1. Cf. Hérodote, II, 171.

thrace, étaient d'origine pélasgique [1]. Les Saturnales auraient été instituées par les Pélasges [2].

On a attribué aux Pélasges les fortifications, nombreuses sur le sol de la Grèce, qui sont caractérisées par le second appareil polygonal [3], jusqu'à ce qu'on en eût découvert aussi dans des pays qui n'offrent aucune trace de traditions pélasgiques. Quant au mur de défense situé à l'ouest de l'Acropole, son nom primitif semble être πελαργικόν « mur aux cigognes » plutôt que πελασγικόν [4].

Les Pélasges d'Athènes avaient bien défriché le terrain situé au pied de l'Hymette [5]. Mais les Pélasges d'Arcadie avaient dû apprendre à bâtir des cabanes, à se vêtir de peaux de bêtes et à manger des faînes [6]. D'après une tradition qui contraste avec celle que nous venons de rapporter, les Pélasges auraient été les premiers à se servir des lettres de l'alphabet [7].

Leur langue était déjà mal connue d'Hérodote. Les noms de lieux dénommés par les Pélasges sont difficiles à déterminer. Le nom de ville Larisa est vraisemblablement un nom pélasge [8]. On trouve des villes de ce nom en Thesprotie, en Thessalie, en Attique, en Argolide, en Élide, en Crète, dans le Pont, en Troade, près d'Éphèse, près de Tralles, en Syrie [9], mais plusieurs de ces noms peuvent

---

1. Hérodote, II, 51; III, 37. S. Reinach, *Revue archéologique*, XXXII (1898), p. 56-61.
2. Varron, chez Macrobe, *Saturnales*, I, 7, 30.
3. Thirlwall, *History of Greece*, I, p. 61.
4. Ed. Meyer, *Philologus*, XLVIII (1889), p. 470. Un scholiaste d'Aristophane (*Oiseaux*, 832) l'attribue quand même aux Tyrrhènes. Pausanias (I, 28, 3) l'attribue à des Pélasges.
5. Hérodote, VI, 137.
6. Pausanias, VIII, 1.
7. Diodore, III, 67.
8. C'est le nom de la mère de Pélasgos (Denys d'Halicarnasse, I, 17) et de la ville qu'habitaient les Pélasges homériques (*Iliade*, II, 841. Cf. Strabon, XIII, 3, 2. Denys, I, 21).
9. Fick, *Vorgriechische Ortsnamen*, p. 104-107; 144-145.

avoir été donnés par imitation. Les noms des cinq villes pélasgiques de l'Athos que nomment Thucydide et Strabon, se retrouvent dans des endroits où la présence des Pélasges est attestée : en Crète, en Phocide, en Thessalie, en Lydie et en Carie [1]; mais ces noms peuvent être antérieurs aux Pélasges. D'autre part, des populations pélasgiques sont dissimulées sous d'autres noms ethniques; du temps où les Pélasges possédaient Athènes, ils s'appelèrent successivement Κραναοί, Cécropides ou Athéniens [2].

Des inscriptions, découvertes à Lemnos et jusqu'ici inexpliquées, sont peut-être en langue pélasge; elles sont écrites en caractères grecs de la fin du vi^e siècle [3]; et il semble qu'elles présentent quelques analogies avec l'étrusque, sans être identiques à celui-ci [4].

La seule date à laquelle nous puissions rattacher l'histoire des Pélasges en Grèce est due à la tradition du déluge d'Ogygès, qui aurait eu lieu en Attique lorsque Phorôneus, père de Pélasgos, régnait à Argos, mille vingt ans avant la première olympiade, ou en 1796 avant notre ère [5].

Le problème pélasge [6] a longtemps occupé les historiens et les philologues modernes. Niebuhr [7] faisait des Pélasges le peuple le plus répandu en Europe avant le commencement de l'histoire grecque. Les Grecs n'auraient connu que les débris de leur domaine. D'autres, au contraire, ont

---

1. Thucydide, IV, 109. Strabon, VII, 35; XIII, 3, 4.
2. Hérodote, VIII, 44.
3. Cousin et Dürrbach, *Bulletin de correspondance hellénique*, X (1886), p. 1 et suiv. C. Pauli, *Altitalische Forschungen*, II.
4. Cf. A. Cuny, *Revue des études anciennes*, X (1908), p. 275-280. A. Torp, *Kongelige Danske Videnskabernes selskabs Skrifter*, 1903, II, 4. Hirt, *Die Indogermanen*, p. 567-568.
5. Acusilas, fr. 14 (*F. H. G.*, I, p. 102). Castor, fr. 15 (*Ctesiae fragmenta*, p. 176).
6. Hesselmeyer, *Die Pelasger Frage und ihre Lösbarkeit*, Tubingue, 1890.
7. Niebuhr, *Histoire romaine*, trad. de Golbéry, I, 1830, p. 40-76.

pensé, avec Grote [1], que « les Pélasges ne sont qu'un nom, tiré d'un certain nombre de légendes contradictoires par des logographes qui s'en servirent pour composer une histoire supposée, et si quelqu'un incline à appeler pélasgique, en Grèce, la période antéhellénique non connue, il est libre de le faire, mais c'est là un nom qui n'entraîne pas avec lui d'attributs positifs et qui ne nous fait pas entrer plus profondément dans l'histoire réelle ». D'autres, enfin, ont tout simplement identifié les Pélasges aux Grecs les plus anciens, parce que les Grecs rattachaient au nom des Pélasges les plus anciens souvenirs de leur histoire [2].

Mais il ne faut pas oublier que, du temps d'Hérodote, il y avait des Pélasges à Placia et à Scylace sur la Propontide, ainsi qu'à Crestone, près du golfe Thermaïque. Thucydide atteste la présence des Pélasges dans la presqu'île de l'Athos et rappelle que les Pélasges habitèrent jadis Lemnos et Athènes. Les Pélasges sont certes plus qu'un nom, et on ne peut, raisonnablement, mettre en doute leur existence. Les traditions qui les concernent ne doivent donc pas être rejetées; peut-être est-il permis de penser que leur puissance a été quelque peu exagérée et qu'il ne faut pas attacher un sens littéral aux développements lyriques des poètes grecs qui célèbrent l'étendue de leur empire [3]. Hérodote, déjà, semble dire que les Pélasges ne s'étaient jamais agrandis [4].

D'autre part, on a rapproché le nom des Pélasges de celui des Pélagones, qui désignait quelquefois les Péoniens,

---

1. *Histoire de la Grèce*, trad. Sadous, III, p. 165.
2. E. Meyer, *Forschungen zur alten Geschichte*, Halle, 1892. Voir S. Reinach, *L'Anthropologie*, IV (1893), p. 592-596; *The Babylonian and oriental record*, 1892, p. 85-90. Myres, *Journal of Hellenic studies*, XXVII (1907), p. 170. Cf. A.-J. Reinach, *Revue des études ethnographiques et sociologiques*, 1909, p. 311-313.
3. Ci-dessus, p. 118.
4. Hérodote, I, 56.

peuple de Thrace [1]. A plusieurs reprises [2], on a proposé de reconnaître les *Poulasati*, *Péléshéta* (Philistins) des textes égyptiens dans les Pélasges de l'*Iliade* [3] et de l'*Odyssée* [4]. Ces hypothèses sont singulièrement fragiles. On ne peut citer que pour mémoire les théories d'après lesquelles les Pélasges sont des Thraces [5], ou des Albanais [6], ou des Sémites [7].

On a rattaché aux Pélasges quelques peuples dont l'origine est obscure : les Caucones, les Dryopes, les Curètes, les Teucres et les Péoniens.

LES CAUCONES

Les Caucones sont nommés parmi les nations barbares qui occupèrent la Grèce [8]. Ils s'étaient établis dans l'Élide [9]. Mais il y avait aussi des Caucones sur la côte du Pont Euxin, à la suite des Mariandynes [10]. Les uns et les autres figurent dans les poèmes homériques. Les premiers sont voisins de la ville de Pylos où règne Nestor [11]. Les seconds sont nommés avec les Lélèges et les Pélasges parmi les auxiliaires des Troyens [12].

Les Caucones d'Élide passaient pour être originaires

1. Fick, *Vorgriechische Ortsnamen*, p. 98.
2. Rœth, chez Benlœw, *La Grèce avant les Grecs*, p. 26. A.-J. Reinach, *Revue archéologique*, t. XV (1910), p. 61.
3. *Iliade*, II, 840-843. Cf. X, 428-431. Il faut remarquer que ces textes appartiennent aux parties de l'*Iliade* que l'on s'accorde à regarder comme des additions à l'œuvre primitive. Sur les Philistins, voir St. Macalister, *The Philistines*, Londres, 1913.
4. *Odyssée*, XIX, 175-177.
5. H. Marsh, *Horae Pelasgicae*, Londres, 1815.
6. L. Benlœw, *La Grèce avant les Grecs*.
7. Kiepert, *Lehrbuch der alten Geographie*, Berlin, 1878, p. 241.
8. Strabon, VII, 7, 1.
9. Strabon, VIII, 3, 17.
10. Strabon, XII, 3, 5.
11. *Odyssée*, III, 366.
12. *Iliade*, X, 429.

d'Arcadie comme les Pélasges et pour avoir mené long-temps comme ceux-ci une vie errante [1]. L'origine des Caucones d'Asie Mineure était déjà dans l'Antiquité un sujet de discussion ; les uns leur attribuaient une origine scythique, d'autres ne voyaient en eux qu'une colonie macédonienne, d'autres les déclaraient Pélasges [2]. Il est vraisemblable qu'ils étaient d'origine pélasgique, puisque c'est avec les Pélasges qu'ils sont le plus souvent associés dans les textes et puisque leur éponyme, Caucon, était un des cinquante enfants de Lycaon, fils de Pélasgos [3].

LES DRYOPES

Les Dryopes, qui figurent aussi parmi les nations barbares qui occupaient la Grèce avant l'arrivée des Hellènes, avaient eu, comme les Pélasges, des établissements en Thessalie et dans le Péloponnèse. En Thessalie, la Dryopide était une tétrapole émule de la Doride ; c'était, croyait-on, le domicile primitif des Dryopes [4]. En Argolide, il paraît certain qu'ils avaient occupé Hermione et Asiné. Dryops, leur héros éponyme, est qualifié d'arcadien par Aristote. On ne savait si les Dryopes d'Argolide étaient des compagnons de Dryops ou s'ils provenaient des environs de la Doride, d'où Héraclès les aurait chassés [5].

LES CURÈTES

Les Curètes d'Étolie et d'Acarnanie seraient apparentés aux Pélasges, si l'on admet la généalogie d'après laquelle

1. Strabon, VIII, 3, 17.
2. Strabon, XII, 3, 5.
3. Hécatée, fr. 375 (*F. H. G.*, I, p. 31). Apollodore, III, 8, 1 (*F. H. G.*, I, p. 163).
4. Strabon, IX, 5, 10. Cf. Hérodote, VIII, 31.
5. Strabon, VIII, 6, 13. Cf. Hérodote, VIII, 43 ; 73 ; Pausanias, IV, 34, 9 ; V, 1, 2.

ils descendent des cinq filles de la fille de Phorôneus, grand-père de Pélasgos [1]. On ne sait s'ils ont quelque rapport, autre que leur nom, avec les Curètes de Crète [2]. Certains auteurs ont soutenu que les Curètes, nés en Crète, passèrent en Eubée, et, de Chalcis, en Étolie ; d'autres, que l'Étolie, occupée par les Curètes, fut envahie par les Étoliens, qui les refoulèrent en Acarnanie. Au lieu d'Étoliens, une tradition porte : Éoliens [3]. Au temps de Thucydide, il y avait encore en Étolie une majorité de barbares qui parlaient une langue inconnue et se nourrissaient, disait-on, de chair crue [4].

LES TEUCRES

Les Teucres (Τευκροί), dont le nom, chez Hérodote, désigne les Troyens et est synonyme de l'homérique Τρῶες, étaient établis auprès du mont Ida ; ils venaient, selon certains historiens, de Crète [5], où il y a aussi un mont Ida. Leur héros éponyme, Teucros, était, d'après les uns, originaire de Crète ; mais, suivant d'autres, de l'Attique. Il avait donné sa fille Arisbê (ou Bateia) en mariage à Dardanos, habitant de Samothrace [6], qui le premier passa d'Europe en Asie sur un navire [7], fit connaître aux Troyens les mystères de Samothrace, et fut le père d'Ilos qui donna son nom à Ilion. Avant la guerre de Troie, des Teucres, avec des Mysiens, avaient passé le Bosphore, soumis tous

1. Pseudo-Hésiode, *Catalogues*, fr. 91. Denys d'Halicarnasse, I, 11. Pausanias, II, 34, 4.
2. Voir ci-dessus, p. 105.
3. Strabon, X, 3, 6.
4. Thucydide, III, 94.
5. Strabon, XIII, 1, 48.
6. Hellanique, fr. 130 (*F. H. G.*, I, p. 63). Phanodème, fr. 8 (*F. H. G.*, I, p. 367). Strabon, XIII, 1, 48. Apollodore, III, 12, 1. Diodore, IV, 75.
7. Diodore, V, 48, 3.

les Thraces et, descendant vers la mer Ionienne, s'étaient avancés au midi jusqu'au Pénée [1]. Après la prise de Troie, des Troyens (Τρῶες) avaient émigré en Sicile ; ils y étaient venus chassés d'Italie par les Oïnotries. On les appelle Élymes. Pausanias leur donne le nom de Phrygiens [2]. La légende d'Énée synthétise les émigrations troyennes dans le monde occidental.

On a proposé de reconnaître les Teucres dans les Takkaro ou Zakkarou qui figurent parmi les assaillants de l'Égypte au temps de Ramsès III. Zakkarou a été rapproché du nom de Zakro, ville située sur la côte orientale de Crète. Mais les Zakkarou sont mentionnés avec les Poulousati, identifiés aux Philistins, lesquels, d'après la Bible, sont originaires de Kaphtor (la Crète) ; et un texte égyptien les signale au nord des Philistins, sur la côte de Palestine [3].

LES PÉONIENS

Les Péoniens (Παίονες), établis sur les bords du Strymon, se disaient Teucres d'origine et colons de Troie. Les Péoniens du lac Prasias y avaient construit des habitations lacustres [4]. Les Péoniens avaient dû occuper la Macédoine, car l'ancien nom de ce pays était Péonie [5] ; au temps de Strabon, ce nom était encore porté par un canton situé au nord de la Macédoine et au sud des Autariates et des Dardanes [6]. Les Péoniens étaient, pour les uns, une colonie phrygienne ; pour d'autres, la souche même de la grande nation des Phrygiens [7]. Vers 512, lors de la conquête de

---

1. Hérodote, VII, 20.
2. Thucydide, VI, 2. Pausanias, V, 25, 6. Hellanique, chez Denys d'Halicarnasse, I, 22.
3. Dussaud, *Les civilisations préhelléniques*, 2ᵉ éd., p. 297-298.
4. Hérodote, V, 13 ; 16. Voir ci-dessus, p. 31.
5. Polybe, XXIV, fr. 8.
6. Strabon, VII, fr. 4.
7. Strabon, VII, fr. 38.

Thrace par Mégabaze, Darius avait ordonné le transport d'une partie des Péoniens d'Europe en Asie [1].

LES TYRRHÈNES OU ÉTRUSQUES [2]

Les Tyrsânes, Tyrsènes, Tyrrhènes (Τυρσανοί, Τυρσηνοί, Τυρρηνοί), que les Ombriens ont appelés *Turskus, Turscor, Tuscor* et les Romains, *Tusci, Etrusci*, sont, d'après plusieurs auteurs grecs, une fraction des Pélasges. Thucydide [3] et Sophocle [4] les désignent par le nom de Pélasges Tyrsènes. Hellanique de Lesbos [5] dit que l'ancien nom des Tyrrhènes est Pélasges; et Myrsile de Lesbos [6], reproduisant une étymologie populaire, soutient au contraire que les Tyrrhènes avaient pris le nom de Pélasges, Pélarges, à cause de leurs migrations qui ressemblaient à celles des cigognes (πελαργοί). D'après Anticlide d'Athènes, Tyrrhène, fils d'Atys, aurait recruté les compagnons qui le suivirent en Italie parmi les Pélasges de Lemnos et d'Imbros [7]. Mais d'autres auteurs distinguent les Tyrrhènes des Pélasges [8] et montrent ces deux peuples vivant côte à côte, en Thrace et dans l'Italie du Nord. Ce serait vers la deuxième génération avant la guerre de Troie que la puis-

---

1. Hérodote, V, 13-16; 98. Cf. V, 2.
2. Noël des Vergers, *L'Étrurie et les Étrusques*, 1862-1864. K.-O. Müller, *Die Etrusker*, nouvelle édition par W. Deecke, Stuttgart, 1877. H. d'Arbois de Jubainville, *Les premiers habitants de l'Europe*, I, p. 129-168. J. Martha, chez Saglio, *Dictionnaire des antiquités*.
3. Thucydide, IV, 109. Cf. Hérodote, IV, 145; VI, 140.
4. Sophocle, *Inachos*, fr. 677, éd. Didot.
5. Hellanique, fr. 1 (*F. H. G.*, I, p. 45). Cf. Aristophane, *Oiseaux*, 1139.
6. Myrsile, fr. 3 (*F. H. G.*, IV, p. 457). Cf. Strabon, V, 2, 4; IX, 1, 18. Benlœw a rapproché le nom de peuple de Thrace *Cicones* (lat. *ciconia* « cigogne »).
7. Strabon, V, 2, 4.
8. Pseudo-Scymnos, 217-221 (*G. G. M.*, I, p. 204). Virgile, *Énéide*, VIII, 597-604. Pline, III, 50. Denys d'Halicarnasse, I, 29. Strabon, V, 2, 3.

sance des Pélasges aurait décliné en Italie et que leurs villes furent occupées par les Tyrrhènes [1]. On peut concilier les deux systèmes ethnographiques en supposant que les Tyrrhènes se sont de bonne heure séparés des Pélasges et n'ont pas tardé à se constituer une individualité nationale.

D'après une tradition rapportée par Hérodote, mais que Xanthos de Lydie ignore, les Tyrrhènes venaient de Lydie; une terrible famine avait ravagé le pays pendant dix-huit ans. Le roi Atys décida alors de partager la population en deux groupes : l'un resta en Lydie ; l'autre, ayant à sa tête Tyrrhène, fils d'Atys [2], se rendit à Smyrne, d'où ils s'embarquèrent et se rendirent en Ombrie [3]. C'est là qu'ils changèrent leur nom de Lydiens en celui de Tyrrhènes. Denys soutient au contraire que les Tyrrhènes, qui diffèrent des Lydiens par la langue, la religion, les lois, les coutumes, sont d'origine italique, tandis que les Pélasges d'Italie, originaires d'Argos, seraient venus de Thessalie par Dodone jusqu'à la mer Ionienne et, de là, auraient gagné Spina à l'embouchure du Pô [4], probablement au temps de l'invasion des Doriens. Certains auteurs donnaient comme étymologie au nom des Tyrsènes, Tyrrhènes le mot étrusque τύρσεις « tours » [5], et considéraient que cette explication renforçait la théorie de l'origine italique des Tyrrhènes.

1. Denys d'Halicarnasse, I, 26.
2. Xanthos (chez Denys, I, 28) l'appelle Torrhêbos, héros éponyme d'un peuple de Lydie (Étienne de Byzance).
3. Hérodote, I, 94. Denys d'Halicarnasse, I, 28. Timée, fr. 19 (F. H. G., I, p. 197). Lycophron, Alexandra, 1351. Cf. Strabon, V, 2, 2 ; 2, 4. Justin, XX, 1. Appien, Puniques, 66. Pline, III, 50.
4. Denys d'Halicarnasse, I, 17-20 ; 29-30. Cf. Hellanique, fr. 1 (F. H. G., 1, p. 45). Diodore, XIV, 113. D'après Plutarque (Romulus, 2), les Tyrrhènes sont venus de Thessalie en Lydie et de Lydie en Italie. Des vêtements étrusques ressemblaient à ceux des Lydiens (Denys d'Halicarnasse, III, 61. Lucilius, chez Nonius Marcellus, tunica).
5. Denys d'Halicarnasse, I, 26.

Mais la tradition rapportée par Hérodote et admise par la plupart des Anciens [1] est fortifiée par l'existence en Lydie, d'une ville de Tyrrha [2]. La légende fait de Tyrsênos, héros éponyme des Tyrrhènes, le fils de Héraclès et d'Omphale, reine de Lydie [3]. Enfin, le nom de Tyrrhène (Τυρσηνός, Τυρσανός) se termine par un suffixe -ανος, propre à l'Asie Mineure [4]. Au temps de Tibère, les habitants de Sardes en Lydie rappelaient encore leur consanguinité avec les Étrusques [5].

Une ingénieuse théorie pourrait se fonder sur ces données. Elle consisterait à supposer que les Tyrrhènes, d'origine pélasgique et colons de la ville de Tyrrha en Lydie, auraient débarqué sur la côte ouest de l'Italie et auraient civilisé un peuple autochthone, les *Rasenae*, auquel ils auraient en outre donné leur nom [6]. Ce nom de *Rasena* ou *Rasenna*, qui était celui d'un prince des Étrusques, était aussi le nom que les Étrusques se donnaient à eux-mêmes [7].

---

1. Noël des Vergers, *L'Étrurie et les Étrusques*, I, p. 113, n. 2.
2. *Etymologicon magnum*, τύραννος.
3. Pausanias, II, 21, 3.
4. F. de Saussure, chez Chantre, *Mission en Cappadoce*, 1898, p. 189. Sur les noms en -*etta*, voir S. Reinach, *Comptes rendus de l'Académie des Inscriptions et Belles-Lettres*, XX (1892), p. 82.
5. Tacite, *Annales*, IV, 55.
6. L'idée d'une double origine des Étrusques a été souvent émise depuis Fréret (voir Noël des Vergers, *Les Étrusques*, I, p. 116-133). Niebuhr (*Römische Geschichte*, I, p. 109-142) suppose que la race conquérante se composait de Raséna ou Étrusques venant de Rhétie et que la race conquise était formée de Pélasges Tyrrhènes. K. Ottfried Müller admet qu'à l'ancien peuple des Raséna ou Étrusques s'est ajouté une colonie de Pélasges Tyrrhènes venant de la côte de Lydie. Cf. W. Deecke, chez Gröber, *Grundriss der romanischen Philologie*, I, Strasbourg, 1888, p. 345. Lepsius (*Ueber die Tyrrhenische Pelasger in Etrurien*, Leipzig, 1842) croit simplement à un mélange de Pélasges-Tyrrhènes de Thessalie avec les Ombriens. Mommsen repousse l'origine lydienne des Étrusques, qui seraient venus de Rhétie (*Histoire romaine*, trad. Alexandre, I, p. 165).
7. Denys d'Halicarnasse, I, 30.

Le type étrusque, que nous trouvons représenté sur les fresques et que les Anciens nous ont décrit, ne semble pas européen ; les Étrusques paraissent petits et gras [1], avec de grosses têtes et des traits fortement accentués. Certains motifs décoratifs, comme le lion ailé, sont communs à l'art lydien et à l'art étrusque [2]. Les sépultures étrusques rappellent par leurs dispositions les grands tombeaux de l'Asie Mineure [3]. Il est pourtant possible que ce que les Étrusques ont eu de commun, à une certaine époque, avec les Lydiens, soit dû aux marchands phéniciens. L'origine asiatique des Étrusques, après avoir été mise en doute par les historiens et les archéologues modernes [4], est mieux acceptée aujourd'hui [5].

C'est en Italie que la puissance des Tyrrhènes eut son développement le plus complet. Ils avaient occupé la Cisalpine avant les Celtes et y avaient fondé douze colonies, dont les principales étaient Mantoue et Felsina (Bologne) [6]. Ils avaient possédé le territoire de Mutina (Modène) et Parma (Parme [7]). Ils furent maîtres des côtes de l'Adriatique, d'Adria à Ancône [8]. Dans le Latium, Fidènes, Crustumina ont été des villes étrusques [9]. Peut-être les

---

1. Cf. Virgile, *Géorgiques*, II, 193. Catulle, XXXIX, 11. Sur la craniologie étrusque, voir G. Cantacuzène, *L'Anthropologie*, XX (1909), p. 329-352.
2. S. Reinach, *Revue des études anciennes*, VI (1904), p. 1-6.
3. Hérodote, I, 93. Modestov, *Introduction à l'histoire romaine*, trad. Delines, 1907, p. 352-407, résume les arguments archéologiques en faveur de l'origine orientale des Étrusques.
4. Helbig, *Die Italiker in der Poebene*, Leipzig, 1879. J. Martha, *L'art étrusque*, 1889, p. 28-30. Gsell, *Les fouilles dans la nécropole de Vulci*, 1891, p. 343-344.
5. O. Montelius, *Journal of the anthropological Institute*, 1897, p. 254-271 ; cf. S. Reinach, *L'Anthropologie*, VIII (1897), p. 215-223.
6. Servius, ad Aen., X, 198, 201. Pline, III, 130. Polybe, II, 17, 1. Tite Live, V, 33.
7. Tite Live, XXXIX, 55.
8. Pseudo-Scylax, 17-18 (*G. G. M.*, I, p. 25). Pline, III, 112.
9. Tite Live, I, 15. Plutarque, *Romulus*, 25. Strabon, V, 2, 9. Festus, *Crustumina*.

Étrusques dominèrent-ils à Rome [1] au temps des Tarquins (611-509). Ils entreprirent la conquête de la Campanie (524-521) [2] et y fondèrent Capoue (471) et Nole, dont certaines traditions faisaient remonter l'origine au ixe siècle [3]; Herculanum, Pompéi, Sorrente avaient appartenu à leur domaine [4], et ils avaient formé une confédération de douze cités [5]. Ainsi l'Italie presque tout entière [6] leur avait jadis appartenu et leur empire s'était, avant les Romains, étendu au loin sur terre et sur mer. Ce n'avait pas été sans luttes longues et pénibles. Les Thessaliens, fondateurs de Ravenne, ne pouvant supporter leur domination, appelèrent à leur secours les Ombriens [7]. Les Tyrrhènes et les Ombriens luttèrent longtemps pour la prépondérance en Italie [8]. Tant que les Tyrrhènes furent unis, ils furent puissants et forts; une fois divisés, ils durent reculer devant les agressions de leurs voisins, notamment des Ligures; ils tournèrent alors leur espoir vers la mer et infestèrent de leurs pirateries la Méditerranée, empêchant les Grecs de commercer avec la Sicile [9] et guerroyant contre la flotte des îles Lipari [10]. Ils s'allièrent aux Carthaginois contre les Phocéens de Corse en 536 [11]; contre Hiéron de Syracuse et les Grecs de Campanie en 474 [12].

1. Le nom de Tarquin semble identique à celui du roi étrusque légendaire Tarchon, et Servius Tullius portait le nom étrusque de *Mastarna*. H. d'Arbois de Jubainville, *Les premiers habitants de l'Europe*, I, p. 158; cf. 151.
2. Denys d'Halicarnasse, VII, 3; V, 36. Tite Live, II, 14.
3. Caton, fr. 69 (*H. R. F.*, p. 53). Velleius Paterculus, I, 7.
4. Pline, III, 70.
5. Strabon, V, 4, 3.
6. Servius, *ad Aen.*, XI, 567. Tite Live, V, 33.
7. Strabon, V, 1, 7.
8. Strabon, V, 1, 10.
9. Strabon, VI, 2, 2; 5. Apollodore, III, 5, 3. Bœckh, *Urkunden über das Seewesen des Attischen Staates*, Berlin, 1840, p. 465.
10. Strabon, VI, 2, 10, d'après Éphore.
11. Aristote, *Politiques*, III, 9, 10. Hérodote, I, 166; 167.
12. Pindare, *Pythiques*, I, 71-75. Diodore, XI, 51.

Au IIIᵉ siècle, ils n'occupaient plus, sous la domination romaine, que la région située entre l'Arno, l'Apennin et la Méditerranée et qui garda le nom d'Étrurie. Ils y avaient eu douze villes groupées en confédération et dont ils faisaient remonter la fondation à Tyrrhène [1]. Les Samnites leur avaient enlevé la Campanie.(424); les Latins, le Latium (396); les Gaulois, la Cisalpine [2].

On trouve des Tyrrhènes hors de l'Italie. Métaos, ville de l'île de Lesbos, avait été fondée par eux [3]. A Lemnos, les Tyrrhènes livrèrent l'île aux Perses de Darius [4]. Des Étrusques, chassés d'Italie par les Celtes, s'étaient établis dans les Alpes et gardaient encore, au temps de Tite Live, quelques traces de leur ancienne langue [5]; et même, une tradition recueillie par Trogue Pompée et par Pline faisait des Rhètes les descendants des Étrusques [6]. Il est peu probable que les Toursha, qui, à trois reprises, débarquèrent en Égypte, du XIVᵉ au XIᵉ siècle, soient des Tyrrhènes de l'Asie Mineure ou des îles, au lieu d'être simplement les habitants de Tarse [7]. Les Étrusques faisaient remonter le commencement de leur histoire aux environs de l'an mil [8].

Denys d'Halicarnasse a remarqué l'originalité des coutumes étrusques [9]. La descendance maternelle est mention-

---

1. Appien, *Guerres civiles*, V, 49. Strabon, V, 2, 2.
2. Tite Live, IV, 37; 33-34; V, 21. Pline, III, 125. Denys d'Halicarnasse, VII, 3. Diodore, XIV, 113.
3. Hellanique, fr. 121 (*F. H. G.*, I, p. 64).
4. Diodore, X, 19, 6. Sur les Tyrrhènes-Pélasges de Lemnos, cf. Hérodote, IV, 145; V, 26; VI, 140, et *F. H. G.*, II, p. 272; III, p. 10.
5. Tite Live, V, 33.
6. Justin, XX, 5. Pline, III, 133. Étienne de Byzance, Ῥαιτοί.
7. Maspero, *Histoire ancienne*, II, p. 432, 740.
8. Varron, chez Censorin, *De die natali*, 17. Plutarque, *Sylla*, 7. H. d'Arbois de Jubainville, *Les premiers habitants de l'Europe*, I, p. 150; XVII-XXIV.
9. Denys d'Halicarnasse, I, 30.

née dans les inscriptions ; les femmes sont représentées couchées à côté des hommes dans les festins ; la liberté de leurs mœurs rappelle la licence des Lydiennes. La communauté des femmes était établie par une loi [1]. Les magistrats (ou lucumons) exerçaient à la fois le pouvoir exécutif et le sacerdoce. Ils étaient au nombre de douze, sans doute un par cité ; l'un d'entre eux avait la suprématie sur les autres [2]. La royauté, qui avait existé en Étrurie, y fut remplacée par des magistratures annuelles. Des assemblées des principaux de la nation délégués par les cités se tenaient, chaque année, dans le temple de Voltumna [3].

Les Étrusques comptaient les jours à partir de midi [4]. Ils groupaient les jours en siècles ; chaque siècle était égal à la vie de l'homme qui, né au commencement du siècle, avait survécu à tous ses contemporains. Le premier siècle avait commencé au jour de la fondation de l'État étrusque ; la fin de chaque siècle était annoncée par des prodiges ; le nom étrusque devait s'effacer à la fin du dixième siècle [5]. Les Étrusques s'étaient particulièrement appliqués à l'étude des lettres et de la nature [6]. Leur art manque d'invention ; il imite servilement les modèles venus de l'Orient ou de la Grèce ; il n'a pas eu le temps de se former et de se développer. Leur industrie, à en juger par de nombreux objets : vases, figurines, appliques, coupes, cistes, miroirs, bijoux, pierres gravées, était très florissante. Les Étrusques s'adonnaient à l'agriculture ; ils ont desséché de nombreux marais et fait d'importants travaux publics, fortifications, canaux, égouts, ponts et chaussées [7].

---

1. Théopompe, fr. 222 (*F. H. G.*, 1, p. 315). Cf. Hérodote, I, 93.
2. Servius, *ad Aen.*, VIII, 65 ; 475.
3. Tite Live, IV, 23 ; 61 ; X, 16.
4. Servius, *ad Aen.*, V, 738.
5. Varron, d'après Censorin, *De die natali*, 17, 6.
6. Diodore, V, 40.
7. Martha, *L'art étrusque*, 1889.

Les dieux étrusques mentionnés par les Latins sont *Vertumnus*[1] et *Voltumna*[2], *Nortia*[3], *Mantus*, dieu des enfers[4] (d'où le nom de ville *Mantua*) : dans les inscriptions figurent les noms d'un grand nombre de dieux, dont les uns ont gardé leur nom étrusque et dont d'autres ont pris les noms des dieux latins. A côté des dieux, on trouve, comme chez les Latins, des lares, des pénates, des génies et des junons[5]. La vie future a inspiré aux artistes des fresques riantes ou lugubres qui ornent les tombeaux.

Le rituel étrusque (*Etrusca disciplina*), dicté par l'enfant merveilleux Tagès, était célèbre chez les Romains. Il comprenait les *libri fulgurales* qui interprétaient les présages donnés par la foudre ; les *libri haruspicini* qui traitaient de l'inspection des entrailles et particulièrement du foie ; les *libri rituales* qui étudiaient les prodiges (*ostenta*), qui déterminaient les cérémonies de délimitation, de consécration, de fondation, qui fixaient les principes du droit, qui étudiaient les diverses périodes de la vie humaine (*libri fatales*) et les destinées de l'homme dans l'autre vie (*libri Acherontici*)[6]. Le rituel était transmis de génération en génération dans les familles nobles[7].

Les Anciens ne nous ont laissé qu'une trentaine de mots de la langue des Étrusques ou Tyrrhènes[8]. Quelques-uns ont été cités par des écrivains comme Tite Live et Stra-

---

1. Varron, *De lingua latina*, V, 46.
2. Tite Live, IV, 25, 7.
3. Tite Live, VII, 3, 7.
4. Servius, *ad Aen.*, X, 198.
5. G. Herbig chez J. Hastings, *Encyclopaedia of religion and ethics*, V, p. 532-540.
6. A. Bouché-Leclercq, *Histoire de la divination dans l'Antiquité*, IV, 1881, p. 3-115. C. O. Thulin, *Die etruskische Disciplina*, Gothenburg, 1906-1909 ; *Scriptorum disciplinæ etruscæ fragmenta*, 1906.
7. Cicéron, *De legibus*, II, 9, 21 ; *Ad familiares*, VI, 6 ; *De divinatione*, I, 41, 92 ; Tite Live, IX, 36, 3 ; Tacite, *Annales*, XI, 15.
8. On les trouvera chez Martha, *La langue étrusque*, 1913, p. 461-470, et chez O. Müller-Deecke, *Die Etrusker*, II, p. 508.

bon, par exemple : *ister* « histrion »[1], *arimos* « singe »[2] ; la plupart sont conservés par des grammairiens ou des lexicographes : Varron, Paul Diacre, Macrobe, Servius, Isidore, Hésychios.

Les inscriptions étrusques, dont les plus anciennes peuvent remonter jusqu'à 500 avant notre ère, sont au nombre de plus d'un millier ; la plupart ne contiennent que des noms propres ou quelques mots ; mais le texte écrit sur l'enveloppe de la momie d'Agram compte environ 1.200 mots en 200 lignes ; après, on ne peut citer comme inscriptions importantes que le cippe de Pérouse, le plomb de Magliano, le pilier de Corneto, l'inscription de San Manno, le texte de Capoue[3]. Tous ces textes épigraphiques ou manuscrits restent lettre close pour nous, parce que le sort ne nous a point fait découvrir d'inscription bilingue importante ; la plupart des bilingues sont mutilés ou insignifiants. Deux dés découverts en 1848 portent, au lieu de points, des noms de nombre étrusques : *max, du, zal, hud, ci, sa.* Mais nous ne savons pas dans quel ordre les classer, et déterminer cet ordre par des comparaisons étymologiques est bien hasardeux[4].

Pour les uns, l'étrusque est un dialecte italique[5], comme

---

1. Tite Live, VII, 2, 6. Valère Maxime, II, 4, 4.
2. Strabon, XIII, 4, 6.
3. J. Krall, *Denkschriften der kaiserlichen Akademie der Wissenschaften*, Vienne, 1892 (*Phil. hist. Klasse*, XLI). Danielsson et Pauli, *Corpus inscriptionum Etruscarum*, Leipzig, 1893. Fabretti, *Corpus inscriptionum italicarum*, Turin, 1867-1878. Bücheler, *Rheinisches Museum*, LV (1900), p. 1-8. Milani, *Monumenti antichi pubblicati per cura della reale Accademia dei Lincei*, II, p. 37. Bréal, *Journal des savants*, 1893, p. 218-230. Gauthiot, *ibid.*, 1914, p. 163-175, 207-211.
4. Skutsch, *Indogermanische Forschungen*, V (1895), p. 256-265. Hirt, *Die Indogermanen*, p. 566.
5. W. Corssen, *Ueber die Sprache der Etrusker*, Leipzig, 1874-1875. Deecke, après avoir contredit Corssen dans les *Etruskische Forschungen* (1875-1884), s'est rallié à sa théorie dès 1882. S. Bugge, *Beiträge zur Kunde der indogermanischen Sprachen*, X (1886), p. 73-121 ; XI (1887), p. 1-64. Lattes, *Nuova antologia*, 1895, p. 416-451.

l'osque et l'ombrien. D'autres ont essayé de prouver sa parenté avec l'arménien [1]. Pour les autres [2], l'étrusque n'est pas indo-européen. Les uns ont tâché de le rattacher aux langues sémitiques [3]; les autres aux langues caucasiques [4]. Tout récemment, on l'a expliqué par le finno-ougrien [5]. Toutes ces tentatives ont échoué. Il reste vraisemblable que l'étrusque n'est pas une langue indo-européenne et qu'il a dû emprunter des mots aux langues italiques qui l'avoisinaient.

L'alphabet étrusque compte 22 signes ; il paraît dérivé d'un alphabet grec chalcidique [6].

LES LYDIENS [7]

Si les Tyrrhènes sont Lydiens d'origine, le problème de leur parenté est reporté en Asie Mineure. Les Lydiens ou la Lydie (car on ne peut savoir si ces mots ont chez les anciens historiens un sens historique ou un sens géographique) étaient aussi regardés comme les ancêtres ou la métropole des Mysiens [8], qui parlaient, disait-on, une langue mélangée de lydien et de phrygien [9]. Un des héros nationaux des Lydiens, Manès, semble avoir été honoré

1. S. Bugge, *Etruskisch und Armenisch*, Christiania, 1890.
2. C. Pauli, *Etruskische Studien*, Gœttingue, 1879-1880.
3. Stickel, *Das Etruskische als semitische Sprache erwiesen*, Leipzig, 1858.
4. V. Thomsen, *Oversigt over det kongelige Danske Videnskabernes selskabs Forhandlinger*, 1899.
5. Martha, *La langue étrusque*. On trouvera chez Lattes (*Rheinisches Museum*, LXVIII, 1913, p. 515-528) un exposé des résultats obtenus jusqu'ici dans l'étude de l'étrusque.
6. Tacite, *Annales*, XI, 14. Ph. Berger, *Histoire de l'écriture dans l'Antiquité*, 2e éd., p. 147-150. Lenormant, chez Saglio, *Dictionnaire des antiquités grecques et romaines*, I, p. 209-213.
7. G. Radet, *La Lydie et le monde grec au temps des Mermnades*, 1892.
8. Hérodote, VII, 74.
9. Strabon, XII, 8, 3.

aussi chez les Phrygiens [1]. D'autre part, les Mysiens, les Lydiens et les Cariens étaient, d'après les Cariens eux-mêmes, apparentés ensemble, et c'est pour cela que ceux-ci admettaient les Mysiens et les Lydiens dans le temple de Jupiter Carien [2]. Les Lydiens s'appelaient autrefois Méoniens [3]. Les Lydiens, les Méoniens, les Mysiens et les Phrygiens sont souvent confondus [4]. Si ces témoignages ne résultent pas de confusions dues au voisinage des divers peuples d'Asie Mineure et à leur mélange, il est difficile de les concilier. Il est possible que les Lydiens du temps de l'historien Xanthos ne soient pas le même peuple que les Lydiens de Denys d'Halicarnasse [5].

Mais on peut aussi rattacher les Lydiens à Lud, fils de Sem et frère d'Assur [6]. Il semble que les rois de Lydie aient été des Assyriens, à partir d'Agrôn, fils de Ninos et petit-fils de Bel [7]. Le nom de Iardanos, qui figure dans cette généalogie, semble sémitique. Les prostitutions sacrées, usitées chez les Lydiens, sont une coutume babylonienne [8]. Mais divers usages des Lydiens les rapprochaient des Grecs [9]. Aussi est-on tenté de ranger les Lydiens parmi les peuples mixtes dont parlait Éphore [10].

Les noms propres lydiens que l'on a relevés dans les inscriptions grecques amèneraient à admettre la parenté du lydien avec le lycien [11]. Mais le lycien ne semble pas appa-

1. Plutarque, *Sur Isis et Osiris*, 24. Hérodote, IV, 45.
2. Hérodote, I, 171. Strabon, XIV, 2, 23.
3. Hérodote, I, 7.
4. Strabon, XII, 8, 3 ; XIII, 4, 5.
5. Voir ci-dessus, p. 129.
6. Genèse, X, 22. Le texte n'est pas sûr, d'après J. Halévy, *Recherches bibliques*, I, 1895, p. 165. Perrot, *Histoire de l'art dans l'Antiquité*, V, p. 243.
7. Hérodote, I, 7. Cf. Ctésias, fr. 2.
8. Hérodote, I, 93 ; 199.
9. Hérodote, I, 35 ; 74 ; 94.
10. Strabon, XIV, 5, 23-28.
11. A. Cuny, *Revue des études anciennes*, XIII (1911), p. 421-423 ; XV (1913), p. 399-404.

renté à l'étrusque. D'autre part, la communauté de culte entre les Mysiens, les Cariens et les Lydiens implique sans doute une communauté de langue. Nous ne connaissons qu'une inscription et quelques gloses lydiennes; elles semblent indo-européennes [1]. Au temps de Strabon, il n'y avait déjà plus de trace de la langue lydienne en Lydie même [2].

Mais l'ancienne puissance des Lydiens est attestée par le fait qu'ils figurent parmi les anciens dominateurs de la mer, de 1168 à 1088.

LES HELLÈNES [3]

Au dire d'Aristote, la Grèce primitive était située autour de Dodone, sur les bords de l'Achéloüs : « Là habitaient les Σελλοί et ceux qu'on appelait alors Γραικοί et maintenant Ἕλληνες » [4]; mais le sentiment général des Grecs était que le berceau de leur race se trouvait au nord de la Phthiotide, résidence de l'ancêtre légendaire de la race grecque, Deucalion [5]. Dans l'*Iliade*, Ἕλληνες désigne les

---

1. Sayce, *Proceedings of the society of biblical archaeology*, XVII (1895), p. 39; de Lagarde, *Gesammelte Abhandlungen*, Gœttingue, 1896, p. 270. Hirt, *Die Indogermanen*, p. 576. D'après Hipponax, fr. 1 (*P. L. G.*, II, p. 460), Candaule signifierait en méonien (en lydien d'après Tzètzès) « étrangleur de chien ». S. Reinach, *Revue celtique*, XXV (1904), p. 219.
2. Strabon, XIII, 4, 17.
3. H. d'Arbois de Jubainville, *Les premiers habitants de l'Europe*, I, p. 219-244. Cf. les principales histoires grecques, en particulier celles de Grote (1846, trad. Sadous, 1864), de Curtius (1867, trad. Bouché-Leclercq, 1880), de Duruy (2ᵉ éd., 1886), et surtout de Busolt (1885) et de Beloch (2ᵉ éd., 1913).
Sur les dialectes grecs, voir Thumb, *Handbuch der griechischen Dialekte*, Heidelberg, 1909; Buck, *Introduction to the study of the Greek dialects*, Londres, 1910.
4. Aristote, *Météorologiques*, I, 14, 22. Cf. *Iliade*, XVI, 233-235.
5. Hésiode, fr. 24; Hécatée, fr. 334 (*F. H. G.*, I, p. 25). Hérodote, I, 56. Thucydide, I, 3. Strabon, IX, 5, 6. Dicéarque, fr. 3, 4-6 (*G. G. M.*, I, p. 109).

habitants de la ville d'Hellas en Phthiotide [1]. Graicos ou Hellène est fils de Deucalion et de Pyrrha [2], ou de Zeus et de Pyrrha [3]. La parenté des principaux peuples grecs est aussi synthétisée en une généalogie [4] :

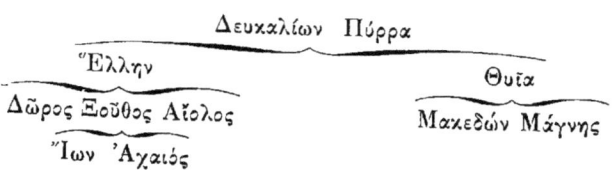

Dans une autre généalogie, Μακεδών est fils d'Αἴολος [5]. Les légendes égyptiennes en font un fils d'Osiris [6]. D'autre part, les Achéens, à l'origine voisins des Éoliens, doivent être apparentés à Aiolos [7] plutôt qu'à Xuthos ; Achaios est vraisemblablement fils d'Aiolos.

Magnès est l'éponyme des Magnètes de Thessalie qui, avec des Crétois, fondèrent la colonie de Magnésie en Asie Mineure [8].

Dôros et Aiolos sont, d'après ces généalogies, les deux seuls fils de Hellène qui fondèrent et nommèrent des peuples. Dôros reçut de son père le pays situé en face du Péloponnèse [9] ; c'est dans le pays des Curètes que le trouva Aitolos, exilé du Péloponnèse [10]. Aiolos régna sur les con-

---

1. Iliade, II, 684. Le vers 530 où se trouve le mot Πανέλληνας qui désignerait l'ensemble des Grecs était regardé comme interpolé, déjà au temps d'Aristarque.
2. Hellanique, fr. 10 (*F. H. G.*, I, p. 47). Thucydide, I, 3.
3. Pseudo-Hésiode, fr. 20-23.
4. Pseudo-Hésiode, fr. 23 ; 26. Apollodore, I, 7, 2-6. Voir Benlœw, *La Grèce avant les Grecs*, p. 205-254.
5. Hellanique, fr. 46 (*F. H. G.*, I, p. 54).
6. Diodore, I, 18 ; 20.
7. Strabon (VIII, 1, 2) qualifie les Achéens de nation éolienne.
8. Strabon, XIV, 1, 11.
9. Apollodore, I, 7, 3.
10. Apollodore, I, 7, 6.

trées situées autour de la Thessalie. Xuthos reçut le Péloponnèse et épousa Créusa, fille d'Érechtheus, roi d'Athènes [1].

D'après d'autres traditions, Achaios, Phthios et Pélasgos sont fils de Poseidôn et de Larissa ; ils furent chassés de Thessalie par Deucalion à la tête des Curètes et des Lélèges [2]. Les historiens hésitent entre la Thessalie et le Péloponnèse comme lieu d'origine d'Achaios [3].

L'apparition des Hellènes est rattachée à la tradition du déluge de Deucalion. Si l'on s'en rapporte aux calculs des chronographes grecs, ce déluge aurait eu lieu vers 1520 avant J.-C.[4]. Ce serait donc à cette date qu'aurait commencé l'histoire des Hellènes dans le pays qui porte leur nom.

Quant à leur origine, les Anciens l'ignoraient. Hérodote dit que la nation grecque se sépara (ἀποσχισθέν) des Pélasges et qu'elle fut faible au commencement, mais qu'elle se développa surtout à partir du moment où plusieurs autres peuples barbares se joignirent à elle [5]. Il est possible que les Hellènes, qui demeuraient primitivement en Épire, aient suivi le même chemin que les Thraces, qui, des montagnes de l'Hémus, descendirent en Grèce. Avant leur établissement en Épire, les Hellènes durent séjourner longtemps plus au nord, à proximité des Italiotes ; c'est ce qui expliquerait les rapports qui unissent l'italique au grec.

LES MACÉDONIENS [6]

La généalogie de Macédon montre que les Grecs consi-

---

1. Apollodore, I, 7, 3. Cf. Strabon (VIII, 7, 1) qui passe sous silence la souveraineté de Xuthos sur le Péloponnèse.
2. Denys d'Halicarnasse, I, 17. Cf. Pausanias, VII, 1, 1-3.
3. Cf. Strabon, VIII, 7, 1 et 5. Denys d'Halicarnasse, I, 17.
4. Voir ci-dessous, ch. IV.
5. Hérodote, I, 58.
6. O. Hoffmann, *Die Makedonen*, Gœttingue, 1906.

déraient les Macédoniens comme une branche collatérale de la famille grecque. Les Macédoniens passaient pour être originaires d'Argos [1]; sans doute d'Argos en Pélasgiotide, près de la Magnésie thessalique. C'est de là qu'ils seraient partis pour faire la conquête du pays qui, de leur nom, s'appela Macédoine, sur les Pières, les Bottiées, les Péoniens, les Édoniens, les Éordiens, les Almopes [2], peuples épirotes, illyriens ou thraces [3]. Au temps de Strabon, on rencontrait encore des Thraces en Macédoine, et certaines peuplades de l'Épire, par leur coiffure, leur dialecte, leur manière de porter la chlamyde et maints autres usages, ressemblaient à celles de la Macédoine [4].

La parenté des Macédoniens avec les Grecs était discutée déjà dans l'Antiquité, et, lorsque le roi de Macédoine Alexandre Ier, fils d'Amyntas, voulut prendre part aux jeux olympiques, ses concurrents tentèrent de le faire exclure [5]. L'origine grecque des rois de Macédoine ne prouve d'ailleurs pas que leurs sujets fussent aussi d'origine grecque. L'étude de la langue macédonienne permettrait seule de trancher la question.

De la langue macédonienne, nous ne connaissons, outre des noms propres, que quelques gloses [6] : ces mots, dont nous ignorons la date, peuvent appartenir soit à la langue macédonienne proprement dite, soit à des dialectes grecs qui avaient fini par pénétrer en Macédoine, ou auxquels les Macédoniens avaient emprunté des mots. Pour les premiers,

1. Hérodote, VIII, 137.
2. Thucydide, II, 99.
3. Strabon, VII, fr. 11.
4. Strabon, VII, 7, 1 ; 8.
5. Hérodote, V, 22.
6. Sturz, *De dialecto Macedonica et Alexandrina*, Leipzig, 1808. Fick, *Beiträge zur Kunde der indogermanischen Sprachen*, XXIV (1899), p. 297; *Zeitschrift fur vergleichende Sprachforschung*, XXII (1874), p. 193-235. Hatzidakis, *ibid.*, XXXVII (1904), p. 150-154. P. Perdrizet, *Bulletin de correspondance hellénique*, XXXV (1911), p. 120-131.

rien ne prouve qu'ils soient plus apparentés au grec qu'à une autre langue indo-européenne [1]. Le macédonien appartiendrait toutefois au groupe qui conserve les gutturales (type *centum*) [2] comme le grec, le latin, le germanique, le celtique, au lieu de les changer en spirantes dentales (type *satem*) comme l'indo-iranien, l'arménien, l'albanais, le baltique et le slave.

LES ACHÉENS

Les Achéens sont, des quatre peuples hellènes, les plus anciennement connus. Les Achéens (Ἀχαιοί), originaires de Phthiotide [3], occupèrent Lacédémone et Argos dans le Péloponnèse. Ils sont, avec les Arcadiens et les Cynuriens, les plus anciens habitants de la presqu'île [4]. Ce sont eux qui entreprirent la guerre de Troie. Chassés d'Argolide et de Laconie par l'invasion dorienne [5], ils allèrent s'établir sur la côte septentrionale du Péloponnèse, en Achaïe, d'où ils expulsèrent les Ioniens. Ils conservèrent la forme de gouvernement établie par ceux-ci et dont les principaux organes étaient un roi, deux stratèges annuels et un conseil. Telle fut leur bravoure et leur énergie que, quoique les Héraclides fussent maîtres du reste du Péloponnèse, les Achéens tinrent seuls contre eux tous, cantonnés dans leur petit pays. Leurs institutions avaient un tel renom de sagesse que, lorsque les Italiotes rompirent avec le Pythagorisme, c'est à eux qu'ils empruntèrent la plupart de leurs lois [6].

1. Meillet, *Aperçu d'une histoire de la langue grecque*, p. 53.
2. Hirt, *Die Indogermanen*, p. 603. On caractérise les deux groupes de langues par la forme que prend le nom de nombre « cent » en latin d'une part, en zend de l'autre.
3. *Iliade*, II, 684. Strabon, VIII, 7, 1.
4. Hérodote, VIII, 73. Thucydide, IV, 56 ; V, 41. Pausanias, V, 1, 1.
5. Pausanias, VII, 1, 5. Cf. *Iliade*, IX, 141, 283 ; *Odyssée*, III, 251. Strabon, VIII, 6, 5.
6. Strabon, VIII, 7, 1-3. Hérodote, I, 145.

Les Achéens avaient fondé des établissements en Crète[1]; dans le sud de l'Italie[2] : à Sybaris (720), Crotone (710), Métaponte, Poseidônia (Paestum); à Ithaque[3]; à Zacynthe[4]; à Soli en Cilicie[5]. Ils précédèrent les Doriens dans les Cyclades du Sud. Ils avaient peut-être pénétré jusqu'en Scythie[6].

L'archéologie, qui leur attribue la civilisation mycénienne, permet de préciser quelques traits de leur ancienne histoire. C'est au cours du premier âge du bronze qu'ils descendirent dans le Péloponnèse. Installés à Argos et à Tirynthe, ils furent pénétrés par la civilisation minoenne, mais l'adaptèrent aux traditions locales. On trouve leurs traces dans les Cyclades, en Crète, en Chypre, en Grande-Grèce. Avec d'autres peuples de la mer, ils avaient attaqué l'Égypte vers le XIIIe siècle[7]. L'expédition contre Troie marque le déclin de leur puissance[8]. Il est probable que le dialecte grec parlé par eux est celui que les Arcadiens, alors établis sur la côte, portèrent dans l'île de Chypre, à une époque où l'alphabet grec n'y avait pas encore remplacé l'alphabet syllabique. Le pamphylien, qui est étroitement apparenté à l'arcado-chypriote, est sans doute aussi un ancien dialecte achéen. Mais il ne semble pas que l'Achaïe ait gardé même quelques traces de la langue des anciens Achéens[9].

LES ÉOLIENS

Comme les Achéens, les Éoliens étaient originaires de

1. *Odyssée*, XIX, 175. Dussaud, *Les civilisations préhelléniques*, 2e éd., p. 27.
2. Strabon, VI, 3, 3 ; 1, 12-15.
3. *Odyssée*, I, 394.
4. Thucydide, II, 66.
5. Strabon, XIV, 5, 8.
6. Appien, *Mithridate*, 67 ; 102.
7. Voir ci-dessus, p. 2.
8. Dussaud, *Les civilisations préhelléniques*, 2e éd., p. 458.
9. Meillet, *Aperçu d'une histoire de la langue grecque*, p. 88-90.

Thessalie. Ils occupaient l'Éolide autour des monts Didymes. Ils en furent chassés par les Thesprotes, et, en compagnie des Béotiens d'Arnê, soixante ans après la prise de Troie, ils passèrent en Étolie. Ils y trouvèrent établis des Épéens avec qui ils partagèrent le pouvoir jusqu'à ce qu'ils furent vaincus par Alcméon et Diomède. D'autres Éoliens descendirent en Béotie, mais ne tardèrent pas à en émigrer [1].

Une première expédition d'Éoliens, sous la conduite d'Oreste, s'arrêta en Arcadie, où Oreste mourut. Son fils Penthilos conduisit les Éoliens et les Béotiens en Thrace à l'époque (soixante ou quatre-vingts ans après la guerre de Troie), où les Héraclides rentraient dans le Péloponnèse, et, de là, il passa en Asie. Archélaos et Graos, fils de Penthilos, continuèrent l'œuvre de leur père en transportant les Éoliens en Asie Mineure et à Lesbos. Enfin, deux autres descendants d'Agamemnon, Cleuas et Malaos, après avoir séjourné en Locride, passèrent à leur tour la mer et s'établirent en Troade [2]. Leurs villes les plus anciennes étaient au nombre de douze ; elles étaient situées au nord des cités ioniennes ; en comptant les villes de la Troade et celles des îles de Lesbos, de Ténédos et des cent îles on arrivait au nombre d'environ trente. Smyrne, qui était à l'origine une ville éolienne, fut prise par les Ioniens [3] de Colophon.

Les dialectes éoliens étaient, à l'époque historique, parlés sur la côte d'Asie Mineure (de Smyrne aux bords de l'Hellespont), dans l'île de Lesbos, en Thessalie, et en Béotie ; ces trois dialectes sont assez divergents [4]. Une inscription ionienne de Chios présente des traces d'éolien [5].

---

1. Hérodote, VII, 176. Thucydide, I, 12. Diodore, IV, 67. Strabon, IX, 3, 12 ; X, 3, 4. Pausanias, X, 8, 4.
2. Strabon, IX, 2, 3 ; 5 ; XIII, 1, 3-4. Pausanias, VI, 4, 9.
3. Strabon, XIII, 3, 6 ; XIV, 1, 4. Hérodote, I, 149-151.
4. Meillet, *Aperçu d'une histoire de la langue grecque*, p. 92-97.
5. Meillet, *ibid.*, p. 77.

Les anciens peuples de l'Europe.

LES IONIENS [1]

Ion, fils de Xuthos, s'établit près d'Athènes et fut le chef des Athéniens dans leur guerre contre les habitants d'Éleusis [2], qui étaient alors des Thraces, commandés par Eumolpe [3]. A cette époque, les habitants d'Athènes étaient des Pélasges; ils oublièrent leur langue en devenant Hellènes et apprirent la langue grecque [4]. Les Grecs avaient cédé aux Pélasges un terrain situé au pied de l'Hymette, pour les récompenser d'avoir élevé le mur de la citadelle. Mais, au dire des Grecs, les Pélasges insultaient les filles des Athéniens, quand elles se rendaient à la fontaine pour puiser de l'eau; de plus, ils avaient essayé de se rendre maîtres de l'État; d'autre part, les champs, qui étaient de nulle valeur lorsqu'ils les avaient reçus, s'étaient grandement améliorés par leur travail. Pour toutes ces raisons, les Grecs chassèrent de l'Attique les Pélasges. Pour se venger, les Pélasges vinrent un jour enlever les Athéniennes, qui célébraient la fête d'Artémis dans le bourg de Brauron [5].

L'extension de la puissance ionienne dans le Péloponnèse est moins bien connue. Les Argiens parlaient, paraît-il, avant le retour des Héraclides, la même langue que les Athéniens [6]. Xuthos avait aussi soumis les Pélasges qui habitaient les rivages de l'Achaïe et qui furent nommés Ioniens du nom de son fils [7]. Du temps des Ioniens, ces peuples vivaient dispersés en des bourgs ouverts, et ce

---

1. E. Curtius, *Die Ionier vor der ionischen Wanderung*, Berlin, 1855.
2. Hérodote, VIII, 44. Pausanias, I, 31, 3; VII, 1, 5.
3. Strabon, VIII, 7, 1.
4. Hérodote, I, 57.
5. Hérodote, VI, 137.
6. Pausanias, II, 37, 3.
7. Hérodote, VII, 94.

furent les Achéens qui les enfermèrent dans des villes fortes [1]. Ces Ioniens, après le retour des Héraclides, furent vaincus en bataille rangée par les Achéens et repoussés en Attique et en Mégaride [2]; la Mégaride leur fut enlevée par les Péloponnésiens [3].

Sous la conduite des fils de Codros, les Ioniens d'Athènes allèrent établir une grande colonie sur les côtes de la Carie et de la Lydie, après en avoir expulsé les anciens habitants : Pélasges, Amazones, Cariens, Lélèges. Ils y fondèrent douze villes en souvenir des douze villes qu'ils avaient occupées dans l'Achaïe. C'était au temps où la puissance des Pélasges déclinait rapidement [4]. Ils apportèrent en Asie leur langue et leurs coutumes religieuses, en particulier les sacrifices panioniques en l'honneur de Poséidôn Héliconien, et le culte d'Apollon [5]. Ils eurent à lutter contre les incursions des Cimmériens qui, peu de temps avant Homère, avaient envahi l'Asie jusqu'à l'Éolide et l'Ionie [6]. Ce furent des Ioniens de Phocée qui firent connaître à la Grèce Adria, la Tyrrhénie, l'Ibérie et Tartesse. Ils furent les premiers des Grecs à entreprendre de longs voyages sur mer; ils se servaient de vaisseaux à cinquante rames et non de vaisseaux ronds [7]. Ce furent des Ioniens de Chalcis qui fondèrent en Sicile la colonie de Naxos; en Italie, celles de Cumes et de Rhégium [8].

La colonisation ionienne peut être étudiée en relevant la provenance des inscriptions écrites en dialecte ionien. En

1. Strabon, VIII, 7, 4.
2. Strabon, VIII, 7, 1 ; 4.
3. Strabon, IX, 1, 7.
4. Strabon, VIII, 7, 1 ; VII, 7, 2 ; XI, 5, 3 ; XII, 3, 21 ; XIII, 3, 3 ; XIV, 1, 3. Hérodote, I, 145-146. Pausanias, VII, 2, 6.
5. Strabon, VIII, 1, 2; 7, 2; IV, 1, 4.
6. Strabon, XI, 2, 5; III, 2, 12.
7. Hérodote, I, 163. Justin, XLIII, 3. M. Clerc, *Revue des études anciennes*, VII (1905), p. 329-356. C. Jullian, *ibid.*, V (1903), p. 317-327.
8. Thucydide, VI, 3-5; 79. Strabon, V, 4, 4 ; 7 ; VI, 2, 2.

dehors de l'île d'Eubée et de ses colonies de Thrace, des Cyclades septentrionales et de l'Ionie, on trouve des inscriptions ioniennes à Samos, Amorgos, Samothrace, Proconnèse et sur les côtes de la mer Noire.

Il résulte de l'étude des dialectes ionien et attique que les Ioniens et les Attiques ont formé pendant quelque temps une unité linguistique [1].

Il faut sans doute regarder les Ioniens ('Ἰάονες = Ἰαϝονες) comme identiques aux *Iavanim* de la Bible [2]. Des Ioniens débarqués en Égypte sous Psammétique I (viie siècle) servirent dans ses armées et reçurent de lui des terres [3]. Ils étaient revêtus d'armes d'airain. La plus ancienne date que nous aient conservée les Grecs sur les Ioniens est un synchronisme avec Cadmos : les Ioniens auraient adopté avec quelques légers changements les lettres apportées par les Phéniciens et auraient donné aux livres le nom de διφθέραι [4]. Quant à l'origine des Ioniens, plusieurs modernes [5] ont songé à la placer en Asie Mineure, sans doute sous l'influence des théories qui faisaient de l'Asie centrale le premier séjour des Indo-Européens.

LES DORIENS [6]

Les Doriens sont les derniers venus des Hellènes en Grèce, presque au début des temps historiques. D'après Apollodore, le pays de Dôros était situé en face du Péloponnèse, sans doute en Étolie, Phocide et Locride. Pour Hérodote, les Hellènes, sous le règne de Dôros, habitaient en Thessalie, au pied des monts Ossa et Olympe. Chassés

---

1. Meillet, *Aperçu d'une histoire de la langue grecque*, p. 79.
2. Joel, III, 6 (vers 870). Cf. *Genèse*, X, 2 ; 4.
3. Hérodote, II, 152-154.
4. Hérodote, V, 58. Cf. les diphthères des Perses (Diodore, II, 32).
5. Curtius, *Histoire grecque*, trad. Bouché-Leclercq, I, p. 35-39.
6. C. O. Müller, *Die Dorier*, 2e éd., Breslau, 1844.

de cette contrée par les Cadméens, ils allèrent s'établir à Pinde (en Doride). De là, ils passèrent en Dryopide, et de la Dryopide dans le Péloponnèse, où ils ont été appelés Doriens [1]. En tout cas, ils avaient occupé fortement la Doride, d'où Héraclès avait chassé les anciens habitants, et où ils avaient fondé quatre villes [2]. Ils y eurent beaucoup à souffrir du voisinage des montagnards de l'Oïta [3] et accompagnèrent les Héraclides à leur retour dans le Péloponnèse. Cette invasion, dont la date n'a pas été exactement déterminée, est antérieure à l'établissement en Asie Mineure des Éoliens de Thessalie et des Ioniens du Péloponnèse, dont l'émigration avait été provoquée par cette invasion. Le retour des Héraclides se placerait vers 1100 [4]. L'épopée homérique ignore les Doriens du Péloponnèse.

Un grand nombre d'anciens habitants du Péloponnèse, fuyant devant les conquérants, passèrent alors en Attique; le roi de Messénie, Mélanthos, fut élu roi d'Athènes. Les Doriens, craignant le développement de la puissance athénienne, envahirent l'Attique. Vaincus en bataille rangée, ils durent évacuer le pays, mais ils retinrent la Mégaride et y fondèrent la ville de Mégare [5] après la mort de Codros.

Les migrations des Doriens hors de Grèce sont postérieures à la guerre de Troie. Une partie des Doriens de Mégare colonisa en Asie Mineure Halicarnasse, Cnide et les îles de Rhodes et de Cos [6]. D'autres se mêlèrent aux colons que l'argien Althaiménès emmenait en Crète [7]. Théras de

---

1. Hérodote, I, 56. Apollodore, I, 7, 3, 2.
2. Strabon, VIII, 6, 13; X, 4, 6. Diodore, IV, 37.
3. Strabon, IX, 5, 22.
4. Thucydide (I, 12) dit : quatre-vingts ans après la prise de Troie.
5. Strabon, IX, 1, 7.
6. Strabon, XIV, 2, 6. Hérodote, I, 144.
7. Éphore chez Strabon, X, 4, 15. Andron, chez Étienne de Byzance, Δώριον.

Lacédémone s'établit dans l'île de Théra [1]. En compagnie de Chalcidiens et d'Ioniens, des Doriens de Mégare, sous la conduite de l'Athénien Théoclès, allèrent fonder en Sicile Hybla, tandis qu'une partie d'entre eux aidaient le Corinthien Archias à fonder Syracuse. La fondation de Hybla ne datait que de la dixième génération après la guerre de Troie [2].

Les Doriens étaient divisés en trois tribus : Ὑλλῆες, Δυμᾶνες et Πάμφυλοι [3]. On trouve des traces de cette division dans un grand nombre de cités doriennes : Argos, Sicyone, Corcyre, Épidaure, Mégare, Dyme (en Achaïe), en Crète, à Théra, Cos, Cyrène et Agrigente.

Le domaine occupé à l'époque historique par les dialectes doriens est très étendu. En Grèce : Corinthe, l'Argolide, la Laconie et la Messénie, qui marquent les étapes de leur route dans le Péloponnèse; les Cyclades méridionales : Mélos, Théra, Carpathos, Cos, Rhodes ; en Asie Mineure : Cnide et, très anciennement, Halicarnasse, où la langue était l'ionien au temps d'Hérodote ; en Crète : Gortyne ; Calchédon et Byzance sur le Bosphore; Mésembria, colonie de Mégare, sur le Pont Euxin ; en Afrique : Cyrène, colonie de Théra ; dans la mer Ionienne : Corcyre, colonie de Corinthe; en Grande Grèce : Tarente (707), Locres (673), Héraclée ; — Sybaris, Crotone, Métaponte, Poseidônia semblent être des colonies achéennes dorisées ; — en Sicile : Syracuse (ancienne colonie de Chalcis), Mégare-Hybla, Géla (690), Agrigente (580, colonie de Géla), Sélinonte (650-630, colonie de Mégare-Hybla).

Les Doriens paraissent, à un moindre degré que les Ioniens, s'être fondus avec les anciennes populations des pays qu'ils colonisaient. Il semble qu'ils aient été partout,

---

1. Hérodote, IV, 147-149.
2. Strabon, VI, 2, 2; 4.
3. *Odyssée*, XIX, 177.

comme à Sparte, une minorité guerrière [1]. Tels Brasidas représente les Péloponnésiens [2]; et le Crétois Clinias, exposant les institutions de la Crète dorienne, montre qu'elles sont uniquement fondées sur la puissance militaire [3].

LES ILLYRIENS [4]

Le nom des Illyriens [5] apparaît pour la première fois au Ve siècle. Les Illyriens occupaient les sources de l'Angros (Morava). Une de leurs peuplades s'appelait les Vénètes (Ἐνετοί) et occupait la vallée de l'Éridan (Pô) [6]; ces Vénètes étaient homonymes d'un peuple de Paphlagonie, et on racontait qu'ils étaient venus d'Asie Mineure [7]. Au IVe siècle, ils envahirent la Cisalpine, et les Celtes durent alors traiter avec les Romains [8]. Les Dardanes illyriens, qui portaient le même nom qu'un peuple de Troade, occupaient la région bornée au sud par la Macédoine et la Péonie, à l'est par le pays des Besses [9]. Au nord de la Péonie et au sud des Illyriens Ardiées, habitaient d'autres Illyriens, les Autariates, qui furent longtemps le peuple le plus nombreux et le plus vaillant de l'Illyrie; ils étaient sans cesse en guerre avec les Ardiées pour la possession de salines; ils devinrent maîtres de l'Illyrie et de la Thrace et soumirent les Triballes dont le pays s'étendait des sources du Stry

---

1. Meillet, *Aperçu d'une histoire de la langue grecque*, p. 97, 115.
2. Thucydide, IV, 126.
3. Platon, *Lois*, I, p. 625 d.
4. H. d'Arbois de Jubainville, *Les premiers habitants de l'Europe*, I, p. 300-307. Kretschmer, *Einleitung*, p. 244. Pauli, *Altitalische Forschungen*, III.
5. On trouve leur nom écrit quelquefois avec h : Ἱλλυριός (*C. I. A.*, I, 277, 20) en grec; *Hillyricus* (*C. I. L.*, III, 1741) en latin.
6. Hérodote, IV, 49 ; I, 196.
7. Justin, XX, 1. Strabon, V, 1, 4. Cf. Hérodote, V, 9. Tite Live, I, 1.
8. Polybe, II, 18.
9. Strabon, VII, 5, 7.

mon jusqu'au Danube; mais les Scordisques, peuple celtique, dominèrent les Autariates jusqu'à la conquête romaine [1]. Au IVe siècle, les Illyriens Ardiées, établis sur l'Adriatique, furent vaincus par les Gaulois [2]. De 393 à 359, les Illyriens, vainqueurs des Macédoniens, leur avaient imposé un tribut dont Philippe les délivra [3].

Si l'on admet que la généalogie d'Illyrios, ancêtre des Illyriens, synthétise quelques faits historiques, on pourrait ajouter que les Enchélées (Ἐγχελεῖς), situés au sud vers les frontières de l'Épire, étaient Illyriens, car Enchéleus est fils d'Illyrios, comme Autarieus; que les Illyriens sont apparentés aux Dardanes et Péoniens d'Asie Mineure, puisque Dardanos est le troisième fils d'Illyrios, et Péon, fils d'Autarieus; qu'enfin les Illyriens ont occupé la Pannonie, puisque Pannonios est fils d'Autarieus [4]. Les Anciens comptaient peut-être les Pannoniens au nombre des peuples illyriens [5], et, au temps de Strabon, on trouvait encore des Illyriens mélangés aux Vindéliciens et aux Noriques [6]. C'est avec des Illyriens que se rendent en Italie Daunios, héros éponyme des Daunies, Peucétios, héros éponyme des Peucéties, Iapyx, héros éponyme des Iapyges.

L'identité entre certains noms de lieu d'Épire et de Dalmatie d'une part, de l'Italie du sud d'autre part, prouverait, d'après Fick [7], une migration des Illyriens vers le sud, des deux côtés de la mer Adriatique. Le nom des Iapodes d'Illyrie semble apparenté à celui des Iapyges, qui habitaient le sud de l'Italie; il y a des Χάονες en Épire, et des

---

1. Strabon, VII, 5, 11.
2. Théopompe, fr. 41 (*F. H. G.*, I, p. 284-285).
3. Diodore, XIV, 92; XVI, 2-4.
4. Appien, *De l'Illyrie*, 2. Apollodore, III, 5, 4.
5. Forbiger, *Handbuch der alten Geographie*, III, p. 468. Cf. Strabon, VII, 5, 2. César, V, 1. Pline, III, 147.
6. Strabon, IV, 6, 8.
7. *Vorgriechische Ortsnamen*, p. 142. Kretschmer, *Einleitung in die Geschichte der griechischen Sprache*, p. 259.

Χῶνες en Grande Grèce ; des Γαλάβριοι chez les Dardanes et des *Calabri* en Italie. Des noms de personnes démontrent la parenté des Illyriens et des Dardanes : Bato, roi dardane, porte un nom fréquent en Illyrie ; les noms en *-onius*, -ουνιος sont communs aux deux peuples. L'onomastique prouve aussi la parenté des Illyriens et des Messapiens. C'est le béotien Messapos, héros éponyme des Messapiens, qui changea l'ancien nom de la Grande Grèce, Iapygie, en celui de Messapie [1]. Les noms propres vénètes sont identiques aux noms propres illyriens.

Si l'on fait abstraction de l'onomastique, on trouve en Illyrie plusieurs dialectes. De l'illyrien proprement dit on ne connaît que quelques gloses, comme ῥινός « buée », « obscurité ». L'illyrien semble apparenté au messapien [2], que nous connaissons par quelques inscriptions. Le vénète, que Polybe déclarait différent du gaulois [3], semble différent du messapien et de l'illyrien, et tenir le milieu entre l'illyrien du sud et l'italique [4] ; il nous est connu par quelques gloses comme *cotonea*, nom de plante, et des inscriptions indéchiffrables [5].

G. Meyer [6] a cherché à démontrer que la forme moderne de la langue illyrienne serait l'albanais, parlé encore aujour-

---

1. Strabon, IX, 2, 13.
2. Helbig, *Hermes*, XI (1876), p. 267 et s. Mommsen, *Die Unteritalischen Dialekte*, Leipzig, 1850, p. 62. Hirt, *Die Indogermanen*, II, p. 607. Strabon (VI, 3, 7) dit que *brention* signifie « tête de cerf » en messapien.
3. Polybe, II, 17, 5.
4. Kretschmer, *Einleitung*, p. 274-279. Hirt, *Die Indogermanen*, II, p. 605.
5. Kretschmer, *Einleitung*, p. 266, 271. On trouve les inscriptions vénètes chez Pauli, *Altitalische Forschungen*, I et III. Sur les inscriptions messapiennes : Deecke, *Rheinisches Museum*, XXXVI (1881), p. 576-596 ; XXXVII (1882), p. 373-396 ; XL (1885), p. 133-144, 638 ; XLII (1887), p. 226-232. A. Torp, *Indogermanische Forschungen*, V (1895), p. 195-215.
6. *Beiträge zur Kunde der indogermanischen Sprachen*, VIII, p. 185. Kretschmer, *Einleitung*, p. 271.

d'hui, mais dont les plus anciens textes ne remontent pas au delà du xvii⁰ siècle. On ne peut tirer un argument de l'occupation actuelle par les Albanais de l'ancien territoire illyrien [1] ; car les Serbes, qui occupent une partie de ce territoire, ne descendent pas des Illyriens.

Les Anciens ne nous renseignent guère sur les mœurs et les coutumes des Illyriens. Les côtes de leur pays, bien qu'elles offrissent de bons ports, étaient redoutées à cause de la férocité et des habitudes de piraterie des habitants [2]. Les Dardanes, qui avaient des mœurs complètement sauvages et qui vivaient dans des sortes de tanières creusées dans le fumier, avaient de tout temps cultivé la musique et fait usage d'instruments à vent et à cordes [3]. Les Dalmates faisaient tous les huit ans un nouveau partage de leurs terres [4] ; ils ne se servaient pas de monnaies. Les Vénètes différaient peu des Celtes pour le costume et les coutumes [5]. Hérodote dit que l'on retrouve chez les Vénètes une singulière coutume des Mèdes : dans chaque bourg on met en vente les filles à marier et l'argent versé pour acheter les plus belles est donné en dot aux plus laides [6]. Les Illyriens mangeaient assis et admettaient leurs femmes aux repas. Les Ardiées avaient trente myriades de serviteurs et passaient leurs journées à boire [7].

La coutume de se tatouer était commune à tous les peuples illyriens et thraces [8] ; mais chez les Thraces,

1. On trouve chez Ptolémée (III, 12, 20) une tribu Ἀλβανοί et une ville Ἀλβανόπολις.
2. Strabon, VII, 5, 10. Au contraire, le Pseudo-Scymnus (422-425) les dépeint comme un peuple juste et bon envers les étrangers, sociable et très civilisé.
3. Strabon, VII, 5, 7.
4. Strabon, VII, 5, 5. Une coutume analogue existait chez les Germains (Tacite, *Germanie*, 26).
5. Polybe, II, 17, 5.
6. Hérodote, I, 196.
7. Théopompe, fr. 41 (*F. H. G.*, I, p. 284). Cf. les Étrusques, ci-dessus, p. 134.
8. Strabon, VII, 5, 4.

c'étaient les enfants nobles, et, chez les Gètes, c'étaient les esclaves qui étaient tatoués [1].

Les Thraces et les Illyriens sont souvent confondus chez les anciens écrivains. Les Dardanes sont, comme les Ardiées et les Autariates, des Illyriens [2]; mais Dardanos, qui fonda la ville de Dardanie en Troade, est venu de Samothrace [3], et c'est peut-être lui qui a conduit la première expédition des Briges en Asie Mineure [4]. Les *Dardanoui*, alliés aux Khêtas sous Ramsès II [5], sont peut-être les Thraces vaincus par Sésostris [6]. Les Istres sont qualifiés tantôt d'Illyriens [7], tantôt de Thraces [8]. On ne sait si l'on doit rattacher aux Illyriens les Sigynnes, qui s'étendaient de la mer Noire à l'Adriatique [9]. Quant aux Iapodes, c'était une nation mélangée d'Illyriens et de Celtes [10].

Nous n'avons pas beaucoup de documents pour fixer les dates les plus anciennes de l'histoire illyrienne. Il est possible que ce soient les Illyriens qui, en descendant vers le Sud, aient déterminé les importants mouvements de populations qui se produisirent vers le milieu du second millénaire avant J.-C. Ce seraient devant eux qu'auraient fui les Thessaliens, qui occupaient alors l'Épire [11], pour aller s'établir en Thessalie, d'où ils chassèrent les Doriens. Vers la fin du second millénaire, les Illyriens auraient envahi la péninsule italique, où ils seraient demeurés sous les noms de Vénètes, Messapiens et Iapyges. Leurs pre-

1. Artémidore, *Interprétation des songes*, I, 9.
2. Strabon, VII, 5, 6.
3. Strabon, VII, fr. 49.
4. H. d'Arbois de Jubainville, *Les premiers habitants de l'Europe*, I, p. 270-271.
5. Maspero, *Histoire ancienne*, II, p. 389.
6. Hérodote, II, 103.
7. Strabon, VII, 5, 3.
8. Pseudo-Scymnos, 391.
9. Voir ci-dessus, p. 59.
10. Strabon, IV, 6, 10; VII, 5, 2.
11. Pausanias, IV, 35, 5.

mières invasions en Italie centrale et en Messapie se seraient faites par mer; la Vénétie aurait été envahie par terre. Ces invasions seraient antérieures à l'arrivée des Ombro-Latins [1]. Les Illyriens n'apparaissent dans l'histoire grecque qu'au temps de la guerre du Péloponnèse, où ils figurent comme mercenaires dans l'armée de Perdiccas, et où ils attaquent Épidamne [2]. Puis, comme nous l'avons vu, on les trouve au temps de Philippe de Macédoine, qui repousse leurs incursions et conquiert une partie de leur territoire [3].

LES THRACES [4]

Les Thraces sont, nous dit Hérodote, après les Indiens, la plus grande de toutes les nations du monde, et, s'ils avaient eu un seul chef, ou s'ils avaient su s'entendre entre eux, ils auraient été invincibles [5]. A la fin du IVe siècle, la Thrace s'étendait du Strymon au Danube [6]; elle était limitée par le Danube, la mer Noire (dont les Thraces évitaient les rivages, de crainte d'incursions maritimes [7]), les monts de Macédoine; les Thraces étaient voisins des Illyriens, avec lesquels les Anciens les confondent souvent. En 429, ils avaient envahi la Macédoine et la Chalcidique sous la conduite de Sitalcès, roi des Odryses [8]. De là, ils avaient pénétré en Phocide, et, de la ville d'Aba, ils étaient

1. Pauli, *Altitalische Forschungen*, III.
2. Thucydide, IV, 124; I, 26.
3. Ci-dessus, p. 152.
4. H. d'Arbois de Jubainville, *Les premiers habitants de l'Europe*, I, p. 265-299. Kretschmer, *Einleitung*, p. 171-243. W. Tomaschek, *Die alten Thraker* (*Sitzungsberichte der Akademie der Wissenschaften zu Wien*, CXXVIII, CXXX, CXXXI). Sur l'archéologie thrace, voir Seure, *Revue archéologique*, XVIII-XXIV (1911-1914), et *Bulletin de correspondance hellénique*, XXV (1901), p. 156-220.
5. Hérodote, V, 3, 1.
6. Pseudo-Scylax, 67 (*G. G. M.*, I, p. 54).
7. Appien, *Guerres civiles*, IV, 102.
8. Thucydide, II, 96; 99; 100.

passés en Eubée [1]. Les Gètes, peuple thrace, qui, au Ve siècle, habitaient entre l'Hémus et le Danube [2], s'établirent, au commencement du IIIe siècle, au nord du Danube, avec les Daces qui parlaient la même langue qu'eux; ils en furent souvent chassés, soit par les Scythes, les Bastarnes et les Sauromates, soit par les Illyriens; mais, en 335, ils occupaient encore la rive septentrionale du fleuve [3]. Les Triballes, autre peuple thrace, habitaient la plaine de la Morava [4]; Alexandre les vainquit et reçut la soumission du roi Syrmos [5]. Les Sinties, autre peuple thrace, avaient été les premiers à fabriquer des armes de guerre; les glaives thraces étaient renommés au temps de l'*Iliade* [6]; les Sinties avaient colonisé Lemnos [7].

Les Thraces avaient été un peuple maritime et colonisateur. Ils étaient les ancêtres de plusieurs peuples d'Asie Mineure [8]. Ils figurent dans l'*Iliade* parmi les auxiliaires des Troyens [9]. Ils avaient dominé sur la mer, à partir de 1015, pendant une période de soixante-dix-neuf ans [10]. Ils avaient occupé Naxos pendant deux cents ans et en furent chassés par une sécheresse [11]. Aux temps légendaires, ils avaient été maîtres de Thasos, où ils furent vaincus par l'Héraclès

---

1. Aristote, fr. 105 (*F. H. G.*, II, p. 141).
2. Hérodote, IV, 93. Thucydide, II, 96, 1.
3. Strabon, VII, 3, 13. Sur les Gètes et les Daces, voir K. Müllenhoff, *Deutsche Altertumskunde*, III, p. 125-163. Pauly-Wissowa, *Real-Encyklopädie*, VIII, c. 1948-1956. Les Anciens regardaient ces deux peuples comme identiques. Pline, IV, 80; Pausanias, V, 12, 6; Dion Cassius, LI, 22; Appien, *Préface*, 4; Justin, XXXII, 3, 16.
4. Hérodote, IV, 49, 2. Strabon, VII, 5, 12.
5. Arrien, *Anabase*, I, 3, 5-6; 4, 1-5.
6. Hellanique, fr. 112, 113 (*F. H. G.*, I, p. 60). *Iliade*, XIII, 577; XXIII, 808.
7. Strabon, VII, fr. 45. Cf. *Iliade*, I, 592-594.
8. Strabon, XII, 4, 4.
9. *Iliade*, II, 844.
10. *Ctesiae et chronographorum fragmenta*, éd. C. Müller, p. 180.
11. Diodore, V, 50, 1; 51, 3.

phénicien [1] ; la Piérie et l'Olympe leur avaient appartenu [2] ; unis aux Pélasges, ils avaient chassé de Thèbes les descendants de Cadmos, mais ils avaient été expulsés à leur tour par les Béotiens et les Orchoméniens [3] ; le roi thrace Eumolpe s'était établi à Éleusis et emparé d'Athènes au temps du roi Érechtheus ; avait été vaincu par Ion, fils de Xuthos [4]. Térèus, mari de Procné, fille de Pandion, roi d'Athènes, habitait à Daulis en Phocide dans un pays occupé alors par les Thraces [5].

Les coutumes des Thraces, nous dit Hérodote, bien qu'ils soient divisés en peuplades qui portent chacune un nom différent, sont à peu près les mêmes partout, sauf chez les Gètes, les Trauses et ceux qui habitent au-dessus de Crestone en Macédoine.

Les Gètes sont parmi les plus braves et les plus justes d'entre les Thraces. Ils se croient immortels et pensent que celui qui meurt va trouver leur dieu Zamolxis. Tous les cinq ans, ils tirent au sort pour savoir lequel d'entre eux ira lui porter leurs demandes. Celui qui est désigné est lancé en l'air de façon à tomber sur des pointes de lances. S'il meurt de ses blessures, c'est que le dieu leur est favorable. Quand il tonne et qu'il fait des éclairs, les Gètes tirent des flèches contre le ciel. Les Grecs disaient que Zamolxis avait été esclave de Pythagore à Samos. Revenu dans son pays, il avait enseigné l'immortalité de l'homme. Pour la démontrer, il s'était fait faire un logement souterrain où il disparut un jour et où il demeura pendant trois ans. On le pleura comme mort. La quatrième année il reparut [6]. Zamolxis savait aussi tirer des prédictions des

1. Apollodore, II, 5, 9, 13.
2. Strabon, X, 3, 17 ; cf. VII, fr. 11.
3. Éphore, fr. 30 (*F. H. G.*, I, p. 241). Strabon, IX, 2, 3 ; 4.
4. Acestodore (*F. H. G.*, II, p. 464, col. 1). Strabon, VII, 7, 1. Apollodore, III, 15, 4, 4.
5. Thucydide, II, 29, 3.
6. Hérodote, IV, 93-96.

phénomènes célestes. Les Gètes qui, au ve siècle, étaient limitrophes des Scythes, avaient les mêmes armes que ceux-ci et étaient tous archers à cheval [1].

Chez les Trauses, lorsqu'il naît un enfant, ses parents, assis autour de lui, énumèrent tous les maux auxquels est sujette l'humanité et gémissent sur le malheureux sort qu'il doit nécessairement éprouver pendant sa vie. Lorsque quelqu'un meurt, ils se réjouissent [2] du bonheur qu'il a d'être délivré d'une infinité de maux et d'être enfin parfaitement heureux.

Les Thraces qui demeurent au-dessus de Crestone sont polygames [3]. Lorsqu'un mari meurt, ses femmes discutent pour savoir celle qu'il aimait le mieux. Une fois cette femme désignée, son plus proche parent l'immole sur le tombeau de son mari, et on l'enterre avec celui-ci. Les autres femmes sont très affligées de cette préférence; c'est pour elles un très grand affront. Chez tous les peuples thraces, à côté des polygames, il y avait des hommes appelés Ctistes, que leur célibat revêtait d'un caractère sacré [4].

Parmi les coutumes communes à tous les Thraces, Hérodote signale qu'ils ont l'habitude de vendre leurs enfants, à condition qu'on les emmène hors du pays. Ils gardent étroitement leurs femmes et ne surveillent pas leurs filles. Ils estiment beaucoup l'oisiveté, ainsi que la guerre et le pillage; ils méprisent le travail de la terre. Ils portent comme signe de noblesse des tatouages sur le corps [5]. Lorsque les gens riches meurent, on expose leur corps pendant trois jours; on immole des animaux de toute

---

1. Thucydide, II, 96.
2. Valère Maxime, II, 6, 12.
3. Cf. Ménandre, chez Strabon, VII, 3, 4. Xénophon, *Anabase*, VII, 2, 38. Méla, II, 2, 19.
4. Poseidônios, chez Strabon, VII, 3, 3. Cf. Jordanès, *Histoire des Goths*, 10.
5. Strabon, VII, 5, 4.

sorte; on fait un grand festin. Le corps est inhumé après incinération ou non. On élève un tertre sur la fosse et l'on y célèbre toute sorte de jeux [1]. A la mort d'un Thrace, raconte Pline, on faisait le compte de ses jours heureux et de ses jours malheureux au moyen des cailloux blancs ou noirs qu'il avait déposés dans un vase, chaque jour de sa vie [2].

Chez les Thraces, outre les tributs, les peuples sujets devaient offrir des présents en or et en argent, des étoffes brodées ou lisses, non seulement au roi, mais encore aux grands et aux nobles du pays. Les Thraces fabriquaient des vêtements de chanvre, que l'on avait peine à distinguer des étoffes de lin [3]. Pour la force militaire, les Odryses le cédaient beaucoup aux Scythes [4]. Les Thraces étaient très sanguinaires, tant qu'ils étaient dans l'ivresse du combat [5]. Ils étaient particulièrement habiles pour protéger leur retraite [6]. Après la victoire, ils revenaient au camp en chantant et portant à la pointe de leurs lances les têtes de leurs ennemis [7].

Les Grecs regardaient la Thrace comme la source de la musique, de la poésie et des mystères. La consécration de l'Hélicon aux Muses était due aux Thraces de Béotie [8]. Linos, l'inventeur des chants funèbres, était fils d'une Thrace d'Eubée [9]. Orphée, qui est à la fois un musicien, un myste et un civilisateur, était originaire de Thrace, de

1. Hérodote, V, 8. Cf. Xénophon, *Helléniques*, III, 2, 5.
2. Pline, VII, 131. Zénobios (VI, 13) attribue, d'après Phylarque, cette même coutume aux Scythes.
3. Hérodote, IV, 74.
4. Thucydide, II, 97. Cf. Tite Live, XLII, 19; XLV, 42. Tacite, *Annales*, IV, 46.
5. Thucydide, VII, 29.
6. Thucydide, VII, 30.
7. Tite Live, XLII, 60. Cf. la même coutume chez les Celtes (X, 26).
8. Strabon, X, 3, 17.
9. Charax, fr. 20 (*F. H. G.*, III, p. 641).

même que le musicien Musée [1]. Thamyris, le rival d'Orphée, qui osa rivaliser avec les Muses et fut puni de son audace par la perte de la vue et de la voix, était roi de la presqu'île de l'Athos [2]. Philammon, qui institua les chœurs de jeunes filles en l'honneur de Latone, avait quitté la Thrace pour se joindre aux Argonautes [3]. Eumolpe, réformateur des mystères d'Éleusis et père ou fils de Musée, était de Thrace [4]. Les danses guerrières des Thraces ont été souvent mentionnées [5]. Leurs principaux instruments de musique étaient la lyre, le tambour, la flûte et la trompette [6].

Les mystères de Samothrace étaient, d'après Hérodote [7], d'origine pélasgique. Toutefois, le culte des Cabires avait été apporté de Phrygie en Troade et dans les îles de Thrace [8]. Les rites thraces s'étaient introduits en Phrygie et jusqu'en Attique [9]. D'après Artémidore, dans une des îles situées sur les côtes de la Grande-Bretagne, il y avait des cérémonies religieuses qui rappelaient tout à fait les rites du culte de Dêmêter et de Perséphone en Samothrace.

Les principaux dieux des Thraces avaient été identifiés par les Grecs à Arès, Dionysos [10] et Artémis. Les rois honoraient surtout Hermès, dont ils se croyaient descendus et ils ne juraient que par lui [11]. Les Anciens avaient remarqué que les Thraces étaient plus industrieux et moins

---

1. Strabon, X, 3, 17. Diodore, III, 65, 6. Apollodore, I, 3, 2.
2. *Iliade*, II, 594-600. Strabon, VII, fr. 35.
3. Scholiaste de l'*Odyssée*, XIX, 432. Apollodore, I, 3, 3.
4. H. d'Arbois de Jubainville, *Les premiers habitants de l'Europe*, p. 286-287.
5. Xénophon, *Anabase*, VI, 1, 5; VII, 3, 32. Tacite, *Annales*, IV, 47.
6. Xénophon, *Anabase*, VII, 3, 32. Strabon, X, 3, 16-17.
7. Hérodote, II, 51.
8. Scholiaste d'Apollonios de Rhodes, I, 917. Strabon, X, 3, 21.
9. Strabon, X, 3, 16; 18.
10. D'après un scholiaste d'Aristophane (*Guêpes*, 9), son nom était, chez les Thraces comme chez les Phrygiens, Sabazios.
11. Hérodote, V, 3-8.

insouciants des choses divines que les Macédoniens [1]. Parmi les divinités dont nous avons conservé le nom thrace, il faut citer Bendis [2], en qui était personnifiée la lune, et que les Grecs assimilaient à Perséphone ou à Artémis ; et la déesse Cotyttô dont le culte ressemblait à celui de Dionysos [3].

Dionysos semble avoir été particulièrement honoré par les Thraces, tant d'Europe que d'Asie. Dans la légende rapportée par Apollodore [4], c'est de Thrace que part Dionysos ; il séjourne à Thèbes, puis à Argos ; de l'Attique il mettait à la voile pour l'île thrace de Naxos, lorsque les pirates tyrrhéniens, auxquels il avait payé son passage, tentèrent d'aller le vendre comme esclave en Asie. Les Besses, peuple thrace, possédaient, sur de très hautes montagnes, un oracle de Dionysos [5]. Un autre oracle de Dionysos se trouvait chez les Ligyrées, peuple thrace ; les interprètes du dieu, avant de prophétiser, buvaient beaucoup de vin [6]. La légende de Dionysos, persécuté et mis en fuite par le roi thrace Lycurgue, prouve au moins l'existence très ancienne en Thrace d'un culte de Dionysos [7]. C'est en Thrace que les Grecs de l'*Iliade* allaient chercher leur vin, chaque jour [8] ; et Ulysse vante au cyclope le vin d'Ismaros, ville des Cicones [9]. L'ivrognerie des Thraces était d'ailleurs célèbre et on prétendait qu'ils s'enivraient pour marcher au combat [10]. La date de la naissance de Dionysos,

---

1. Pausanias, IX, 29, 3.
2. Hésychios, δίλογχος.
3. Strabon, X, 3, 16. Hésychios, Κότυς.
4. Apollodore, III, 5, 2. Cf. *Hymne homérique à Dionysos*, 8.
5. Hérodote, VII, 111. Strabon, VII, fr. 47.
6. Aristote, fr. 284 (*F. H. G.*, II, p. 190).
7. *Iliade*, VI, 130-140. F. Lenormant, chez Saglio, *Dictionnaire des antiquités grecques et romaines*, II, p. 592.
8. *Iliade*, IX, 71-72.
9. *Odyssée*, IX, 196-211. Archiloque, chez Athénée, I, p. 30 F.
10. Pausanias, IX, 30, 5. Cf. Xénophon, *Anabase*, VII, 3, 26. Théopompe, fr. 149 (*F. H. G.*, I, p. 304).

fixée par Hérodote à seize cents ans avant lui, c'est-à-dire à environ 2000, peut-elle servir à dater l'introduction de la vigne en Grèce par les Thraces?

Quant à la légende de Dêmêter qui, venant de Crète, s'arrête à Éleusis [1] et donne au Thrace Eumolpe la garde et l'administration des mystères, il est peu probable qu'elle doive s'expliquer par l'introduction en Grèce de la culture du blé par l'intermédiaire des Thraces, le culte de Dêmêter étant, à l'époque la plus ancienne, concentré en Crète et en Thessalie [2]. En tout cas, les archéologues pensent que les faucilles de bronze qu'on ne trouve jusqu'ici en grand nombre que chez les Ligures, les Illyriens et les peuples de l'Europe centrale, auraient été inventées par les Thraces, mais fabriquées et répandues par les Ligures [3].

Quelques historiens modernes ont mis en doute que les Thraces légendaires, contemporains d'Eumolpe et d'Orphée, peuple civilisateur, appartinssent à la même race que les Thraces historiques, peuple barbare [4]. Si ce problème doit être posé, il est, en tout cas, insoluble.

Les noms thraces, comme les noms phrygiens, ont la forme, bien connue dans les langues indo-européennes, de composés à deux termes. Les noms de personnes offrent, à côté de la forme complète, une forme hypocoristique abrégée : Διví-κενθος, *Bithi-centhus*; *Bithus*, Κένθος; — *Muca-senus*; Μόκας; — Μοκα-πορις; Πόρις. Les noms de lieux se terminent : en -βρια (qui d'après Strabon signifie « ville ») Μεσαμ-βρία, Σαλυμ-βρία ; en -παρα : Μουτζι-πάρα, *Bessa-para* ; en *-dizos*: *Ostu-dizos*, *Bartu-dizos* ; en *-deva*: *Pulpu-deva*, Μουρι-δέβα [5].

---

1. *Hymne homérique à Démêter*, 123-124.
2. Maury, *Histoire des religions de la Grèce*, I, 1857, p. 278.
3. Déchelette, *Manuel d'archéologie*, II, p. 17-18.
4. Par exemple, O. Müller, *Histoire de la littérature grecque*, trad. Hillebrand, 1865, I, p. 52. Thirlwall, *A history of Greece*, I, p. 45.
5. Kretschmer, *Einleitung in die Geschichte der griechischen*

En dehors des noms propres, nous avons conservé quelques gloses tirées de divers auteurs, par exemple *argilos*, « rat », chez Héraclide de Pont. Dioscoride nous a transmis un certain nombre de noms de plantes en dace [1].

Le thrace est, sans doute, une langue indo-européenne; il appartient au groupe *satem* comme l'iranien; mais ne lui est pas spécialement apparenté, puisqu'il connaît les voyelles *e*, *o*, que l'iranien a changées en *a*. Hirt le rapproche de l'albanais [2].

LES PHRYGIENS [3]

Les Phrygiens, qui occupaient en Asie Mineure, au temps de l'arrivée des Grecs, la côte de la Propontide et le plateau à l'ouest du Halys et du désert central, étaient une colonie des Briges, peuple thrace de Macédoine [4]. On montrait au pied du mont Bermion, en Thrace, les jardins de Midas, roi de Phrygie [5]. L'émigration des Briges eut lieu antérieurement à la guerre de Troie, si l'on tient compte de ce que des Phrygiens figurent parmi les troupes troyennes [6]. Plus tard, sans doute, d'autres Briges passèrent encore d'Europe en Asie [7].

Les noms propres phrygiens sont des composés à deux termes et des hypocoristiques identiques aux noms thraces.

Les inscriptions phrygiennes [8] datent, les unes du vi[e] siècle

---

Sprache, p. 217-240. Dumont, *Mélanges d'archéologie et d'épigraphie*, 1892 (1868), p. 539-560. G. Meyer, *Beiträge zur Kunde der indogermanischen Sprachen*, XX (1894), p. 116-124.

1. Hirt, *Die Indogermanen*, p. 592-593.
2. *Die Indogermanen*, p. 141, 601.
3. Maspero, *Histoire ancienne*, III, p. 330. Perrot, *Histoire de l'art*, V, p. 1-38.
4. Strabon, VII, fr. 25 ; X, 3, 16. Hérodote, VII, 73. Pline, V, 145.
5. Hérodote, VIII, 138. Strabon, XIV, 5, 28.
6. *Iliade*, II, 862. Strabon, XII, 8, 4.
7. Xanthos, fr. 5 (*F. H. G.*, I, p. 37). Strabon, XIV, 5, 29.
8. J. Fraser, *Transactions of the Cambridge philological Society*, VI, 2 (1913). Ramsay, *Journal of the Royal Asiatic Society*, 1883,

avant notre ère, les autres de l'époque romaine. Quelques-unes sont bilingues.[1] Elles sont écrites dans un alphabet dérivé du grec. La langue se rattache au groupe européen, car elle connaît la voyelle *e*; mais elle traite les gutturales comme le sanskrit, l'iranien et le slave (groupe *satem*). D'autre part, Platon[2] semble dire que le nom du chien, en phrygien, commençait par *k*, ce qui amènerait à croire que le phrygien traitait les gutturales comme le grec, le latin et le celtique (groupe *centum*). Le mélange des peuples et des langues en Asie Mineure peut expliquer cette contradiction. Les gloses phrygiennes[3] sont peu nombreuses.

Les Phrygiens ayant envoyé des colonies en Arménie[4], on peut être tenté de rapprocher le phrygien de l'arménien ancien. Mais ce dernier ne nous est connu que depuis le V° siècle après notre ère[5] sous une forme très différente de celle qu'offrent les restes du phrygien, et, d'ailleurs, il semble que, du point de vue phonétique, le phrygien se sépare nettement de l'arménien[6]. On a cependant remarqué des rapports de vocabulaire entre l'albanais et l'arménien, qui pourraient fortifier l'hypothèse d'après laquelle l'albanais serait l'ancien thrace, et l'arménien le phrygien.

Dionysos (ou un dieu analogue) était adoré par les Phry-

---

p. 138; *Zeitschrift für vergleichende Sprachforschung*, XXVIII, (1887), p. 384-400. Hirt, *Die Indogermanen*, p. 595-598.
1. A. Torp, *Beiträge zur Kunde der indogermanischen Sprachen*, XXVII (1912), p. 280-290.
2. *Cratyle*, p. 410 a.
3. O. Hoffmann, *Beiträge zur Kunde der indogermanischen Sprachen*, XXV (1899), p. 480. A. Fick, *Beiträge zur vergleichenden Sprachforschung*, VII (1873), p. 358-384. De Lagarde, *Gesammelte Abhandlungen*, p. 283. Hirt, *Die Indogermanen*, p. 598.
4. Hérodote, VII, 73. Eudoxe, chez Étienne de Byzance, Ἀρμενία. Eustathe, *Commentaire de Denys le Périégète*, 694. Cramer, *Anecdota Graeca Oxoniensia*, IV, p. 257.
5. Meillet, *Esquisse d'une grammaire comparée de l'arménien classique*, Vienne, 1903, p. xiii.
6. Cuny, *Revue des études anciennes*, XVII (1915), p. 98-100.

giens comme par les Thraces¹. En Phrygie, il s'appelait Sabazios ² ou Sabadios. D'autres légendes identifient Dionysos-Sabazios avec le Soleil ³. La naissance de Dionysos a été localisée sur les bords du Sangarios en Phrygie ⁴. La religion et les rites phrygiens étaient conformes à ceux des Thraces ⁵.

D'après l'auteur de la *Phorônide*, poème grec antérieur au vᵉ siècle, ce sont des Phrygiens montagnards et magiciens qui découvrirent dans leurs montagnes le fer, le portèrent au feu et firent un travail très remarquable ⁶. Certains auteurs ont identifié ces Phrygiens aux Dactyles de l'Ida ⁷.

On a tenté de déterminer par l'archéologie la date du passage des Briges en Asie. Ce serait vers le troisième millénaire avant notre ère qu'aurait commencé cette émigration, qui se fit sans doute à plusieurs reprises. Si les habitants de la Macédoine et de la Thrace se sont dirigés vers l'Asie au lieu de descendre vers les riches plaines de la Thessalie, c'est que, sans doute, la Thessalie était déjà occupée par les Hellènes ⁸. L'histoire ne fournit point de faits à l'appui de cette hypothèse. Les Phrygiens semblent venus en Asie Mineure après les Hétéens et ils ne figurent pas parmi les dominateurs de la mer avant 916 ⁹; leur domination dura 23 ans. On a supposé qu'ils ont été les premiers à impor-

---

1. Pedersen, *Zeitschrift für vergleichende Sprachforschung*, XXXVI (1900), p. 341.
2. Nymphis, fr. 11 (*F. H. G.*, III, p. 14).
3. Alexandre Polyhistor, fr. 151 (*F. H. G.*, III, p. 244).
4. Arrien, fr. 31 (*F. H. G.*, III, p. 592).
5. Strabon, X, 3, 16.
6. Scholiaste d'Apollonios de Rhodes, I, 1129.
7. Rossignol, *Les métaux dans l'Antiquité*, p. 16-19.
8. Körte, chez Kretschmer, *Einleitung in die Geschichte der griechischen Sprache*, p. 175, 180-181.
9. Perrot, *Histoire de l'art dans l'Antiquité*, V, p. 19. Voir ci-après ch. iv. Ramsay, *Journal of Hellenic studies*, IX (1888), p. 365, fixe au xᵉ siècle l'invasion des Briges en Phrygie.

ter dans la Méditerranée l'étain des Iles Britanniques [1].

D'après la légende grecque, les Phrygiens d'Asie avaient envoyé une colonie dans le Péloponnèse. Le père de Pélops, qui donna son nom à la presqu'île, était Tantale, dont la richesse provenait des mines de Phrygie et du mont Sipyle [2]. La Paphlagonie lui fut enlevée par le Troyen Ilos [3]. Ce fut aussi la victoire d'Ilos qui força Pélops à s'enfuir d'Asie [4]. Pélops est qualifié tantôt de Phrygien, tantôt de Lydien, selon qu'on désigne sa race ou son pays [5]. Il amena avec lui, en même temps que des Asiatiques, des Achéens de Phthiotide et c'est d'eux qu'Argos fut surnommé achaïque [6]. Il fut, après Oïnomaos, en Élide, roi de la Pisatide qui exerçait une sorte d'hégémonie sur le Péloponnèse [7]. Il aurait fondé Leuctres, Charadre et Thalames, à l'occasion du mariage de sa sœur Niobé avec Amphion et au moyen de colons amenés de Béotie [8]. Thucydide attribue son influence aux richesses qu'il avait apportées d'Asie et qui lui permirent, à lui et à ses descendants, de soumettre tous les peuples qu'Eurysthée avait eus jusque-là comme sujets [9]. A cause de la confusion des peuples et des races en Asie Mineure, il est difficile de distinguer quelle invasion retrace la légende d'après laquelle les Pélopides se seraient ainsi substitués, dans le Péloponnèse, aux Perséides.

1. S. Reinach, *L'Anthropologie* (1899), p. 397-409.
2. Strabon, XIV, 5, 28. Cf. XII, 8, 2.
3. Diodore, IV, 74, 4.
4. Pausanias, II, 22, 3. Ilos, petit-fils de Dardanos, semble identique à Ilou, dieu des Assyriens.
5. Lydien chez Pausanias (V, 1, 6); Pindare (*Olympiques*, I, 24; IX, 9). Phrygien chez Hérodote (VII, 8, 7; 11).
6. Strabon, VIII, 5, 5. Cf. VII, 7, 1.
7. Strabon, VIII, 3, 31.
8. Strabon, VIII, 4, 4.
9. Thucydide, 1, 9.

LES MYSIENS [1]

Les Mysiens, que Xanthos de Lydie et Ménécrate d'Élée donnaient comme originaires de Lydie [2], sont, d'après les Grecs, d'origine thrace. Ils habitaient jadis avec les Gètes et les Triballes, sur les deux rives de l'Istros, en Mésie, à la suite de la peuplade celtique des Scordisques [3]. Quelques-uns étaient voisins des Macédoniens [4].

Au contraire de Strabon, Hérodote regardait les Mysiens d'Europe comme originaires d'Asie. Avec les Teucres, ils auraient passé le Bosphore, soumis les Thraces, et descendu vers la mer Ionienne jusqu'au fleuve Pénée [5].

Il est plus probable que les Mysiens d'Asie Mineure, établis entre la Lydie, la Phrygie et la Troade, étaient issus des Mysiens ou Mésiens de Thrace. Lorsque Zeus, dans l'*Iliade*, détourne ses yeux de Troie pour regarder, à l'opposite, « la terre qui nourrit les Thraces dompteurs de chevaux, les Mysiens qui combattent de près et les illustres Ἱππημολγοί qui se nourrissent de lait, pauvres, mais les plus justes des hommes [6] », c'est évidemment de la Thrace et de la Scythie d'Europe qu'il s'agit.

Poseidônios représentait les Mysiens d'Europe comme un peuple tranquille et pieux, qui, par dévotion, ne mangeait d'aucun être vivant, et ne se nourrissait que de miel, de lait et de fromage [7].

Les Mysiens semblent identiques aux *Masa* qui furent,

---

1. Kretschmer, *Einleitung in die Geschichte der griechischen Sprache*, p. 390.
2. Strabon (XII, 8, 3) rapporte l'étymologie d'après laquelle le nom des Mysiens (Μυσοί) viendrait du mot lydien μύσος « hêtre ».
3. Strabon, VII, 3, 2; 5, 12.
4. Hellanique, fr. 46 (*F. H. G.*, I, p. 54).
5. Hérodote, VII, 20.
6. *Iliade*, XIII, 3-6.
7. Strabon, VII, 3, 3.

avec les *Dardanoui*, alliés des Khêtas contre Ramsès II, roi d'Égypte, vers le xiiie siècle [1].

Le mysien d'Asie Mineure, que nous ne connaissons que par trois gloses, était, d'après les Anciens, mélangé de lydien et de phrygien [2].

LES CIMMÉRIENS

Les Cimmériens (Κιμμέριοι) sont connus surtout par la description fameuse de leur pays qui commence le chant XI de l'*Odyssée* : « Là sont le peuple et la ville des Cimmériens cachés dans le brouillard et la nuée ; jamais le brillant soleil ne laisse tomber sur eux ses rayons, ni quand il va vers le ciel étoilé, ni quand il retourne du ciel vers la terre ; mais une nuit affreuse s'étend sur les malheureux mortels [3]. »

Nous savons qu'ils furent chassés d'Europe par les Scythes, un peu avant le temps d'Homère [4]. Lors de l'invasion de ceux-ci, les Cimmériens délibérèrent pour décider s'ils se retireraient sans combattre devant la multitude des ennemis, ou s'ils essaieraient de résister. Le parti populaire était du premier avis ; le parti des rois, du second. Comme ils ne purent s'accorder, ils en vinrent aux mains. La bataille finie, après avoir enterré les morts près du fleuve Tyras (Dniester), les survivants quittèrent le pays et se retirèrent, en suivant la mer, dans la presqu'île de Sinope. Au temps d'Hérodote, on trouvait encore en Scythie des villes qui portaient le nom des Cimmériens, et le détroit qui sépare le lac Méotide du Pont Euxin avait pris d'eux le

---

1. De Rougé, *Revue archéologique*, XVI (1867), p. 96. Maspero, *Histoire ancienne*, II, p. 389.
2. Xanthos, fr. 8 (*F. H. G.*, I, p. 37). Strabon, XII, 8, 3. Hirt, *Die Indogermanen*, p. 576.
3. *Odyssée*, XI, 14-19.
4. Strabon, I, 2, 9. Maspero, *Histoire ancienne*, III, p. 344.

nom de Bosphore Cimmérien [1]. Leurs incursions en Asie Mineure, qui s'étaient étendues de la Troade à la Bithynie, à la Paphlagonie, à la Lydie (663) et jusqu'à la Cilicie [2], furent successivement arrêtées par Madyès, roi des Scythes, et Alyatte, roi de Lydie, vers l'an 600 [3]. A partir de cette date, on n'entend plus parler des Cimmériens, qui étaient restés un siècle en Asie.

Au v° siècle avant notre ère, un peuple cimmérien, les Trères, qui avait vécu longtemps mélangé aux Thraces, était établi dans le bassin du bas Danube [4], où des fortifications cimmériennes existaient encore; leur ville était située sur l'isthme qui relie la Crimée au continent [5]. Ces Trères avaient occupé une partie de la Troade ainsi que Magnésie [6].

En Italie, une tradition locale plaçait des Cimmériens auprès de l'Averne. Ils y vivaient de l'extraction des métaux et du produit de l'oracle. Ils auraient été exterminés par un roi du pays, furieux d'avoir été trompé par l'oracle [7].

D'après Strabon, les Trères et les Cimmériens étaient d'origine thrace [8]. Il est permis de ne pas attacher trop d'importance aux renseignements donnés par Éphore sur la vie des Cimmériens de l'Averne, lorsqu'il raconte qu'ils habitaient sous terre [9], et par Plutarque, qui dit qu'ils ne

---

1. Hérodote, IV, 11-12. Cf. I, 103. Strabon, VII, 4, 3; XI, 2, 5.
2. Aristote, fr. 190 (*F. H. G.*, II, p. 162). Arrien, fr. 47 (*F. H. G.*, III, p. 595). Hérodote, IV, 12; I, 15.
3. H. d'Arbois de Jubainville, *Les premiers habitants de l'Europe*, I, p. 253-255. Strabon, I, 3, 21.
4. Thucydide, II, 96, 4. Cf. Strabon, I, 3, 18; 21; XIV, 1, 40.
5. Hérodote, IV, 12. Strabon, XI, 2, 5.
6. Strabon, XIII, 1, 8. Cf. I, 3, 18; XIV, 1, 40. *F. H. G.*, III, p. 396, n. 7.
7. Éphore, chez Strabon, V, 4, 5.
8. Strabon, I, 3, 21; XIV, 1, 40; XIII, 1, 8.
9. Éphore, fr. 45 (*F. H. G.*, I, p. 245).

croyaient pas à l'existence du soleil [1]; il est possible que ces deux textes soient une explication et un commentaire de la description de la Cimmérie légendaire de l'*Odyssée*.

Poseidônios d'Apamée fut le premier à rapprocher le nom des Cimmériens de celui des Cimbres [2]. Mais les Cimbres sont des Germains [3]. Les Modernes ne se sont pas contentés d'identifier les Cimmériens et les Cimbres, ce qui ne présente guère que des difficultés ethnographiques. Ils ont prétendu retrouver le nom des Cimbres dans celui des *Kymry* ou Gallois, ce qui est impossible du point de vue linguistique; car, au temps des Cimbres, la forme du mot gallois *Kymry* eût été *Combroges* [4].

Les Cimmériens sont plus probablement les *Gimirrai* des inscriptions cunéiformes, qui furent battus vers 680 par Assarhaddon, roi d'Assyrie [5], et en 665 par Gygès, roi de Lydie [6]. En 663, ils s'allient au roi d'Assyrie pour prendre Sardes [7]. Il est possible aussi qu'ils aient quelque rapport avec le Gomer de la Bible [8].

Outre les Cimmériens, d'autres peuples d'Asie Mineure sont encore donnés par les Anciens comme d'origine thrace [9]:

1° Les Bithyniens, qui, lorsqu'ils habitaient la Thrace,

---

1. Plutarque, *De la Superstition*, 10; *Marius*, 11, 8.
2. Poseidônios, fr. 75 (*F. H. G.*, III, p. 285). Diodore, V, 32, 4. Plutarque, *Marius*, 11, 9. Josèphe, *Antiquités judaïques*, I, 6, 1.
3. H. d'Arbois de Jubainville, *Les premiers habitants de l'Europe*, I, p. 256.
4. H. d'Arbois de Jubainville, *ibid.*, p. 257.
5. Maspero, *Histoire ancienne*, III, p. 350. Bury, *History of Greece*, Londres, 1902, II, p. 465.
6. Maspero, *Histoire ancienne*, III, p. 392.
7. Maspero, *Histoire ancienne*, III, p. 428.
8. Ézéchiel, XXXVIII, 6. Genèse, X, 2-3. On a rapproché le nom de Riphath, fils de Gomer, du nom des mots Rhipées. Lenormant, *Les origines de l'Histoire*, II, 1882, p. 395-399. Vigouroux, *Dictionnaire de la Bible*, 1903, III, c. 270-271; 1912, V, c. 1100.
9. Kretschmer, *Einleitung in die Geschichte der griechischen Sprache*, p. 211.

s'appelaient Strymoniens; ils en avaient été chassés par
les Teucres et les Mysiens [1].

2° Les Thyniens, les Mygdoniens, les Maidobithyniens,
qui avaient abandonné l'Europe pour l'Asie [2].

3° Les Bébryces, qui précédèrent les Bithyniens et les
Thyniens en Mysie, et les Phrygiens dans le territoire de
Cyzique [3]. Un peuple du même nom habitait les deux ver-
sants des Pyrénées [4].

4° Peut-être les Mariandynes, dont on ignorait l'origine,
mais qui ressemblaient, de tout point, aux Bithyniens; ils
furent réduits en esclavage par les Mégariens après la fondation d'Héraclée [5].

LES SCYTHES [6]

Tandis que, chez les autres peuples, les Scythes passaient
pour une nation très ancienne qui prétendait l'emporter en
antiquité même sur les Égyptiens [7], les Scythes eux-mêmes
disaient que, de toutes les nations du monde, la leur était
la plus moderne. Le premier homme qui naquit dans la
Scythie, jusqu'alors déserte, s'appelait Targitaos et passait
pour être fils de Zeus et d'une fille du fleuve Borysthène.

---

1. Hérodote, VII, 75. Thucydide, IV, 75. Xénophon, *Anabase*, VI, 4.

2. Hérodote, I, 28. Strabon, VII, 3, 2.

3. Strabon, VII, 3, 2; XII, 3, 3; XIII, 1, 8. Apollodore, I, 9, 20. Denys le Périégète, 805. Eratosthène, chez Pline, V, 127.

4. Βέβρυκες (Pseudo-Scymnos, 201); *Berybraces* (Aviénus, *Ora maritima*, 485). La leçon du Pseudo-Scymnos est confirmée par Silius Italicus (*Puniques*, III, 417-423) et Dion Cassius (fr. 56, 2).

5. Strabon, VII, 3, 2; XII, 3, 4. Apollodore, I, 9, 23. La correction Μεγαρέων au lieu de Μιλησίων que porte le texte de Strabon est confirmée par Pausanias (V, 26, 7). Justin (XVI, 3) attribue la fondation d'Héraclée à une colonie de Béotiens.

6. H. d'Arbois de Jubainville, *Les premiers habitants de l'Europe*, I, p. 223-264. K. Müllenhoff, *Deutsche Altertumskunde*, III, p. 1-124. E.-H. Minns, *Scythians und Greeks*, Cambridge, 1913.

7. Justin, II, 1.

Du temps de Targitaos à l'invasion de Darius en Scythie, il ne s'était pas écoulé plus de mille ans [1]. Hérodote, après avoir raconté la légende grecque d'après laquelle Agathyrse et Scythès sont fils d'Héraclès, préfère à cette histoire merveilleuse d'autres traditions d'après lesquelles le peuple que les Grecs nommaient Scythes, mais dont le nom national était Scolotes, avait été chassé des bords de l'Araxe, en Asie, par les Massagètes et avait conquis sur les Cimmériens le pays appelé Scythie. Lancés à la poursuite des Cimmériens, ils conquirent, disait-on, l'Asie jusqu'à l'Égypte et en furent chassés par les Mèdes [2] au bout de vingt-huit ans, vers 600 avant J.-C.

Les Massagètes eux-mêmes seraient des Scythes [3]. Les Parthes, dont la langue tenait de celle des Mèdes et de celle des Scythes, passaient pour être des Scythes exilés [4]. Les Sigynnes, établis au delà du Danube et qui avaient pour voisins les Énètes de l'Adriatique, seraient aussi des Scythes [5]. Les Issédons et les Arimaspes, peuples scythes, habitaient sous les monts Rhipées [6]. Au ve siècle, les Scythes occupaient, d'après Éphore, toutes les régions septentrionales comprises entre les Celtes et les Indiens [7]. Hérodote donne avec plus de précision leurs limites; c'était l'Istros, le Pont Euxin, le lac Méotide et le Tanaïs à

1. Hérodote, IV, 5; 7.
2. Hérodote, IV, 6; 11; 1, 103-106. Aristée de Proconnèse, chez Hérodote (IV, 13), racontait que les Arimaspes avaient chassé les Issédons; les Issédons, les Scythes; et les Scythes, les Cimmériens. Voir chez Maspero (*Histoire ancienne*, III, p. 355) ces incursions des Scythes qui ne semblent pas avoir été aussi importantes que le prétend Hérodote.
3. Hérodote, I, 201. Diodore, II, 43, 5.
4. Justin, XLI, 1-2.
5. Scholiaste d'Apollonios de Rhodes, *Argonautiques*, IV, 320. Voir ci-dessus, p. 59, 155.
6. Damaste, fr. 1 (*F. H. G.*, II, p. 65). Cf. Hippocrate, § 19 (éd. Littré, II, p. 70); Hécatée de Milet, fr. 168 (*F. H. G.*, I, p. 11). Diodore, II, 43, 5. Justin, II, 2, 1.
7. Éphore, fr. 38 (*F. H. G.*, I, p. 243). Cf. Diodore, II, 43.

l'ouest, au sud et à l'est. Du côté du nord, les voisins des Scythes étaient les Agathyrses, peuple efféminé, qui portaient des ornements en or et dont les coutumes se rapprochaient beaucoup de celles des Thraces; les Neures, qui passaient pour pouvoir se métamorphoser en loups, mais avaient les mêmes usages que les Scythes; les Mélanchlaines (Manteaux-Noirs), qui suivaient aussi les coutumes scythiques; les Androphages (mangeurs d'hommes), nomades et sans lois, dont les habits ressemblaient à ceux des Scythes, mais qui avaient une langue particulière [1].

La plus ancienne mention des Scythes est dans un fragment d'Hésiode cité, d'après Ératosthène, par Strabon [2], et où les Σκύθαι Ἱππημολγοί sont nommés en même temps que les Éthiopiens et les Ligyes. Il est, d'après cela, vraisemblable que les Ἱππημολγοί de l'*Iliade*, qui se nourrissent de lait et sont les plus justes des hommes [3], sont les Scythes. Hérodote et Hippocrate [4] ont exposé en détail leurs mœurs et leurs coutumes.

Il y avait des Scythes laboureurs établis à l'est du Borysthène, mais ils cultivaient le froment pour le vendre et non pour le manger. La plus grande partie des Scythes étaient pasteurs et nomades. Ils demeuraient dans des chariots à quatre ou à six roues, impénétrables aux intempéries et partagés en chambres comme des maisons; ces chariots étaient traînés par deux ou trois paires de bœufs sans cornes. Les femmes et les enfants restaient dans les chariots, pendant que les hommes les suivaient à cheval, poussant devant eux leurs troupeaux de gros et de petit bétail. Ils séjournaient au même endroit tant que le fourrage y suffisait à la nourriture de leurs bestiaux; quand tout était consommé, ils se transportaient ailleurs.

1. Hérodote, IV, 100; 104-107.
2. Strabon, VII, 3, 7.
3. *Iliade*, XIII, 4-6.
4. Hérodote, IV, 1-12; 59-82. Hippocrate, *Des airs*, 18, éd. Littré, II, p. 68. Cf. Justin, II, 2.

Leur nourriture se composait de la viande fournie par leurs troupeaux et du lait de leurs juments. Ils faisaient aussi du fromage avec ce lait.

Ils ne se baignaient jamais dans l'eau. Ils prenaient des bains de vapeur dans des tentes où ils avaient fait brûler de la graine de chanvre. Les femmes, pour se nettoyer, se mettaient sur le corps et le visage une pâte faite de bois de cyprès, de cèdre et d'arbre à encens.

Le vêtement caractéristique des Scythes était le pantalon. Les Scythes, d'après Hippocrate, ne portaient pas la barbe ; cependant, les Scythes représentés sur les vases grecs sont barbus. La puissance guerrière des Scythes avait vivement frappé Thucydide, qui affirmait qu'il n'y avait point de peuple en Asie qui fût capable de se mesurer à lui seul contre les Scythes réunis. Il ajoutait que, pour l'intelligence des affaires, ils sont loin d'avoir la même supériorité [1]. Hérodote, qui vante, comme Thucydide, le pouvoir guerrier des Scythes, tout en les trouvant plus civilisés que les autres peuples situés en deçà du Pont Euxin, ne voit guère à admirer chez eux que cette mobilité qui les rend invincibles à l'envahisseur ; n'ayant ni villes, ni forteresses, habitant des chariots roulants ou montés sur des chevaux, ils se défendaient à coups de flèches [2]. Pour avoir droit au partage du butin, un Scythe boit du sang du premier ennemi qu'il abat dans la bataille ; il coupe les têtes de tous les ennemis qu'il a tués et les présente au roi. Les crânes servent de coupes à boire, et la peau de la tête sert de serviette [3]. Chaque chef donne chaque année un grand festin, où l'on sert, dans un cratère, du vin mélangé d'eau. Ceux-là seuls qui ont tué des ennemis ont droit d'y prendre part.

1. Thucydide, II, 97.
2. Hérodote, IV, 46.
3. Sur la férocité des Scythes, voir Firmicus Maternus, *Mathesis*, I, 2, 3.

Hérodote donne les noms de leurs dieux et les identifie à des dieux grecs. Ils honorent surtout *Tabiti* (Hestia), puis *Papaios* (Zeus) et *Apia* (Gaia) qu'ils croient femme de *Papaios*; après ces trois divinités, *Oïtosyros* (Apollon), *Artimpasa* (Aphrodite-Uranie), *Thamimasadas* (Poseidôn), Héraclès. Ils élèvent des statues, des autels et des temples à Arès et n'en élèvent qu'à lui seul. Ces temples, autels et statues consistent en une pile immense de fagots, au haut de laquelle est plantée un vieux sabre de fer.

Pour les sacrifices on étrangle les animaux avant de faire cuire leurs chairs. Les os servent de combustible. Au simulacre d'Arès on immole plus de victimes qu'à tous les autres dieux; on lui sacrifie même, avec des rites spéciaux, le centième des prisonniers faits sur les ennemis.

Les devins se servent de baguettes de saule pour prédire l'avenir. Ils sont chargés de découvrir la cause des maladies du roi. Ils trouvent d'ordinaire que la maladie a été causée par un faux serment. Les Scythes, dans les occasions solennelles, jurent par le foyer du roi. Les devins trouvent le coupable; si celui-ci se déclare innocent, le roi fait venir, à plusieurs reprises, de nouveaux devins qui décident, à la majorité, de la culpabilité ou de l'innocence. Si l'accusé est enfin absous, les premiers devins sont mis à mort par le feu.

Les corps des rois sont enduits de cire et embaumés; et, après avoir été promenés dans les diverses provinces de leur royaume, ils sont enterrés avec leurs serviteurs et leurs objets familiers; sur la sépulture, on élève un tertre très haut. Un an après, on entoure le tertre d'une ligne de cinquante chevaux, sur le dos desquels sont placés cinquante jeunes gens de la maison du roi que l'on a étranglés et empaillés. Pour les simples particuliers, les rites sont à peu près les mêmes; avant d'enterrer les corps, on les promène pendant quarante jours chez leurs amis. Après les funérailles, les Scythes qui y ont participé se purifient en se frottant et lavant la tête et en étendant leurs vêtements au-dessus d'un vase où sont des pierres rougies au feu.

Les Scythes avaient une prodigieuse répugnance pour les coutumes étrangères, et surtout pour les coutumes grecques. Ceux d'entre eux qui avaient rapporté en Scythie des coutumes et des cérémonies étrangères l'avaient payé de leur vie. Les vertus des Scythes, la douceur, la simplicité et la justice, étaient rassemblées dans un personnage célèbre, Anacharsis, qui fut un des sept sages de la Grèce [1]. L'équité leur était, dit-on, naturelle; ils regardaient le vol comme le plus grand des crimes [2].

La langue des Scythes est peu connue. Hérodote [3] nous en donne, pour expliquer le sens de deux noms de peuples, les Arimaspes et les Oïorpata, quelques mots : *arima* « un », *spon* « œil », *oior* « homme », *pata* « tuer »; il traduit le nom de lieu *Exampaios* par « voies sacrées », *enarees* par « hommes efféminés ». Justin raconte que le nom de peuple *Parthi* signifie « exilés » en langue scythique [4]. Hérodote et les inscriptions grecques de la mer Noire ont livré des noms scythes.

Les Anciens ne connaissaient pas l'origine des Scythes, qui, dit Hippocrate [5], étaient différents du reste des hommes, et, comme les Égyptiens, ne ressemblaient qu'à eux-mêmes. Les Modernes l'ont cherchée dans l'étude des noms propres qui nous ont été conservés. Plusieurs de ces noms s'expliquent assez facilement par le vieux-perse et le zend; ainsi, le premier ou le second terme *-aspo-* des noms

---

[1]. Strabon, VII, 3, 7-9. Cette croyance à la justice des peuples barbares, fréquente chez les Grecs, est sans doute à rapprocher de la conception du « bon sauvage » si en honneur au xviiie siècle.
[2]. Justin, II, 2, 6.
[3]. Hérodote, IV, 27; 52; 110; 67.
[4]. Justin, XLI, 1.
[5]. Hippocrate, *Des airs*, 18. Voir ci-dessus, p. 67. Certains ethnographes, s'appuyant sur la description d'Hérodote, rapprochent les Scythes des peuples de l'Asie septentrionale et centrale.

Les anciens peuples de l'Europe.

comme Ἀσπ-ουργος, Βανάδ-ασπος semble identique au vieux-perse et zend *aspa-* « cheval », bien qu'Hérodote explique le nom des Arimaspes par les mots scythes *arima* « un » et *spou* « œil »; Χο- dans Χό-δαινος, Χο-ρόαθος semble une variante du préfixe zend *hu-* « bien ¹ ». A moins que l'on ne suppose que les noms propres scythes aient été empruntés aux Iraniens, qui auraient soumis les Scythes, il est vraisemblable que les Scythes sont des Indo-Européens, proches parents des Iraniens ², et on ne peut admettre l'opinion des savants qui en font des Slaves ³, des Finnois ⁴ ou même des Hittites ⁵ ou des Mongols ⁶. On n'a pu identifier le scythe, que nous connaissons mal, à aucune langue indo-européenne existant actuellement; on a proposé de le regarder comme représentant l'état ancien de l'ossète ⁷, mais on l'a aussi comparé au tokharien ⁸ ou expliqué par le celtique ⁹, toutes conjectures qui, pour intéressantes qu'elles soient, ne valent pas quelques lignes, bien conservées, de scythe authentique.

Sur les rives du fleuve Thermodont habitait, dit-on, jadis, un peuple où toutes les fonctions occupées chez les Grecs

1. H. d'Arbois de Jubainville, *Les premiers habitants de l'Europe*, I, p. 225-226. Latyschev, *Inscriptiones antiquae orae septentrionalis Ponti Euxini graecae et latinae*, Pétrograd, 1886.
2. K. Zeuss, *Die Deutschen und ihre Nachbarstämme*, Munich, 1837.
3. J.-G. Cuno, *Forschungen im Gebiete der alten Völkerkunde*, I, Berlin, 1871.
4. Schafarik, *Slawische Alterthümer*, Leipzig, 1843.
5. Fr. Hommel, *Sitzungsberichte der königlich böhmischen Gesellschaft der Wissenschaften*, Phil.-Hist. Klasse, Prague, 1898, VI.
6. K. Neumann, *Die Hellenen im Skythenlande*, Berlin, 1855. Niebuhr, *Kleine Schriften*, Bonn, 1828, I, p. 352.
7. Hirt, *Die Indogermanen*, p. 113, 587. Minns, *Scythians and Greeks*, p. 100.
8. Sieg et Siegling, *Sitzungsberichte der königlich-preussischen Akademie der Wissenschaften zu Berlin*, 1908, p. 915-934.
9. Cette idée, développée dès 1703 par Pezron (*Antiquité de la nation et de la langue des Celtes*), a encore été soutenue par F. Soltau, *Jahresberichte des philologischen Vereins zu Berlin*, 1894.

par les hommes étaient au pouvoir des femmes; celles-ci faisaient la guerre, tandis que les hommes filaient de la laine. Cette histoire, qui est aussi localisée en Hespérie, et qui appartient au cycle, fort développé chez les historiens anciens, des légendes relatives à la domination des femmes, se rattache aux traditions des Scythes. Ces Amazones [1], qui auraient conquis une grande partie de l'Asie et étendu leur domination jusqu'en Syrie, et qui furent vaincues par Héraclès, s'étaient établies, à la suite de leur défaite par les Grecs, sur les bords du lac Méotide en pays scythique. Quand les Scythes eurent reconnu que leurs envahisseurs étaient des femmes, ils résolurent de les prendre pour épouses. De ces unions naquit la nation des Sauromates, qui parlent la langue scythique et chez lesquels une fille ne se marie pas avant d'avoir tué trois ennemis [2]. Les Sauromates, d'abord établis entre le Tanaïs et la mer Caspienne, soumirent les Scythes à leur pouvoir et ravagèrent leur pays [3]. Plus tard, ils étendirent leur royaume jusqu'à la mer Baltique, la Vistule et les Carpathes [4].

D'après une autre légende, les Amazones seraient les veuves d'un peuple scythe exterminé par ses voisins. Outre une partie de l'Asie, elles auraient conquis la plus grande partie de l'Europe [5].

Il est difficile de démêler les éléments historiques de la légende de Bellérophon, qui chassa de Lycie les Amazones [6]; de la légende d'Achille, vainqueur de la reine des

---

[1]. Ad. Reinach, *Revue de l'histoire des religions*, LXVII (1913), p. 277-307. Bergmann, *Les Amazones dans l'histoire et dans la fable*, Colmar, 1853. E. Vinet, chez Saglio, *Dictionnaire des antiquités grecques et romaines*, I, p. 224. Klugmann, *Die Amazonen in der attischen Litteratur und Kunst*, Stuttgart, 1875.
[2]. Hérodote, IV, 110-117. Diodore, II, 45-46. Hippocrate, *Des airs*, 17, éd. Littré, II, p. 66.
[3]. Diodore, II, 43. Pline, IV, 80.
[4]. Ptolémée, III, 5, 1.
[5]. Justin, II, 4, 14.
[6]. *Iliade*, VI, 186. Scholiaste de Lycophron, 17.

Amazones Penthésilée [1], et dont le spectre suffit à mettre en déroute les Amazones à l'embouchure du Danube [2]; de la légende de Thésée qui chassa les Amazones d'Athènes [3]; il est plus difficile encore de déterminer leurs rapports avec la légende d'Héraclès [4]. On montrait en Grèce des tombeaux d'Amazones en Thessalie, à Chalcis d'Eubée, à Athènes. D'après une tradition recueillie par saint Augustin, les Athéniens auraient, dès le temps de Cécrops, enlevé aux femmes le droit de voter et de donner leur nom à leurs enfants [5], effaçant ainsi la dernière trace de gynécocratie, que la légende aurait transformée en une invasion de l'Attique par les Amazones. Les Amazones étaient venues aussi s'établir en pays lélège près du temple d'Artémis, à Éphèse, pour se mettre sous la protection de la déesse [6]. On ne doit pas séparer leur souvenir de la tradition, rapportée par Héraclide de Pont [7], d'après laquelle les Lyciens étaient gouvernés par les femmes, ni des détails d'institutions que nous ont transmis Hérodote et Nicolas de Damas [8].

LES LIGURES [9]

Les Ligures (en grec Λίγυες pour Λιγυσες) s'appelaient

1. Quintos de Smyrne, I, 029.
2. Philostrate, *Héroïque*, XX, 46.
3. Pausanias, I, 44, 7; III, 25, 3. Justin, II, 4. Plutarque, *Thésée*, 28.
4. Diodore, IV, 16. Justin, II, 4, 24. Plutarque, *Thésée*, 28.
5. *De la Cité de Dieu*, 18, 9.
6. Pausanias, VII, 2, 7.
7. Héraclide, fr. 15 (*F. H. G.*, II, p. 217).
8. Voir ci-dessus, p. 110.
9. Jullian, *Histoire de la Gaule*, I, p. 110-192. H. d'Arbois de Jubainville, *Les premiers habitants de l'Europe*, I, p. 330-393; II, p. 3-215. K. Müllenhoff, *Deutsche Altertumskunde*, III, p. 173-193. Mehlis, *Archiv für Anthropologie*, XXVI (1899-1900), p. 71, 1043. Issel, *Liguria geologica e preistorica*, Gênes, 1892.

dans leur propre langue Ambrons ("Αμβρωνες) [1]. En Italie, ils s'étaient établis au sud jusqu'à Rome [2], et certains auteurs, même, prétendaient que les Aborigènes, anciens habitants du Latium, étaient Ligures [3]; au nord-est, ils atteignirent le Tessin [4]. Le centre de leur contrée était sans doute le pays de Gênes, qui porte aujourd'hui encore le nom de Ligurie. Ils avaient jadis habité plus au nord, dans un pays situé au delà des Iles de l'étain et qu'avaient abandonné, à la suite d'incursions des Celtes, les tribus ligures des Ipsicores, des Arbaxanes et des Eubies [5], « contrée hérissée de buissons ; partout des pierres, des roches escarpées, des montagnes menaçantes qui pénètrent jusque dans les cieux. Ils y passèrent des jours nombreux dans les fentes des rochers, loin des eaux, car ils craignaient la mer qui leur rappelait d'anciens dangers. Mais vinrent le repos et les loisirs. La sécurité fit naître l'audace. Les Ligures sortirent de leurs hautes demeures et descendirent sur les côtes » [6].

C'est surtout à l'ouest de la Ligurie qu'ils étendirent leur puissance. Marseille, en 600, fut fondée en pays ligure [7], et, au milieu du IIIe siècle, on trouvait un mélange d'Ibères et de Ligures, depuis le pays des Ibères jusqu'au Rhône ; puis, du Rhône jusqu'à Antium, frontière des Tyrrhènes, on ne trouvait que des Ligures [8]. Dès le IIIe siècle,

1. Plutarque, *Marius*, 19. Étienne de Byzance expliquait le nom des Ligures par le nom du *Liguros* (Loire ?).
2. Festus, *Sacrani*. Servius, *ad Aen.*, XI, 317. Justin, XX, 1, 11.
3. Denys d'Halicarnasse, I, 10.
4. Tite Live, V, 35, 1.
5. Théopompe, fr. 224 a (*F. H. G.*, I, p. 315). Jullian, *Revue des études anciennes*, VII (1905), p. 231-233.
6. Aviénus, *Ora maritima*, 196-198 ; 130-145.
7. Pseudo-Scymnos, 209-214 (*G. G. M.*, I, p. 204). Hécatée, fr. 22 (*F. H. G.*, I, p. 2).
8. Pseudo-Scylax, 3-5 (*G. G. M.*, I, p. 17-18). Aviénus, *Ora Maritima*, 609. Strabon, III, 4, 20. A. Bertrand, *Revue archéologique*, I (1883), p. 31-43.

une nation celto-ligure, les *Salyi* ou *Salluvii*, était établie dans le sud de la vallée du Rhône [1]. Mais, en 154 avant J.-C., les Romains avaient encore à soumettre deux peuples ligures habitant près du Var, les Oxybes et les Déciates [2]. De l'autre côté du Rhône, les Élésyces ou Élisyces, peuple ligure, avaient pour capitale Narbonne [3]; les Ligures avaient donc franchi le fleuve qui constituaient anciennement la frontière entre eux et les Ibères [4]. Les *Cempsi* et les *Saefes*, établis au nord-ouest de l'Espagne, avaient pour voisins des Ligures [5]. Mais en 218, lorsque Hannibal se rend d'Espagne en Italie, il ne trouve devant lui que des Gaulois ; les Ligures, comme les Ibères, avaient dû céder le pays à de nouveaux conquérants après avoir eu la prépondérance dans la Gaule chevelue [6].

Les Ligures avaient-ils, en suivant les côtes de la Méditerranée occidentale, pénétré jusqu'en Ibérie? C'est assez vraisemblable. Ce n'est pas que l'on puisse tirer cette conclusion de l'existence en Ibérie d'un marais Ligustin dans lequel le Tartesse prenait sa source [7] ; mais ce renseignement d'Aviénus est fortifié par une citation d'Ératosthène qui comptait la Ligystique parmi les trois péninsules de l'Europe (les deux autres étant le Péloponnèse et l'Italie [8]), et par un texte d'Étienne de Byzance, signalant près de Tartesse l'existence d'une ville Ligystine, dont les habi-

---

1. Tite Live, LX. Strabon, IV, 6, 3. C. Jullian, *Mélanges H. d'Arbois de Jubainville*, p. 97-109.
2. Polybe, chez Strabon, IV, 6, 2. Tite Live, XLVII ; Pline, III, 47.
3. Aviénus, 584-586. Hécatée, fr. 20 (*F. H. G.*, 1, p. 2). Cf. Hérodote, VII, 165. Voir ci-dessus, p. 104.
4. Aviénus, 608-610. Le texte n'est pas sûr ; voir toutefois Aviénus 682-689. Cf. Pseudo-Scymnos, 206-209 (*G. G. M.*, I, p. 204) ; Strabon, III, 4, 19. Ci-dessus, p. 80.
5. Aviénus, 195-198.
6. Lucain, I, 44. Cf. les Ligures chevelus de Dion Cassius (LIV, 24). S. Reinach, *Cultes, mythes et religions*, I, p. 213.
7. Aviénus, 284-285.
8. Strabon, II, 1, 40.

tants s'appelaient Ligyes (Ligures)[1]; c'était le pays du mont Argentarius, ou Argyros, célèbre par ses mines d'étain ou d'argent[2], et du roi Arganthônios, qui fut au VI° siècle l'ami des navigateurs phocéens, et leur donna l'argent nécessaire pour entourer leur ville d'un mur de plusieurs stades de long et construit en pierres bien appareillées[3]. Enfin, les Ligyes avaient chassé les Sicanes des bords du fleuve Sicanos en Ibérie[4].

On peut chercher les traces des Ligures dans la toponomastique de l'Europe. Une inscription d'Isola, près de Gênes, contenant un jugement arbitral rendu, en 117 avant notre ère, par les frères Minucius, entre la ville de Gênes et les Langates, nous a conservé un certain nombre de noms de lieux de la région de Gênes, du cœur même de la Ligurie. Quatre de ces noms se terminent en -*asca*[5]. La Table alimentaire de Véleia, dressée entre 102 et 113 de notre ère, nous offre deux noms de propriétés terminés par le même suffixe[6]. Ce suffixe, ne se trouvant pas dans les langues des Celtes et des Italiotes qui sont les voisins des Ligures, et, d'autre part, ayant continué à former des dérivés au temps de l'empire romain, semble bien d'origine ligure. S'il en est ainsi, on pourra considérer comme ligures les noms de lieux en -*asco*, -*asca* que l'on trouvera dans les divers pays occupés par les Ligures. On trouve la forme moderne du suffixe -*asco*, -*asca* dans 257 noms de lieux

---

1. Étienne de Byzance, Λιγυστίνη.
2. Aviénus, 294-292. Strabon, III, 2, 11.
3. Hérodote, I, 163.
4. Thucydide, VI, 2. H. d'Arbois de Jubainville (*Les premiers habitants de l'Europe*, I, p. 29) pense que Ibérie doit être ici prise au sens large et que le *Sicanos* pourrait être situé en Gaule. M. Jullian (*Histoire de la Gaule*, I, p. 117, n. 7; cf. p. 259, n. 1) admet l'existence de hordes ligures dans la vallée du Jucar.
5. C. I. L., V, 7749. H. d'Arbois de Jubainville, *Les premiers habitants de l'Europe*, 2° éd., I, p. 362.
6. C. I. L., XI, 1147. H. d'Arbois de Jubainville, *ibid.*, II, p. 47. Véleia est située au nord de la Ligurie.

d'Italie : 33 de ces noms dans la Ligurie moderne, 93 en Piémont, 105 en Lombardie, 19 en Émilie, 7 dans la province de Massa et Carrara. Il va sans dire que toutes ces dénominations ne remontent pas à l'Antiquité et qu'un certain nombre de ces noms sont des formations analogiques, mais les noms anciens sont suffisamment nombreux pour que la thèse soit solidement établie. Le suffixe -*asco*, -*asca* se rencontre encore en Suisse (36), en Bavière (1), en Corse (20), en France (24, dont 20 dans le bassin du Rhône, 1 dans le bassin de la haute Loire, 1 dans le bassin de la haute Seine, 2 dans le bassin de la Garonne) ; dans la péninsule hispanique (11 dont 2 en Catalogne, 1 en Aragon, 2 en Vieille Castille, 1 dans les Asturies, 1 en Léon, 2 en Galice, 1 en Portugal)[1]. On a pu appliquer à d'autres suffixes la même méthode et dresser d'autres listes de noms supposés ligures, mais la démonstration de l'origine ligure de ces noms est plus difficile à faire que pour le suffixe -*asco*, -*asca*. On a, par exemple, attribué au ligure les noms de lieux en -*incum* que l'on trouve dans la France du sud et du centre, en Espagne, en Corse, en Sardaigne et dans l'Italie du Nord[2]. On a supposé aussi que les noms des rivières de France qui ne s'expliquent pas par les langues celtiques sont des noms ligures. Mais les Ligures n'ont pas été les seuls habitants de la France avant les Celtes et il n'est pas sûr qu'ils aient été les premiers occupants de notre sol. Il suffit de signaler les noms que l'on rencontre sur de vastes aires géographiques. Le nom de rivière *Isara* est en France celui de l'Isère et de l'Oise, en Bavière celui de l'Isar ; *Rhodanus* désigne trois fleuves en Gaule et un dans l'Italie du Nord[3]; *Sūra*, la Sure, affluent de la Drôme, et la Sauer (Luxem-

---

1. H. d'Arbois de Jubainville, *Les premiers habitants de l'Europe*, 2ᵉ éd., II, p. 46-70, 91-95, 99-104, 114-116.
2. E. Philipon, *Romania*, XXXV, p. 1-21.
3. Il y a, de plus, un *Rhotanos* en Corse (Ptolémée, III, 2, 5).

bourg); *Sara*, la Saar, affluent de la Moselle, et la Serre, affluent de l'Oise [1]. Ces exemples et bien d'autres démontrent que les rivières ont été dénommées par un peuple qui a occupé à la même époque ou successivement plusieurs contrées de l'Europe. Les Ligures sont-ils ce peuple ? On attribuait à Hésiode un vers où les Ligures sont cités entre les Éthiopiens et les Scythes [2].

La langue des Ligures [3] nous est à peu près inconnue. Les *Taurini* des Alpes, peuple ligure [4], appelaient le seigle *asia* [5] ; *Bodincus*, nom du Pô, signifierait en langue ligure « sans fond » [6] ; chez les Ligures qui habitaient au-dessus de Marseille, les marchands étaient appelés σιγύνναι [7] ; σαλιούγκα était le nom de la Valeriana Celtica dans les Alpes de Ligurie [8].

Ces exemples ne permettent pas de décider si le ligure est une langue indo-européenne [9]. Le suffixe -*asco*-, caractéristique des noms de lieux, ne semble pas indo-européen. On a songé à attribuer au ligure quelques inscriptions en caractères grecs trouvées dans le midi de la France, et que l'on explique d'ordinaire par le celtique [10].

1. H. d'Arbois de Jubainville, *ibid.*, II, p. 124-152. Voir aussi Hirt, *Die Indogermanen*, p. 45-46.
2. Strabon, VII, 3, 7. Cf. Éphore, qui place les Celtes entre les Éthiopiens et les Scythes (*F. H. G.*, I, p. 243, 244).
3. H. d'Arbois de Jubainville, *ibid.*, II, p. 195-205. Jullian, *Histoire de la Gaule*, I, p. 122-125. Müllenhoff, *Deutsche Altertumskunde*, III, p. 176-193.
4. Strabon, IV, 6, 6.
5. Ce nom s'explique facilement par le celtique.
6. Pline, III, 122; XVIII, 141.
7. Hérodote, V, 9. M. Jullian remarque que c'est sans doute le nom de peuple Sigynnes devenu nom commun.
8. Dioscoride, I, 8. J.-A. Guillaud, *Revue des études anciennes*, XI (1909), p. 246-252 ; XII (1910), p. 287-289, avec une note de M. Cuny, p. 289-290.
9. H. d'Arbois de Jubainville (*Les premiers habitants de l'Europe*, 2e éd., I, p. 365) la regarde comme indo-européenne.
10. Bréal, *Revue archéologique*, XXXI (1897), p. 104-108. Cf.

On ne sait si les inscriptions écrites en un alphabet particulier et trouvées surtout sur le territoire de Lugano sont rédigées en ligure [1].

Les Ligures étaient un peuple très belliqueux. Ils ne combattaient guère à cheval, mais leurs hoplites et leur infanterie légère étaient excellents; ils portaient un long bouclier fabriqué à la gauloise [2]. On les trouve comme mercenaires dans les armées d'Hamilcar (vers 480) et d'Agathocle, tyran de Sicile [3]. Tite Live signale leur barbarie et leur manie destructive à la guerre [4].

Ils se rapprochaient beaucoup des Celtes des Alpes pour la manière de vivre, quoiqu'ils fussent d'une race très différente [5]. Ils habitaient disséminés dans des bourgades ouvertes et logeaient dans des huttes, ou, le plus souvent, dans des cavernes. Ils s'évertuaient à labourer et à creuser un sol aride et pierreux [6]. Leur dure vie les rendait, malgré leur petite taille, d'une vigueur exceptionnelle; leurs femmes, habituées aux rudes travaux, étaient aussi robustes que les hommes [7]. Ceux qui peuplaient la côte ne vivaient guère que des produits de leurs troupeaux, surtout de laitage, et d'une sorte de boisson faite avec de l'orge [8]. Ils s'adonnaient au commerce maritime dans les mers de Sardaigne et de Libye; embarqués sur de frêles barques avec peu de provisions, ils bravaient les plus terribles tempêtes [9]. Au Ve siècle, des marchands peut-être ligures fré-

---

H. d'Arbois de Jubainville, *Eléments de la grammaire celtique*, 1903, p. 173-177.

1. Pauli, *Altitalische Forschungen*, I, p. 56.
2. Strabon, IV, 6, 2. Diodore, V, 39. La source commune de ces deux auteurs semble être Poseidônios. Tite Live, XXVII, 48.
3. Hérodote, VII, 165. Diodore, XI, 1; XXI, fr. 3.
4. Tite Live, XLI, 18.
5. Strabon, II, 5, 28.
6. Strabon, V, 2, 1. Diodore, V, 39.
7. Diodore, IV, 20; V, 39. Strabon, III, 4, 17.
8. Strabon, IV, 6, 2.
9. Diodore, V, 39.

quentaient les chemins qui conduisaient du pays des Molosses jusqu'en Asie Mineure [1].

Les restes archéologiques des Ligures doivent se trouver dans la région qui, au regard de la toponymie, a été leur domaine. Cette région est constituée par l'Italie du nord-ouest, le bassin oriental du Rhône et la Corse. Or la civilisation du sud-est de la France est étroitement apparentée à celle de l'Italie du nord et de la Suisse. La faucille de bronze, en particulier, est localisée en France, sur le territoire que la toponomastique attribue aux Ligures, et elle est encore assez abondante en territoire ligure de l'autre côté des Alpes. Les gravures rupestres du district de Monte Bego, près du col de Tende, représentent parfois diverses armes offensives, mais le plus souvent des chars, des herses, des faucilles, des bœufs et même des charrues traînées par des paires de bœufs et conduites par des laboureurs. Elles confirment ce que nous disent les Anciens du développement de l'agriculture chez les Ligures. Il est vraisemblable que les Ligures tenaient anciennement les principaux marchés de l'ambre sur les côtes de l'Adriatique et qu'ils en cachaient la provenance, ce qui explique les contradictions des auteurs anciens sur l'origine de l'ambre. C'est dans la Ligurie et la Vénétie que l'ambre se rencontre le plus abondamment aux temps proto-historiques. Au premier âge du fer, il est abondant surtout autour des Alpes [2].

Les Ligures sont-ils, comme les Anciens l'ont dit aussi des Ibères et des Bébryces, originaires de la Colchide? Il est permis de croire à une confusion entre Λίγυες et Λίβυες, les habitants de la Colchide étant d'origine égyptienne [3].

---

1. Diodore, XI, 56. Une famille de manuscrits porte λίγυας, une autre λιγυστάς, mais le plus ancien manuscrit a λυγκιστάς (cf. les Λυγκησταί de Macédoine.
2. Déchelette, *Manuel d'archéologie*, II, p. 6-25. Voir ci-dessus, p. 40.
3. Lycophron, 1312. Étienne de Byzance, Λιβυστῖνοι. Hérodote, VII,

D'après Caton, on ne savait plus d'où venaient les Ligures, qui étaient ignorants et menteurs [1].

Les Modernes les ont rattachés tour à tour aux Berbères [2], aux Ibères [3], aux Celtes [4]. Le problème restera insoluble, tant que l'on n'aura pas pu déterminer à quelle famille appartient la langue ligure.

LES ABORIGÈNES

L'origine des Aborigènes ('Αβοριγῖνες) est singulièrement confuse. Une légende, qui provient peut-être d'une étymologie populaire (*ab origine*), en fait des autochthones, nés de la terre du Latium [5]. Leur roi Saturne était renommé pour avoir établi parmi ses sujets la communauté des biens [6]. Les Aborigènes auraient été soumis et civilisés par l'Arcadien Évandre qui leur apporta l'alphabet [7]. Lors de l'arrivée d'Énée en Italie, leur roi s'appelait Latinus, et c'est de lui qu'ils auraient pris le nom de Latins [8]. Les

---

72, 2; cf. II, 104, 1. H. d'Arbois de Jubainville, *Les premiers habitants de l'Europe*, I, p. 383-393.

1. Caton, chez Servius, *ad Aen.*, XI, 715 (*H. R. F.*, p. 48). Denys, I, 10.
2. Roget de Belloguet, *Ethnogénie gauloise*, II, p. 337.
3. Schiaparelli, *Atti della reale accademia delle scienze di Torino*, 1880.
4. C. Jullian, *Histoire de la Gaule*, I, p. 122. A. Maury, *Comptes rendus de l'Académie des Inscriptions et Belles-Lettres*, V (1877), p. 207-221.
5. Virgile, *Énéide*, VII, 181. Cf. Servius, *ad Aen.*, VIII, 328. Caton, chez Servius, *ad Aen.*, I, 6. Pline (IV, 120) emploie *aborigines* comme un nom commun signifiant « issus de ». Fröhner (*Philologus*, XV, p. 349) explique ce nom par *arborigenes*. La variante Βορείγονοι (Lycophron, 1253) a été expliquée par « fils de Borée » ou par « fils des montagnes » (cf. ὀρειγενής).
6. Justin, XLIII, 1, 3.
7. Servius, *ad Aen.*, VIII, 51. Tacite, *Annales*, XI, 14. Cf. Ovide, *Fastes*, V, 91.
8. Tite Live, I, 1, 5; 2, 4. Strabon, V, 3, 2. Chez Hésiode (*Théogonie*, 1013-1016), Latinos est un roi des Tyrrhènes, désignation générale, englobant tous les peuples de l'Italie. Voir ci-dessus, p. 10.

anciens historiens latins, Caton, C. Sempronius et d'autres faisaient venir d'Achaïe les Aborigènes, antérieurement à la guerre de Troie [1]. D'après d'autres témoignages, les Aborigènes descendaient des Oïnotries, qui auraient été les plus anciens habitants de l'Italie, et dont le héros éponyme Oïnotros, fils de Lycaon et petit-fils de Pélasgos, venait d'Arcadie [2].

Ils avaient pénétré en Ombrie, et il y avait encore près de Réate, au temps de Denys d'Halicarnasse, des villes des Aborigènes [3]. Ils durent lutter contre les Sicules; ils y furent aidés par des Pélasges de Thessalie, qui, repoussés du territoire des Ombriens, avaient pénétré en suppliants chez les Aborigènes et y avaient été bien accueillis; c'est alors que les Pélasges et les Aborigènes s'emparèrent de Cortone [4]. Les Aborigènes constituent donc l'élément de la population du Latium opposé aux Pélasges, aux Sicules et aux Ombriens. Aussi est-on tenté de suivre l'opinion rapportée par Denys d'Halicarnasse et d'après laquelle ils étaient une colonie des Ligures, limitrophes des Ombriens [5]. Les Aborigènes passaient pour des peuples sauvages, habitant des cavernes et vivant sous bois [6]; ils ne sont pas, comme les Ligures et les Sicules, des agriculteurs.

1. Denys d'Halicarnasse, I, 11.
2. Denys d'Halicarnasse, I, 11; 12; 13. Oïnotros était antérieur de 17 générations à la prise de Troie. Sur les Oïnotries, voir aussi Pausanias, VIII, 3, 5. Servius, ad Aen., I, 532.
3. Varron, chez Denys, I, 14. Caton, chez Priscien, V, 12, 65. Denys donne une liste de treize villes jadis habitées par les Aborigènes. On désigne ceux-ci parfois sous le nom de Sacrani (Denys, I, 16; Festus, Sacrani). Mais Servius, ad Aen., XI, 317) distingue les Sacrani des Aborigènes.
4. Denys d'Halicarnasse, I, 16-17; 19-21; 26.
5. Denys d'Halicarnasse, I, 10. Schwegler (Römische Geschichte, 2e éd., p. 198-212), qui a discuté à fond le problème, singulièrement embrouillé, de l'origine des Aborigènes, a conclu à une origine ombrienne ou sabellique.
6. Salluste, Catilina, 6. Saufeius, chez Servius, ad Aen., I, 6.

LES SICULES [1]

En dépit de la ressemblance de leurs noms ethniques, les Sicanes (Σικανοί) et les Sicules (Σικελοί) appartiennent à deux races différentes [2]. Tandis que les Sicanes sont, comme nous l'avons vu, des Ibères, les Sicules sont des Ligures [3], d'après Philiste de Syracuse, ou des Ausones (c'est-à-dire des Italiotes), d'après Hellanique [4].

Les Sicules sont au nombre des peuples primitifs de l'Italie et de la Sicile. Ils occupaient le Latium et la partie méridionale de la région qui s'appela plus tard Étrurie ; on les trouve au sud de la Péninsule, et les Sicules dont il est question dans l'*Odyssée* étaient sans doute ceux qui habitaient la côte de l'Italie en face d'Ithaque ; ils avaient même occupé, avant les Ombriens, une partie considérable de la côte de l'Adriatique au sud de la vallée du Pô. Ils possédaient les sept collines de Rome [5], dont ils sont les plus anciens habitants connus, et dont ils furent chassés par les Aborigènes ; Antemna, Caenina, Crustumerium et Aricia au sud du Tibre [6] ; Falérie et Fescenium au nord du Tibre [7] ; ils ont fondé Ancône et Numana [8]. Ils ont occupé

---

1. H. d'Arbois de Jubainville, *Les premiers habitants de l'Europe*, I, p. 308-329. E.-A. Freeman, *History of Sicily*, I, p. 125-194. G. Perrot, *Revue des Deux Mondes*, CXLI (1897), p. 594-632.

2. L'identité des Sicanes et des Sicules a été affirmée par des Modernes, par exemple Schwegler, *Römische Geschichte*, Tubingue, 1853, I, p. 203. Pais, *Storia della Sicilia*, Turin, 1894.

3. Philiste, fr. 2 (*F. H. G.*, I, p. 185). Cf. Silius Italicus, XIV, 37-38.

4. Hellanique, fr. 53 (*F. H. G.*, I, p. 52).

5. Festus, *Sacrani*. Denys d'Halicarnasse, I, 9. Varron, *De lingua latina*, V, 101.

6. Denys d'Halicarnasse, II, 35. Cassius Hemina, 2, 3 (*H. R. F.*, p. 68). Une partie de Tibur tenait, disait-on, son nom des Sicules. Denys d'Halicarnasse, I, 16.

7. Denys d'Halicarnasse, I, 21.

8. Pline, III, 111.

une partie de la Gaule Cisalpine [1]. Au vɪɪᵉ siècle, ils tenaient encore le territoire de Locres dans la Grande-Grèce [2]. Au vᵉ siècle, on trouvait encore des Sicules en Italie [3]. Mais, chassés par les Sabins, les Opiques et les Oïnotries, la plupart des Sicules avaient passé en Sicile dès le xɪᵉ siècle [4].

A cette époque, les Sicanes, effrayés par les éruptions de l'Etna, avaient abandonné l'est de l'île pour émigrer à l'ouest. Les Sicules s'établirent dans la partie évacuée par les Sicanes; et étendirent leurs limites à l'est jusqu'à ce qu'ils furent en contact avec les Sicanes; après de nombreux différends, les deux peuples s'entendirent pour déterminer par un traité solennel leurs frontières. Le gouvernement des Sicules était aristocratique [5]. Au temps de Strabon, leurs descendants, avec ceux des Ibères, des Morgètes et des Sicanes, occupaient l'intérieur de l'île [6].

Les anciennes généalogies grecques nous ont conservé les noms de trois rois des Sicules : leur héros éponyme, Sicélos, qui, quatre-vingts ans avant la guerre de Troie, conduisit les Ligures en Sicile et qui régna sur les Ausones ou Opiques [7]; Italos, le héros éponyme de l'Italie, père, grand-père ou frère de Sicélos [8]; le roi Morgès, sous le règne duquel, selon certaines traditions, Sicélos fugitif arriva de Rome et se créa un État aux dépens de son hôte [9]. Le nom d'Italos est associé à un événement considérable. Ce fut lui

---

1. Pline, III, 112.
2. Polybe, XII, 6, 2; 5.
3. Thucydide, VI, 2, 4.
4. Thucydide, VI, 2. Antiochos, fr. 1; 8 (*F. H. G.*, I, p. 181, 183). Servius, *ad Aen.*, VIII, 328.
5. Diodore, V, 6-9.
6. Strabon, VI, 2, 4.
7. Hellanique, fr. 53 (*F. H. G.*, I, p. 52). Silius Italicus, XIV, 152.
8. Antiochos, fr. 4 (*F. H. G.*, I, p. 182). Philiste, fr. 2 (*F. H. G.*, I, p. 185). Thucydide, VI, 2, 4. Isidore, *Origines*, XIV, 6, 32. Servius, *ad Aen.*, I, 533.
9. Antiochos, fr. 7 (*F. H. G.*, I, p. 182).

qui fit agriculteurs les Oïnotries [1], lesquels, jusque-là, avaient été pasteurs. On a rapproché le nom de Sicélos du latin sĕcula « faucille » (sicula, qui a le même sens, a l'i long), et celui de Morgès de merges « gerbe » et mergae, « fourche de moissonneur ». Ces étymologies sont un peu fortifiées par le témoignage des archéologues qui signalent la fréquence des faucilles de bronze en pays ligure. Le nom donné par les Sicules à Messine était Zancle, du mot sicule zanclon « faucille [2] ». Mais les légendes, localisées en Sicile et à Corcyre, qui sont relatives à la faucille de Déméter et à l'invention de la moisson, semblent provenir d'étymologies populaires de noms de lieux [3].

De la langue des Sicules nous connaissons, outre zanclon, gela « gelée », qui appartiendrait aussi à la langue des Opiques. Il est possible aussi que des mots siciliens employés par Épicharme, par exemple rogos « grange », soient d'origine sicule [4]. Enfin, une inscription de Centorbi serait en sicule [5]. Les noms ethniques se terminaient en -īnos [6].

Les expéditions maritimes et le commerce des Sicules nous sont peu connus. Dans l'Odyssée, les prétendants proposent d'envoyer Ulysse dans le pays des Sicules et de l'y vendre comme esclave. D'autre part, le vieux Laerte avait à son service une esclave sicule [7].

On ne songe plus guère à identifier les Sicules aux Shakalousha qui envahirent l'Égypte au temps de Minéph-

---

1. Aristote, Politiques, VII, 9, 2.
2. Thucydide, VI, 4. Cf. le nom de Drépane en Sicile qui signifie « faux » en grec.
3. Servius, ad Aen., III, 707. Scholiaste à Apollonios de Rhodes, IV, 983. F. Lenormant, chez Saglio, Dictionnaire des antiquités grecques et romaines, II, p. 1031.
4. H. d'Arbois de Jubainville, Les premiers habitants de l'Europe, I, p. 327. Freeman, History of Sicily, I, p. 488-490.
5. Thurneysen, Zeitschrift für vergleichende Sprachforschung, XXXV (1899), p. 212-221.
6. Étienne de Byzance, Ἀβακαῖνον.
7. Odyssée, XX, 381-383; XXIV, 211, 366, 389.

tah (xiiie siècle) et qui sont, plus vraisemblablement, les habitants de Sagalassos en Asie Mineure [1].

Les Morgètes avaient occupé avec les Sicules le pays de Rhégium. Ils en avaient été chassés par les Oïnotries et avaient passé en Sicile [2]. D'après Étienne de Byzance, une ville d'Italie, *Morgentia*, conservait le souvenir de leur nom.

LES ITALIOTES [3]

Les peuples que l'on réunit sous le nom d'Italiotes parlaient tous des langues indo-européennes, qu'ils écrivaient soit avec l'alphabet grec, soit avec l'alphabet latin, soit avec des alphabets particuliers [4].

Les plus connus et les plus célèbres de ces peuples sont les Latins. D'après les quelques monuments que l'on a conservés de la langue des Falisques, ceux-ci appartenaient au même groupe de peuples que les Latins.

Un autre groupe, auquel on a donné le nom de Sabellique, comprenait les Sabins [5], les Volsques, les Picentins [6], les Pélignes [7], les Marrucins, les Vestins, les Marses. Les

---

[1]. Voir cependant Sayce (*The Academy*, Sept. 1891, p. 223), qui donne comme argument que les Shakalousha sont nommés dans le grand papyrus Harris avec les Mashouasha, et que ceux-ci sont sans doute les Maxyes de Tunisie, voisins des Sicules.
[2]. Strabon, VI, 1, 6.
[3]. H. d'Arbois de Jubainville, *Les premiers habitants de l'Europe*, II, p. 242-253. Voir aussi les histoires romaines de Modestov (Pétrograde, 1901, trad. Delines, 1907); de Mommsen (7e éd., Berlin, 1882; trad. Alexandre, 1889); de Duruy, 1876-1885; de Schwegler (Tubingue, 1853-1858).
[4]. On trouvera les inscriptions en langues italiques autres que le latin et l'ombrien, chez I. Zvetaieff, *Inscriptiones Italiae inferioris dialecticae*, Moscou, 1886; *Inscriptiones Italiae mediae dialecticae*, Lipsiae, 1884; *Sylloge inscriptionum oscarum*, Pétrograde, 1878. R. S. Conway, *The Italic dialects*, Cambridge, 1897.
[5]. Caton, chez Denys, II, 49.
[6]. Pline, III, 110. Strabon, V, 4, 2.
[7]. Ovide, *Fastes*, III, 95.

Les anciens peuples de l'Europe.

dialectes en sont très variés et les inscriptions recueillies sont très courtes.

Un troisième groupe comprenait les Opiques ou les Osques [1], les Samnites, descendants des Sabins [2], les Hirpins, colonie des Samnites, et les Campaniens [3]. Les langues de ce groupe sont connues par environ deux cents inscriptions, dont deux seulement, le Cippe d'Abella et la Table de Bantia, ont quelque étendue ; les plus anciennes remontent à 400 av. J.-C. ; les plus récentes datent de l'époque impériale.

Le quatrième groupe est constitué par les Ombriens. La langue ombrienne est conservée dans un rituel de sacrifice, antérieur à l'ère chrétienne, datant peut-être de 200 avant J.-C. et connu sous le nom de Tables Eugubines : cinq de ces tables sont en caractères étrusques et deux en caractères latins [4].

Les divers peuples italiques semblent avoir conquis leur domaine sur des peuples pélasgiques [5] : les Oïnotries, les Peucéties. Leur histoire ne nous est guère connue que dans leurs rapports avec les Latins. L'archéologie ne permet pas de distinguer leurs diverses traces. Les plus puissants de ces peuples avant le développement de la puissance romaine semblent avoir été les Sabins et les Ombriens.

Les Sabins habitaient jadis l'Apennin central [6] ; ils provenaient des Ombriens de Réate, d'après Zénodote de

---

1. On trouve *opscus* chez Festus qui cite Ennius. Les Ausones des Grecs (*Aurunci* des Latins) sont identifiés aux Osques par Aristote (*Politiques*, VII, 10, 8) et par Antiochos (Strabon, V, 4, 3). Cf. Servius, *ad Aen.*, VII, 727.
2. Festus, *Samnites*. Varron, VII, 29. Strabon, V, 3, 1.
3. Il semble, d'après Tite Live (X, 20), que l'osque soit compris des Samnites comme des Campaniens.
4. Bréal, *Les Tables Eugubines*, 1875. R. von Planta, *Grammatik der oskisch-umbrischen Dialekte*, Strasbourg, 1892-1897.
5. D'après Étienne de Byzance (Χίος) les Pélasges auraient servi d'esclaves aux Italiotes comme les Hilotes aux Lacédémoniens.
6. Caton, chez Denys d'Halicarnasse, II, 49.

Trézène [1]; mais ils étaient autochthones d'après Strabon [2]. C'est chez eux qu'avait commencé la coutume du *ver sacrum*. A la suite de guerres interminables avec les Ombriens, les Sabins avaient fait le vœu de consacrer aux dieux tous les produits de l'année, et, à la suite d'une disette, ils consacrèrent à Mars tous les enfants nouveau-nés; quand cette génération eut grandi, on l'envoya tout entière au loin fonder une colonie; un taureau lui servait de guide; arrivée dans le pays des Opiques, la bête se coucha à terre; alors, les Sabins attaquèrent les Opiques et, les ayant vaincus, s'établirent sur leurs terres; puis, en signe de reconnaissance au dieu qui les avait guidés, ils immolèrent à Mars le taureau [3]. Varron explique plus simplement cette émigration, que les Sabins renouvelèrent fréquemment, par le trop grand nombre de leurs enfants, et la compare à l'essaimage des abeilles [4]. Il en était résulté que la moitié de l'Italie était occupée par des colonies des Sabins : les Picentins [5], les Marrucins [6], les Pélignes [7], les Marses [8], les Herniques [9], les Samnites [10]. Les Hirpins venaient d'une colonie samnite conduite par un loup (*hirpos* en samnite [11]). Les Sabins étaient renommés pour leur

---

1. Zénodote de Trézène, chez Denys d'Halicarnasse, II, 49.
2. Strabon, V, 3, 1.
3. Strabon, V, 4, 12. Sisenna, chez Nonius, p. 522. Festus, *Mamertini*; *Sacrani*. Paul Diacre, *ver sacrum*. Denys d'Halicarnasse, I, 16. Servius, *ad Aen.*, VII, 796.
4. Varron, *De re rustica*, III, 16, 29.
5. Strabon, V, 4, 1. Pline, III, 110.
6. Caton, chez Priscien, IX, 9, 54.
7. Ovide, *Fastes*, III, 95.
8. Juvénal, III, 169. Paul Diacre, *Hernici*. Scholiaste de Vérone, *ad Aen.*, VII, 684.
9. Servius, *ad Aen.*, VII, 684. Juvénal, XIV, 180. D'après Macrobe (V, 18, 15), les Herniques seraient issus des Pélasges.
10. Varron, *De lingua latina*, VII, 29. Strabon, V, 3, 1. Appien, *Samn.*, fr. 4, 5. Aulu-Gelle, XI, 1, 5. Paul Diacre, *Samnites*, p. 327.
11. Strabon, V, 4, 12. Paul Diacre, *Irpini*. Servius, *ad Aen.*, XI, 785.

sévérité et leur stricte discipline [1]. C'est peut-être pour cela qu'ils se réclamaient des Spartiates et prétendaient être une colonie laconienne [2]. Ils habitaient jadis des villes sans murailles [3].

Les Ombriens étaient, d'après Pline, la plus ancienne nation de l'Italie [4]. Ils avaient fondé la ville d'Améria (en Ombrie) en 1135 avant notre ère [5]. Ce fut sous leur poussée que les Sicules, un siècle plus tard, émigrèrent en Sicile [6]. Ils furent chassés d'Étrurie et du pays de Réate par les Pélasges [7]. Puis ils furent envahis par les Tyrrhènes qui avaient, rapporte-t-on, soumis trois cents de leurs villes [8]. Certains noms de lieux d'Étrurie, comme *Clusium* (anciennement *Camers*), semblent d'origine ombrienne [9]; peut-être même les Ombriens avaient-ils atteint la Méditerranée auprès du fleuve *Umbro*. Ils avaient occupé en Cisalpine Ravenne et Butrium et furent chassés de la vallée du Pô par les Celtes [10]. Ils sont nommés parmi les habitants de la Campanie [11].

On leur attribue, au premier âge du fer, la civilisation des premières phases de l'époque dite de Villanova, du nom d'une nécropole située près de Bologne [12].

---

1. Cicéron, *Contre Vatinius*, 15, 36 ; *Pour Ligarius*, 11, 32 ; *Lettres familières*, XV, 20, 1. Tite Live, I, 18.
2. Plutarque, *Numa*, 1. Denys d'Halicarnasse, II, 49. Strabon, V, 4, 12.
3. Denys d'Halicarnasse, II, 49. Plutarque, *Romulus*, 16. Strabon, V, 3, 1. Cf. au contraire Tite Live, II, 62.
4. Pline, III, 112.
5. Caton, fr. 49 (*H. R. F.*, p. 50).
6. Voir ci-dessus, p. 191.
7. Zénodote, chez Denys d'Halicarnasse, II, 49. Denys (I, 16) mentionne que les Aborigènes chassèrent les Ombriens du pays de Cutilies.
8. Hérodote, I, 94. Strabon, V, 1, 10. Pline, III, 113. Voir ci-dessus, p. 132.
9. Cf. le nom des *Camertes* de Ombrie.
10. Tite Live, V, 35, 2. Strabon, V, 1, 11.
11. Pline, III, 60.
12. Déchelette, *Manuel d'archéologie*, II, p. 536.

L'origine des Ombriens a été discutée par les Anciens, et M. Antonius Gnipho, au 1er siècle avant notre ère, racontait que les Ombriens étaient un vieux rameau des Gaulois [1]. L'étude de la langue ombrienne a fait justice de cette affirmation ; le gaulois n'est pas plus apparenté à l'ombrien qu'il ne l'est au latin [2]. Mais on ne peut nier que le latin et l'osco-ombrien aient passé par une période commune et, d'autre part, qu'une unité, plus lointaine et plus difficile à saisir, l'unité italo-celtique, soit attestée par plusieurs coïncidences linguistiques, dont la plus frappante est le passif et le déponent en -r [3]. Les Italiotes ont donc dû habiter jadis auprès des Celtes, au nord de l'Italie, peut-être en Bohême ou en Moravie.

LES HYPERBORÉENS [4]

Les peuples du nord de l'Europe ont été connus d'abord sous le nom vague d'Hyperboréens (Ὑπερβόρεοι) [5].

Hécatée d'Abdère racontait qu'il y avait, au delà de la Celtique, dans l'Océan, une île qui n'était pas moins grande que la Sicile, et qui était habitée par les Hyperboréens, ainsi nommés parce qu'ils vivent au delà du point d'où souffle Borée. Le sol de cette île est très fertile et produit deux récoltes par an. C'est là que naquit Latone, et les insulaires honorent particulièrement Apollon ; la ville lui est dédiée ; une vaste enceinte et un temple, orné de riches offrandes, lui sont consacrés ; les habitants, qui sont pour la plupart des joueurs de cithare, chantent chaque jour, en

---

1. Solin, II, 11. Servius, ad Aen., XII, 753.
2. H. d'Arbois de Jubainville, Les premiers habitants de l'Europe, II, p. 244-250.
3. A. Meillet, Les dialectes indo-européens, p. 31-39.
4. O. Crusius et M. Mayer chez Roscher, Ausführliches Lexikon der griechischen und römischen Mythologie, Leipzig, I, 1890, p. 2805-2841. H. d'Arbois de Jubainville, l. c., I, p. 234-239.
5. Strabon, XI, 6, 2 ; cf. I, 3, 22.

s'accompagnant de leur instrument, les louanges du dieu. Les Hyperboréens parlent une langue qui leur est propre.

Ils entretiennent des relations amicales avec les Grecs [1], particulièrement avec les Athéniens et les Déliens. Des Grecs sont venus visiter les Hyperboréens, et ont laissé dans le pays de riches offrandes sur lesquelles étaient gravées des inscriptions grecques. L'Hyperboréen Abaris avait jadis traversé la Grèce pour renouveler avec les Déliens l'amitié qui existait entre les deux peuples [2]. Les Hyperboréens envoyaient à Délos des offrandes. Dans les premiers temps, ils prirent pour messagères deux jeunes filles que, pour leur sûreté, ils firent accompagner de cinq de leurs concitoyens. Ni les uns ni les autres ne revinrent jamais. Les cinq Hyperboréens sont connus sous le nom de Perphères et on leur rend de grands honneurs à Délos. Les jeunes filles moururent à Délos [3], et on montre, sur leur tombeau, un olivier qui y a poussé de lui-même. Les jeunes Déliennes, avant de se marier, vont y déposer une boucle de leur chevelure enroulée autour d'un fuseau.

Depuis cette aventure, les Hyperboréens ne firent plus porter leurs offrandes à Délos. Ils se contentaient, écrit Hérodote, de les envelopper de paille de froment et de les remettre à leurs voisins les Scythes ; transmises de peuple en peuple, elles arrivaient à la mer Adriatique. De Dodone, on les transportait au golfe Maliaque, d'où elles passaient en Eubée, de ville en ville, jusqu'à Caryste ; les Carystiens, sans toucher à Andros, les portaient à Ténos, et les gens de Ténos à Délos [4].

---

1. Diodore, II, 47. Cf. Pseudo-Scymnos, 183, 184, 186, qui remplace le nom des Hyperboréens par celui des Celtes. S. Reinach, *Revue celtique*, XII (1891), p. 163.
2. Hécatée d'Abdère chez Diodore, II, 47. Cf. Pindare, *Pyth.*, X, 29-30 ; *Ol.*, III, 14-16. Callimaque, fr. 187, 188. Strabon, XV, 1, 57. Hellanique, fr. 96 (*F. H. G.*, I, p. 58). Pline, IV, 89. Méla, III, 5.
3. Apollodore, I, 4, 5. Pausanias, X, 5, 7. Callimaque, *Hymne à Délos*, 292.
4. Hérodote, IV, 33-35. Cf. Pausanias, I, 31, 2.

L'île des Hyperboréens semble avoir été jadis identifiée à l'Atlantide, car Atlas habite chez les Hyperboréens[1]. Dans la légende des Hyperboréens rapportée par Hérodote, ceux-ci n'habitent pas une île, mais sont établis au delà des Scythes. Aristée de Proconnèse, dans son poème épique sur la guerre des Arimaspes avec les Grypes[2], place au-dessus des Issédons les Arimaspes ; au delà, les Grypes qui gardent l'or ; plus loin, les Hyperboréens qui s'étendent vers la mer[3]. D'autres poètes mettent en rapport les Hyperboréens avec les sources de l'Istros et les monts Rhipées, et mentionnent le culte qu'ils rendaient à Apollon. Damaste l'historien ajoute qu'ils s'étendent jusqu'à l'autre mer et qu'ils habitent au-dessus des monts Rhipées, lesquels sont au-dessus des Arimaspes.

Au IV° siècle avant notre ère, la notion d'Hyperboréens est singulièrement précisée par Héraclide de Pont, qui rapporte que le bruit était venu de l'ouest qu'une armée arrivée de chez les Hyperboréens par l'est, avait pris la ville hellénique de Rome, située quelque part sur les bords de la grande mer. Au Ier siècle avant J.-C., Poseidônios considérait les Hyperboréens comme identiques aux Celtes et les Rhipées comme identiques aux Alpes. Prôtarque définissait les Hyperboréens par « les peuples qui habitent au-dessus des Alpes ». On peut identifier les Celtes même aux Hyperboréens des poètes. Car, non loin des Arimaspes, peuple scythique, on trouve dans le Norique des mines d'or qui font penser aux Grypes gardeurs d'or, et les honneurs rendus à Apollon par les Hyperboréens des sources de l'Istros[4]

---

1. Apollodore, II, 5, 11, 2 ; 13.
2. Cf. G. Tomaschek, *Sitzungsberichte der philosophisch und historischen Classe der kaiserlichen Akademie der Wissenschaften zu Wien*, CXVI (1888), p. 715. Tournier, *De Aristea Proconnesio et Arimaspeo poemate*, 1863.
3. Hérodote, IV, 13.
4. Pindare, *Olympiques*, III, 14-16.

sont à rapprocher du culte d'Apollon Bélénus, dans la région d'Aquilée et chez les Gaulois du Norique, culte prouvé par les textes et les inscriptions [1]. Enfin, on peut suggérer que l'île des Hyperboréens située sur l'autre mer (l'Atlantique et la mer du Nord) est une des Iles Britanniques.

Plutarque rapporte que quelques-unes des îles situées autour de la Grande-Bretagne sont occupées par quelques habitants, qui sont considérés par les Bretons comme sacrés et inviolables, et qu'elles portent des noms de génies et de demi-dieux. Cronos endormi était prisonnier dans une de ces îles [2], les génies lui prodiguaient leurs soins; les hommes qui abordent à ces îles ne peuvent retourner dans leur patrie qu'après avoir voué treize ans au culte du dieu; mais ils préfèrent, pour la plupart, continuer là leur séjour, tant la nature y est charmante et merveilleuse; le soleil ne disparaît que pendant moins d'une heure pendant trente jours [3].

Ainsi, au fond de la notion d'Hyperboréens, on découvrirait toujours les Celtes [4], soit ceux du continent, soit ceux des Iles Britanniques.

Mais il resterait à expliquer les rapports de ces Celtes, si Celtes il y a, avec les habitants de Délos et la conformité de leur culte avec celui d'Apollon Délien [5].

Les archéologues ont rapporté au culte de l'Apollon Hyperboréen le disque accosté de deux protomés de cygnes, qui orne les grandes situles de l'âge du bronze trouvées surtout en Italie, en Allemagne et en Scandinavie. Les

---

1. Holder, *Altceltischer Sprachschatz*, I, c. 371-372.
2. *Des oracles qui ont cessé*, 18.
3. *Du visage qui se voit dans la face de la lune*, 26.
4. H. d'Arbois de Jubainville, *Les premiers habitants de l'Europe*, I, p. 238. *C. I. L.*, V, 732.
5. Cf. chez Apollonios de Rhodes (IV, 612-615) la légende celtique du voyage d'Apollon chez les Hyperboréens.

cygnes rappelleraient la légende de Cycnos, roi des Ligures, changé en cygne par Apollon [1].

LES CELTES [2]

Les Celtes sont le premier peuple de l'Europe septentrionale et occidentale dont les historiens grecs aient connu le nom. Ils habitaient auprès des sources de l'Istros et au delà des colonnes d'Hercule, d'après Hérodote. Ils occupaient, selon Éphore, à l'extrémité du monde, un pays compris entre le couchant d'été et le couchant d'hiver, moins grand que le pays des Éthiopiens et que le pays des Scythes.

Leur nom était, chez les Grecs, d'abord Κελτοί; puis, à partir du IIIe siècle, un second nom, Γαλάται, s'emploie concurremment avec le premier. Quand les historiens commencèrent à distinguer les Germains des Celtes, ils répartirent chacun de ces noms dans un emploi déterminé. Les Romains désignèrent tous les Celtes sous le nom de *Galli*, à l'exception toutefois des Celtes d'Asie Mineure, qu'ils appelèrent *Galatae* [3].

D'où venaient les Celtes? La tradition druidique rapportait qu'une partie des habitants de la Gaule étaient indigènes, mais qu'une autre partie venait des îles les plus éloignées et des régions transrhénanes [4]. Les écrivains anciens avaient recueilli cette tradition; c'était, disaient-ils, des derniers rivages de la terre et, de l'Océan qui

---

1. Déchelette, *Manuel d'archéologie*, II, p. 426-444. Voir ci-dessus, p. 40, 46.
2. Voir C. Jullian, *Histoire de la Gaule*, I. H. d'Arbois de Jubainville, *Les premiers habitants de l'Europe*, II, p. 254-421; *Les Celtes depuis les temps les plus anciens jusqu'en l'an 100 avant notre ère*, 1904. A. Bertrand, *Archéologie celtique et gauloise*, 2e éd., 1889. A. Bertrand et S. Reinach, *Les Celtes dans les vallées du Pô et du Danube*, 1894.
3. Dottin, *Manuel pour servir à l'étude de l'Antiquité celtique*, 2e éd., p. 12.
4. Ammien Marcellin, XV, 9, 4.

entoure tout, qu'ils étaient partis pour envahir l'Italie [1]; les Celtes, ces barbares venus de l'Océan, habitaient aux extrémités de l'Europe, près d'une vaste mer, dont les navires ne peuvent atteindre les limites; elle présente un reflux, des brisants et des monstres qui ne ressemblent en rien à ceux qu'on voit dans les autres mers [2]. Les Celtes avaient quitté leur pays parce que les guerres se multipliaient et que les flots bouillonnants de la mer les chassaient de leurs demeures [3].

L'imprécision de cette description, qui peut s'appliquer aux Iles Britanniques, à l'Océan Atlantique et à la mer du Nord, aux côtes du sud de l'Armorique, des Pays-Bas et du Slesvig, laisse le champ libre aux hypothèses.

L'opinion commune aux Anciens et aux Modernes, qui fait des Celtes les premiers habitants de la Gaule, se heurte à diverses objections. L'établissement des Ligures dans une grande partie de la Gaule et peut-être jusque sur les côtes de la mer du Nord, établissement antérieur aux Celtes, semble suffisamment établi par les textes. Les invasions celtiques au sud-est de l'Europe s'expliquent mieux si le point de départ est un pays moins fertile que la Gaule, et si les envahisseurs, partis de l'ouest, n'ont pas eu à traverser les forêts de la Germanie. C'est au delà du Rhin que les Modernes ont cherché le pays le plus anciennement habité par les Celtes. Des noms de lieux et de peuples, incontestablement celtiques, conservent d'ailleurs le souvenir de fondations durables des Celtes au centre de l'Europe. Les noms de lieux sont, les uns en -*dunum* et désignent des enceintes fortifiées, comme *Carro-dunum*

1. Florus, I, 13. Cf. Tite Live, V, 37, 2.
2. Pausanias, I, 3, 6.
3. Ammien Marcellin, XV, 9, 4. Plutarque, qui semble faire partir de la Gaule les Celtes, les représente, les uns se répandant vers l'Océan boréal et les extrémités de l'Europe, les autres s'établissant entre les Pyrénées et les Alpes avant de descendre en Italie (*Camille*, 15).

(Karnberg en Bavière, Krappvitz? en Silésie, Pittomaza? en Croatie); d'autres en -*magus* et désignent, semble-t-il, des marchés, comme *Gabro-magus* (Windischgarsten? en Haute Autriche); d'autres en -*ritum* et désignent des gués, comme *Loco-ritum* (Lohr-am-Main, en Bavière); d'autres en -*bona*, comme *Vindo-bona* (Vienne en Autriche). Des noms de peuples celtiques établis au centre de l'Europe sont identiques à des noms de peuples de Gaule : tels les Volques Tectosages près de la forêt Hercynienne, les *Brigantii* de Rhétie et les Boïens de Bohême. Le pays des Celtes s'étendait jusqu'aux bords de la mer dans des régions souvent inondées, qui sont sans doute les côtes de la mer du Nord, et d'où ils avaient pu, de bonne heure, passer dans les Iles Britanniques. Mais le berceau primitif des Celtes semble avoir été le bassin du haut Danube, où l'on trouve non seulement des noms celtiques de villes, mais aussi des noms celtiques de rivières [1], comme *Dubra* Tauber, *Labara* Laber, *Lutra* Lauter.

A la réserve de donner aux noms par lesquels les Anciens désignent le pays de Celtes, Κελτική, *Celticum*, *Gallia*, un sens plus large que celui qu'ils eurent dans la langue administrative de l'époque romaine, on peut admettre que les textes des anciens historiens nous tracent une histoire fidèle des développements successifs de l'empire celtique. Ainsi Sempronius Asellio place en Gaule, *in Gallia*, la ville de Noreia (Neumarkt en Styrie [2]), conservant ainsi la tradition de l'établissement des Celtes dans l'Europe centrale.

Ce serait seulement entre le vii⁰ et le v⁰ siècle avant notre ère que les Celtes seraient arrivés dans le nord de la Gaule. Tandis qu'au vii⁰ siècle, on ne mentionne que des Ligures à l'ouest de l'Europe, au v⁰ siècle la région jadis habitée par les Ligures sur les côtes septentrionales de la

---

1. H. d'Arbois de Jubainville, *Les premiers habitants de l'Europe*, II, p. 278-282.
2. Scholiaste de Virgile, *Géorgiques*, III, 474.

Gaule est alors occupée par les Celtes [1]. La légende de l'ambre, localisée d'abord chez les Ligures, l'est ensuite chez les Celtes [2]. Les Celtes durent livrer de nombreux combats et ravagèrent le pays des Ligures, qui, au v⁰ siècle, était vide d'habitants [3]. Nous ignorons comment ils s'établirent en Gaule, où ils n'occupèrent sans doute d'abord que la partie qui portait, au temps de César, le nom de Celtique. La présence en Gaule de la presque totalité des noms en *-magus* qui désignaient des marchés, et non des forteresses, montre l'état pacifique de la domination celtique dans notre pays.

Les principales inscriptions gauloises en caractères latins ont été trouvées dans la Gaule centrale; la plus étendue est le calendrier de Coligny (Ain). On n'a, jusqu'à présent, pu en expliquer que quelques mots par les langues celtiques.

Ce fut sans doute après avoir occupé la Gaule que les Celtes pénétrèrent en Espagne; ils traversèrent peut-être l'Aquitaine, où l'on trouve quelques noms celtiques de peuples et de villes : les Bituriges Vivisques dans le Bordelais, les Boïens dans le pays de Buch, *Lugdunum Convenarum* (fondé en 72) dans le Comminge, les Nitiobroges dans le pays d'Agen, les Volques Tectosages à Toulouse. Il ne semble pas, en effet, que les Celtes soient arrivés par mer en Espagne; aucun témoignage n'établit qu'ils fussent une puissance maritime, et Marseille, le grand port de la Gaule méridionale, était encore en pays ligure à la fin du vi⁰ siècle. Mais, vers le milieu du v⁰ siècle, les Celtes étaient voisins des Cynètes qui étaient le dernier peuple d'Espagne du côté du couchant [4]. Au v⁰ siècle, les Cynètes étaient établis

---

1. Pseudo-Hésiode, fr. 132. Aviénus, *Ora maritima*, 130-135.
2. Voir ci-dessus, p. 40.
3. Aviénus, *Ora maritima*, 129-142. Cf. Lucain, I, 443-444.
4. Hérodote, II, 33; IV, 49. M. Jullian (*Revue des études anciennes*, VII (1905), p. 375-380) croit que cette indication vague peut s'appliquer à la Celtique de Gaule, au nord des Pyrénées.

au sud-ouest de l'Espagne. Il est possible qu'antérieurement leur domaine fût plus étendu, et il est dès lors difficile de préciser l'étendue de la domination celtique en Espagne.

Les noms de peuples qui s'y rapportent sont bien connus. Sur les bords de l'Anas (Guadiana) et du Tage était établi un peuple que les Grecs appelaient les Celtibères et dont les principales tribus étaient les Arvaques et les Lusons. Au nord des Celtibères habitaient les Vérons, qui provenaient de l'expédition des Celtes [1]. Le sud-est de la péninsule ibérique jusqu'à Cadix était aussi occupé par une population en majorité celtique [2]. Au nord-ouest, auprès du cap Celtique, des *Celtici* étaient voisins des Artabres, que Pomponius Méla regarde comme un peuple celtique [3].

La répartition des noms celtiques de lieux confirme les connaissances ethnographiques des Anciens. Les noms en -*dunum*, qui sont les noms d'*oppida*, de beaucoup les plus répandus ailleurs, sont, en Espagne, très rares ; les noms de forteresses terminés en -*briga*, très rares ailleurs, forment en Espagne la presque totalité des noms celtiques [4]. Les uns qui ont pour premier terme des noms gaulois, comme *Nerto-briga*, *Sego-briga* sont sans doute des fondations celtiques ; d'autres, qui ont pour premier terme des noms ibères, comme *Caeto-briga*, *Arco-briga*, *Cala-dunum*, *Estle-dunum* sont des noms d'imitation, qui conservent pourtant un souvenir de l'influence des Celtes. *Brigantium*, nom d'une ville de Galice, désigne aussi une ville de Rhétie, et *Brigantia* est le nom d'une déesse de Grande-Bretagne.

L'onomastique ne permet pas de douter de l'invasion des Celtes en Espagne. Mais une grande partie de la pénin-

---

1. Strabon, III, 4, 12.
2. Strabon, III, 1, 6. Eratosthène, chez Strabon, II, 4, 4. Éphore, chez Strabon, IV, 4, 6.
3. Strabon, III, 3, 5. Méla, III, 13. Le cap est appelé Νέριον par Strabon.
4. Dottin, *Manuel pour servir à l'étude de l'Antiquité celtique*, 2ᵉ éd., p. 429-430, 439-441.

sule n'offre presque aucun nom celtique : par exemple, tout le versant de la Méditerranée, et l'Andalousie, c'est-à-dire les régions les plus riches et les plus fertiles. Il faut donc admettre que les Celtes, venus de Gaule par l'extrémité occidentale des Pyrénées, ont été refoulés par les Ibères à l'ouest de la péninsule. Ce sont les Celtes d'Espagne que les Grecs semblent avoir connu les premiers. Ils devaient donc être établis d'abord sur les côtes orientales de la péninsule, là où le pseudo-Scymnos met, entre les Ibères et les Ligures, un peuple bébryce, qu'Aviénus appelle Bérybraces [1], d'un nom à apparence celtique.

Les expéditions les plus fameuses et qui mirent en mouvement trois cent mille Celtes [2] se placent vers la fin du Ve siècle [3]. Ambigat était alors roi des Bituriges, qui avaient la suprématie sur les autres Celtes. L'accroissement de la population nécessita une émigration, qui fut conduite par deux neveux du roi, Bellovèse et Ségovèse. Ceux-ci laissèrent aux dieux de décider le pays qu'ils envahiraient. Ségovèse se dirigea vers la forêt Hercynienne; Bellovèse, vers l'Italie. Tandis que nous ignorons le détail de l'expédition de Ségovèse, les succès de Bellovèse, qui conquit la vallée du Pô, et des Gaulois, qui, à sa suite, pénétrèrent jusque dans Rome (390), sont bien connus. Jusqu'en 349, les Celtes prolongèrent leurs incursions en Italie, dont certaines s'étendirent à la Campanie. Les noms des tribus qui s'établirent à demeure en Cisalpine : les Caturiges, les Sénons, les Lingons, les Boïens, les Insubres,

---

1. Pseudo-Scymnos, 199-203 (*G. G. M.*, I, p. 203-204). Aviénus, *Ora maritima*, 483-489. M. Jullian remarque avec raison que les renseignements d'Hérodote, qui mélange les Celtes, la ville de Pyréné et les sources de l'Istros, sont assez incohérents (*Histoire de la Gaule*, I, p. 308, n. 5).
2. Justin, XXIV, 4, 1.
3. Tite Live (V, 34) fixe au temps de Tarquin l'Ancien (vers 600) le règne d'Ambigat et l'expédition de Bellovèse. Il est en contradiction avec Polybe (I, 6; II, 17).

les Cénomans sont, en même temps, des noms de tribus de la Gaule transalpine. C'est sur les Étrusques qu'ils conquirent Melpum (396), Felsina, les territoires de Parme, de Modène et de Bologne, et sur les Ombriens qu'ils conquirent Ravenne [1].

Ils furent les alliés de Denys de Syracuse qui avait attaqué les Grecs du sud de l'Italie [2], vers 385. Ils durent aussi refouler les Ligures dans leurs montagnes ; des noms de lieux, comme *Bodinco-magus* (formé d'un terme ligure [3] et d'un terme gaulois), ou comme *Epo-redia* (dont les deux termes sont gaulois [4], témoignent de l'existence d'établissements celtiques en pays ligure. Nous ignorons le détail de leurs luttes à l'est avec les Vénètes illyriens, mais nous savons que les habitants de Padoue se tenaient sous les armes par crainte de leurs voisins les Gaulois [5]. C'était l'envahissement de la Cisalpine par les Vénètes qui avait forcé les Celtes à traiter avec les Romains [6].

Les inscriptions de Cisalpine que l'on croit pouvoir attribuer aux Celtes sont écrites en caractères étrusques. Une d'entre elles, l'inscription de Todi, est bilingue, mais le texte latin n'est pas exactement la traduction du texte supposé gaulois [7].

Peu après l'invasion de l'Italie [8], les Scordisques, peuple gaulois de l'Europe centrale, s'établirent entre la Save et la Drave, autour de *Singi-dunum* (Belgrade) ; ils envahirent

---

1. Tite Live, V, 35 ; XXIII, 37 ; XXXVII, 57 ; XXXIX, 55. Pline, III, 115 ; 125. Polybe, II, 17.
2. Justin, XX, 5. Diodore (XIV, 117) dit que les Celtes pénétrèrent jusqu'en Iapygie.
3. Voir ci-dessus, p. 185.
4. Voir Dottin, *Manuel pour servir à l'étude de l'Antiquité celtique*, 2ᵉ éd., p. 66.
5. Tite Live, X, 2, 9.
6. Polybe, II, 18.
7. Dottin, *Manuel pour servir à l'étude de l'Antiquité celtique*, 2ᵉ éd., p. 94.
8. Justin, XXIV, 4, 3.

la Pannonie et en chassèrent les Autariates, peuple illyrien [1]. Trogue Pompée semble identifier cette expédition à celle de Ségovèse [2].

Les Celtes, vainqueurs, luttèrent, pendant de nombreuses années avec leurs voisins [3]. Ils furent en guerre avec les Ardiées, peuple illyrien des bords de l'Adriatique [4]. Les Iapodes d'Illyrie étaient, au temps de Strabon, un mélange d'Illyriens et de Celtes [5]. Les Taurisques, établis au nord des Iapodes, sont aussi un peuple celtique [6]. On trouve en Pannonie supérieure un peuple celtique, les *Boii*, sans doute rameau des *Boii* de Bohême [7]. Quelques noms d'origine celtique témoignent de l'occupation par les Celtes de quelques parties du territoire illyrien : *Brigantium* (Bregenz), *Masciacus* (en Tyrol), *Nevio-dunum* (en Carniole), *Matu-caium* (en Carinthie), *Graviacae* (province de Salzburg) ; *Carnuntum* (Petronell), *Gabro-magus*, *Vindo-bona* (Vienne), *Arrabona* (en Autriche). Les noms celtiques de personnes sont particulièrement nombreux dans les inscriptions latines de l'Europe centrale [8].

Les Celtes s'étendaient jusqu'à la Scythie, si l'on tient compte du nom d'une peuplade mélangée de Celtes et de Scythes, les Κελτοσκύθαι [9] ; il y avait près du Dniester et de la mer Noire, une ville de *Carro-dunum*. Il est possible aussi que les Celtes aient dominé les Germains ; le vocabu-

---

1. Strabon, VII, 5, 11.
2. Voir C. Jullian, *Histoire de la Gaule*, I, p. 302, qui pense que l'État des Scordisques fut fondé par les anciens soldats de Brennos après leur expédition en Grèce.
3. Justin, XXIV, 4.
4. Théopompe, fr. 41 (*F. H. G.*, I, p. 284-285).
5. Strabon, IV, 6, 10.
6. Strabon, VII, 2, 2.
7. Strabon, V, 1, 6 ; VII, 1, 5. César (VI, 24) signale l'ancien établissement en Germanie, près de la forêt Hercynienne, de Volques Tectosages.
8. H. d'Arbois de Jubainville, *Les Celtes*, p. 131-132.
9. Strabon, XI, 6, 2. Plutarque, *Marius*, 11, 7.

laire des deux peuples présente de nombreux rapports, et les noms propres en -*rich*, en particulier, sont empruntés aux Celtes [1].

Sur la date de l'arrivée des Celtes dans la Gaule méridionale, nous ne savons rien de précis, sinon que les Ibéro-Ligures qui habitaient, au milieu du IV° siècle, entre les Pyrénées et le Rhône, et que les Ligures qui, à la même époque, étaient établis entre le Rhône et les Alpes [2], étaient remplacés en 218 par les Celtes [3]. Il est possible, toutefois, que cette arrivée soit un peu plus ancienne et contemporaine, au moins, de la descente des Celtes en Italie [4]. Les Celtes s'étaient mélangés aux Ligures, au point qu'on avait créé un nom ethnique spécial, Celtoligures, pour désigner les habitants de la région qui s'étend de Marseille au Rhône [5] et aux Alpes. Dès 400, le roi gaulois Catumandus, à la tête de Gaulois et de Ligures, avait assiégé Marseille [6].

Les inscriptions gauloises de la Narbonnaise sont écrites en caractères grecs. Elles sont rédigées peut-être dans un dialecte plus apparenté à l'italique qu'au celtique [7].

En 298, des Celtes, partis sans doute de Pannonie [8], se dirigèrent, au nombre de cent cinquante mille fantassins et vingt mille quatre cents cavaliers, vers la péninsule des Balkans. Ils envahirent la Thrace [9], la Péonie, la Macédoine

---

[1]. H. d'Arbois de Jubainville, *Les premiers habitants de l'Europe*, II, p. 330-383.
[2]. Pseudo-Scylax, 3-4 (*G. G. M.*, I, p. 17).
[3]. Polybe, III, 40; 41; 43.
[4]. Justin, XLIII, 4-5, la fait contemporaine de la prise de Rome (390).
[5]. Strabon, IV, 6, 3.
[6]. Justin, XLIII, 5. Tite Live, V, 34, 8.
[7]. M. Bréal, *Revue archéologique*, XXXI (1897), p. 104-108. H. d'Arbois de Jubainville, *Éléments de la grammaire celtique*, p. 173-177.
[8]. Justin, XXIV, 4.
[9]. Pline, XXXI, 53. Pausanias, X, 19, 5-6.

Les anciens peuples de l'Europe.

et l'Illyrie [1], puis la Thessalie [2]. Arrêtés en Étolie [3] et à Delphes [4], les uns allèrent fonder un royaume en Thrace [5]; d'autres s'établirent au centre de l'Asie Mineure en Galatie [6], où l'on a relevé d'ailleurs des noms de lieux celtiques en -*magus*, comme *Scingo-magus*; en -*briga*, comme *Eccobriga*; et des noms de peuples celtiques comme *Tectosages*. Ce fut peut-être l'établissement des Celtes qui présenta le plus de cohésion et de centralisation. Chacun des trois peuples, qui parlaient la même langue et ne présentaient point entre eux de différences sensibles, était divisé en quatre tétrarchies, dont chacune avait à sa tête un tétrarque assisté d'un juge et d'un chef militaire. Le conseil des douze tétrarques comprenait trois cents membres, spécialement chargés de juger les procès pour meurtre et qui se réunissaient dans un endroit appelé Δρυνέμετον [7].

Cette expédition d'Asie Mineure fut la dernière des grandes randonnées celtiques dans le monde. En dépit de leur apparence désordonnée et farouche, elles avaient toutes un but précis et pacifique : obtenir des peuples voisins des terres à exploiter. Ces fiers guerriers étaient, au fond, des agriculteurs. Leur but ne fut que partiellement atteint. Ils avaient acquis les vallées fertiles de la Gaule et la riche plaine du Pô ; mais, ailleurs, leur victoire sur des peuples mal organisés et sans cohésion n'eut pas de résultat durable. Ils ne furent pas maîtres de la vallée de l'Èbre ; ils ne purent s'implanter dans l'Italie centrale, ni en Grèce. Pour

---

1. Justin, XXIV, 4-6; Pausanias, X, 19, 6-7; 9. Cf. Diodore, XXII, 9, 1, qui donne le chiffre de 10.000 cavaliers.
2. Pausanias, X, 20, 1.
3. Pausanias, X, 22, 5.
4. Justin, XXIV, 8; Pausanias, X, 23.
5. Polybe, IV, 45-46.
6. Tite Live, XXXVIII, 16, 10. Justin, XXV, 2. Pausanias, X, 30, 9.
7. Strabon, XII, 5, 1. Le second terme de *dru-nemeton* signifie en celtique « lieu consacré ».

fonder l'empire durable auquel ils avaient sans doute rêvé, il leur aurait fallu dominer sur la mer [1].

A une date que l'on ne peut déterminer exactement, mais qui est peut-être contemporaine de la descente des Celtes en Grèce, d'autres Celtes, venus de Germanie, avaient passé le Rhin, s'étaient établis au nord-est de la Gaule, attirés par la fertilité du sol, et en avaient chassé les Gaulois [2]. Les Romains les appelaient *Belgae*, Belges ; les Grecs, Γαλάται [3]. Peut-être aussi, faut-il les retrouver dans les Gésates du Rhône, que commandait le roi belge Virdomar et qui furent appelés au secours des Insubres de Cisalpine, en 223 ; ces Gésates sont qualifiés de *semi-germani* [4].

Les archéologues distinguent dans la Gaule du nord-est deux sortes de sépultures [5]. Pendant la première et la seconde phase de la civilisation de La Tène, ce sont les sépultures plates par inhumation qui dominent ; ces sépultures sont riches en armes, en chars de guerre, en mobilier de toute sorte ; on y trouve des vases, de provenance italique ou grecque, que l'on peut dater du ve siècle, et du corail. Pendant la troisième phase, les sépultures à incinération sont d'un usage général ; les armes sont rares ; le mobilier est pauvre ; les monnaies commencent à apparaître. Il est vraisemblable que les premières tombes sont celles des anciens Gaulois qui, anciennement, ne brûlaient pas les morts [6], et que les tombes de La Tène III renferment les restes des Belges qui, comme les Germains, pratiquaient l'incinération [7].

1. Jullian, *Histoire de la Gaule*, I, p. 331.
2. César, II, 4, 2.
3. Jullian, *Histoire de la Gaule*, I, p. 318.
4. Tite Live, XXI, 38, 8. Cf. Polybe, II, 21-34. Florus, I, 20. Properce, V, 10, 40.
5. Déchelette, *Manuel d'archéologie*, II, p. 578, 1019-1043.
6. Tite Live, V, 48.
7. Déchelette, *Manuel d'archéologie*, II, p. 1014.

Peu de temps avant la conquête de la Gaule par César, un roi des Suessions, Diviciacus, avait régné, non seulement sur une grande partie de la Belgique, mais encore sur la Grande-Bretagne. Les Belges avaient été attirés en Grande-Bretagne par la guerre ou le désir du butin [1]. A quelle date remontait l'invasion des Celtes en Grande-Bretagne ? Les nombreux noms de lieux et de peuples celtiques de ce pays [2] ne fournissent pas de réponse à cette question. Ce sont, ainsi qu'en Gaule, des noms en -*dunum*, comme *Cambodunum* (Slack); en -*durum*, comme *Lacto-durum* (Towcester); en -*nemetum*, comme *Medio-nemetum* (Kirkintilloch); en -*magus*, comme *Novio-magus* (Hollywood hill); en -*ritum*, comme *Cambo-ritum* (Icklingham); en -*lanium*, comme *Medio-lanium* (Clawddcoch); et des noms de peuples comme *Belgae*, *Atrebates*, *Catuellauni*, *Brigantes*, *Parisii*. Les langues celtiques parlées dans les Îles Britanniques sont parvenues jusqu'à nous; ce sont le gaélique conservé en Irlande et en Écosse, et le brittonique parlé jadis en Angleterre et qui ne subsiste actuellement qu'au Pays de Galles. Ces deux langues sont si différentes l'une de l'autre que les tribus qui les ont parlées ont dû être séparées l'une de l'autre pendant plusieurs siècles. La première invasion, par la tribu dont les descendants parlent le gaélique, langue plus archaïque que le brittonique, peut être antérieure à l'*Iliade*, si le nom de l'étain, en grec κασσίτερος, qui se trouve dans l'*Iliade*, est d'origine celtique [3]. La seconde invasion, par la tribu dont les descendants parlent le brittonique, pourrait être datée du IIIe siècle, lorsque les Belges s'établirent dans le nord de la Gaule.

Nous ne connaissons guère des Celtes, antérieurement à la conquête de la Gaule par César, que leur organisation

---

1. César, II, 4; V, 12.
2. Ripley, *The races of Europe*, p. 312.
3. Reinach, *L'Anthropologie*, III (1892), p. 275-281; X (1899), p. 397-409.

guerrière. Les peuples étaient formés de tribus, formées sans doute elles-mêmes de familles. Les Boïens d'Italie étaient groupés en cent douze tribus [1]. Le chef de la tribu porte chez les écrivains latins le nom de *rex* ou de *regulus* [2]. Lorsque l'expédition comporte un grand nombre de tribus, elle est d'ordinaire commandée par un chef unique [3], assisté du conseil formé par les rois des autres tribus [4]. Les conflits entre les tribus sont aussi fréquents que les alliances [5]. Il est vraisemblable que le chef de la tribu réunissait en lui les pouvoirs militaire, administratif, judiciaire et religieux [6]. Les chefs s'entouraient d'une clientèle formée d'hommes dévoués à leur personne [7]. Ils prenaient conseil, dans les circonstances graves, des anciens de la tribu [8] et aussi de la plèbe assemblée en armes [9]. Les rois les plus célèbres des anciens Celtes avaient été Ambigat, qui lança sur l'Europe les invasions du IVe siècle, et Cavaros, roi des Galates de Thrace, auquel sa loyauté et son autorité morale avaient valu d'être choisi comme arbitre entre les Byzantins et les Bithyniens [10].

Les expéditions des Celtes comportaient sans doute la tribu tout entière, avec les femmes et les enfants, que des chariots transportaient [11]. La domination des femmes, très fréquente, nous dit Aristote, chez les peuples belliqueux,

---

1. Caton, chez Pline, III, 116.
2. Tite Live, XXXVIII, 16, 2 ; V, 38, 3 ; XXI, 29, 6 ; XXXIII, 36, 4 ; XLIII, 5, 1 ; XLIV, 14, 1. Justin, XLIII, 5, 5.
3. Tite Live, V, 38, 3. Pausanias, X, 19, 7. Polybe, IV, 45, 10.
4. Polybe, II, 26, 4. Tite Live, XLIV, 27, 2.
5. Strabon, V, 1, 9. Polybe, II, 24, 8. Tite Live, XXI, 55, 4 ; XXXII, 30, 7.
6. Tite Live, V, 34, 3-4. Justin, XLIII, 5, 5.
7. Polybe, II, 17, 12.
8. Tite Live, XXXII, 30, 6 ; XXXIII, 23, 5 ; XXXVI, 40, 11 ; XXXIX, 55, 1.
9. Polybe, II, 19, 3 ; 21, 5 (Boïens).
10. Polybe, IV, 52, 1.
11. Plutarque, *Camille*, 15. Polybe, V, 78, 1. Diodore, XXII, 9, 1.

était inconnue chez les Celtes [1]. C'était pourtant une femme qui avait guidé les Gaulois lorsqu'ils franchirent le Danube, et qui était devenue leur reine dans le pays qu'ils conquirent [2]. L'héroïsme de Chiomara, femme d'Ortiagon, roi des Galates de Phrygie, était resté célèbre dans l'Antiquité [3]. En Grande-Bretagne et en Calédonie la communauté des femmes existait, soit à l'intérieur de la famille, soit même en dehors de la famille [4]; mais il ne semble pas que César l'ait trouvée en Gaule lors de la conquête [5].

Les Celtes passaient chez les Anciens pour les plus religieux des hommes [6]. Leurs dieux ont été assimilés aux dieux grecs et romains. Chez les Insubres, les Gésates et les Scordisques, il y a un dieu Mars. Chez les Gésates, un dieu Vulcain [7]. Les déesses sont Athêna chez les Insubres [8], Bellone chez les Scordisques [9]. A l'époque romaine, à côté des dieux assimilés aux dieux des Romains, on trouve en Gaule des représentations de divinités plus originales (le dieu au maillet, le dieu à la roue, le dieu accroupi, l'Anguipède, le Bûcheron, le Taureau aux trois grues, les dieux cornus), qui, si elles ne proviennent pas des cultes locaux antérieurs à l'arrivée des Celtes, sont les documents les plus précieux que nous possédions sur les anciennes religions celtiques [10].

1. Aristote, *Politiques*, II, 6, 6.
2. *Revue des études anciennes*, VIII (1906), p. 123.
3. Polybe, XXII, 21. Tite Live, XXXVIII, 24. Plutarque, *Vertus des femmes*, 22.
4. César, V, 14. Dion Cassius, LXXVI, 12.
5. César, VI, 19; VII, 66, 7.
6. Tite Live, V, 46, 3. Justin, XXIV, 4, 3. Denys d'Halicarnasse, VII, 70. Élien, *Histoire variée*, II, 31. Sur la plus ancienne religion gauloise, voir Jullian, *Revue des études anciennes*, IV (1902)-VI (1904), et à part, Bordeaux, 1903.
7. Florus, I, 20. Ammien, XXVII, 4, 4.
8. Polybe, II, 32, 6.
9. Ammien, XXVII, 4, 4.
10. Dottin, *Manuel pour servir à l'étude de l'Antiquité celtique*, 2ᵉ éd., p. 317-327.

Les dieux faisaient connaître leurs volontés par le vol des oiseaux, les songes, les entrailles des victimes [1]. Les Celtes leur offraient des sacrifices, sacrifices d'animaux, sacrifices humains, où ils immolaient des prisonniers de guerre [2] et quelquefois même leurs femmes et leurs enfants [3]. Ils leur faisaient des présents : monceaux d'armes [4], amas d'or et d'argent [5]. Des crânes de chefs ennemis, transformés en coupes, servaient aux libations dans les temples [6].

Il ne semble pas qu'il y ait eu des prêtres en dehors des desservants des temples, comme ceux que l'on trouvait chez les Boïens de Cisalpine [7]. Les druides, dont la science venait de Grande-Bretagne, ne sont guère connus avant Poseidônios.

Les chars de guerre, montés par un guerrier et son écuyer comme dans les batailles de l'épopée homérique, ont été anciennement employés par les Celtes [8]. On a trouvé dans les tombes de Champagne de l'époque de La Tène I de nombreux vestiges de cette sorte de chars [9]. La cavalerie [10] fut de bonne heure, semble-t-il, substituée à l'arme caractérisée par le char de guerre. A la bataille de Sentinum, ce fut elle, en chargeant en masse, qui décida du succès de la bataille [11]. Dans l'armée de Brennos, chaque cavalier avait à sa suite deux écuyers destinés à tenir sa place dans la bataille s'il était blessé ou tué, et à lui fournir des

1. Justin, XXIV, 4, 3 ; XXVI, 2, 2 ; XLIII, 5, 5. Tite Live, V, 34.
2. Pausanias, X, 22, 3. Silius, V, 652-653. Diodore, XXXI, 13.
3. Justin, XXVI, 2, 2.
4. Tite Live, V, 39, 1. Florus, I, 20. Élien, *Histoire variée*, XII, 23.
5. Florus, I, 20.
6. Tite Live, XXIII, 24, 12. Ammien, XXVII, 4, 4. Orose, V, 23, 18. Florus, I, 38. Silius, XIII, 482.
7. Pausanias, X, 21, 1. Tite Live, XXIII, 24, 12.
8. Polybe, II, 28, 5. Cf. Tite Live, X, 28, 8. Diodore, V, 21 (Bretons).
9. Déchelette, *Manuel d'archéologie*, II, p. 1180-1190.
10. Plutarque, *Marcellus*, 6, 5. Polybe, II, 28, 9. Tite Live, XXXVIII, 18, 5.
11. Tite-Live, X, 28, 8-11.

chevaux pour remplacer le sien. Cet ensemble de trois cavaliers s'appelait, nous dit Pausanias, τριμαρκισία, de τρι- « trois » et μαρκα « cheval [1] ». Une organisation analogue existait chez les Celtes du Danube [2]. Une des coutumes guerrières des cavaliers gaulois était de rapporter, suspendues au poitrail de leurs chevaux et à la pointe de leurs lances, les têtes de leurs ennemis [3].

L'infanterie combattait en rangs serrés sur plusieurs lignes [4]. Parfois, de la première ligne sortaient des champions qui défiaient les ennemis et leur proposaient des combats singuliers [5].

Les armes défensives du Celte étaient peu nombreuses. Le casque et la cuirasse ne sont pas mentionnés [6]. Le bouclier est long et lourd [7]. A l'exception des boucliers dont on trouve surtout les *umbo*, les bordures et les poignées, les vestiges d'armes défensives sont rares dans les tombes gauloises de l'époque de La Tène. On a quelques représentations figurées d'armes, mais seulement à l'époque gallo-romaine [8]. A la bataille de Télamon, les Celtes n'étaient couverts que de braies et de saies [9]; quelques-uns même se présentaient au combat le torse nu [10].

L'arme offensive caractéristique des Celtes était la grande épée de fer sans pointe, au tranchant affilé [11]. Elle était, dit-

---

1. Pausanias, X, 19, 9-12. Tite Live, XLIV, 26, 3. Plutarque, *Paul Émile*, 12 (Bastarnes).
2. Tite Live, XLIV, 26, 3.
3. Tite Live, X, 26, 11.
4. Tite Live, X, 29, 6.
5. Tite Live, VII, 9 ; 26. Quadrigarius, chez Aulu-Gelle, IX, 11; 13.
6. Voir toutefois Silius Italicus, I, 624. Plutarque, *Marcellus*, 7-8.
7. Polybe, II, 30, 3. Tite Live, XXXVIII, 21, 4.
8. Déchelette, *Manuel d'archéologie*, II, p. 1155-1180.
9. Polybe, II, 28, 7.
10. Polybe, II, 28, 8.
11. Polybe, II, 30, 8 ; 33, 3. Tite Live, XXII, 46, 5. Plutarque, *Camille*, 40-41. Appien, *Celtique*, 8. Denys d'Halicarnasse, XIV, 9, 13. Polyen, VIII, 7, 2.

on, mal trempée et pliait souvent au choc [1]. Les lances sont mentionnées chez les Gésates, les Insubres et les Sénons [2]. Les javelots, *gaesa*, semblent propres aux Gaulois des Alpes [3]. La fronde et l'arc semblent réservés à la chasse plutôt qu'à la guerre [4].

Les tombes des pays celtiques nous ont livré divers types d'épées : à l'époque de Hallstatt, de grandes épées de fer, longues d'un mètre au moins, et à pointe mousse; à l'époque de La Tène, des épées courtes, d'abord effilées, qui deviennent de plus en plus obtuses à mesure que l'on se rapproche de l'époque romaine. Ce sont les épées de Hallstatt qui répondent le mieux à la description de Polybe; mais on n'en a point jusqu'ici découvert en Cisalpine [5]. Dans quelques tombes de Hallstatt, les javelots ensevelis avec le guerrier sont au nombre de deux, comme chez les Gaulois des Alpes [6].

Le type des anciens Celtes semble consacré par la tradition antique. Ils étaient de haute stature; leur peau était blanche [7], leurs cheveux blonds, longs et touffus [8]. Ils avaient moins de vigueur réelle que de force apparente; ils résistaient mal à la chaleur [9]. C'étaient de grands mangeurs [10] et de grands buveurs [11].

---

1. Polybe, II, 33, 3. Plutarque, *Camille*, 41, 5. Cf. S. Reinach, *L'Anthropologie*, XVII (1906), p. 343-358.
2. Plutarque, *Marcellus*, 7. Tite Live, XXII, 6, 4; X, 26, 11.
3. Properce, V, 10, 42. Virgile, *Énéide*, VIII, 662. Silius, I, 629.
4. Tite Live, XXXVIII, 19, 6; 21, 5.
5. Déchelette, *Manuel d'archéologie*, II, p. 725-730, 1106-1132.
6. E. von Sacken, *Das Grabfeld von Hallstatt*, p. 36-37. Cf. Virgile, *Énéide*, VIII, 661-662.
7. Polybe, II, 15, 7; 30, 3. Tite Live, XXXVIII, 17; 21. Denys d'Halicarnasse, XIV, 8, 12. Plutarque, *Paul Émile*, 12. Arrien, *Anabase*, I, 4, 6. Pausanias, X, 20, 7.
8. Tite Live, XXXVIII, 17, 3. Denys d'Halicarnasse, XIV, 9, 15.
9. Polybe, III, 79, 4. Tite Live, V, 44, 4; X, 28, 3; XXII, 2, 6; XXXIV, 47, 5; XXXV, 5, 7; XXXVIII, 17, 7. Denys d'Halicarnasse, XIV, 8, 12.
10. Tite Live, V, 44, 6. Denys, XIV, 8, 12.
11. Polybe, XI, 3, 1; cf. II, 19, 4. Tite Live, V, 44, 6; 45, 3; cf.

Leur bravoure se manifestait par des accès de fureur sauvage [1]; mais elle était sujette à de terribles paniques et à de prompts abattements [2].

Vaniteux [3], hâbleurs [4], plus passionnés que raisonneurs [5], légers, inconstants et indisciplinés [6], mais spirituels [7], hospitaliers [8], ennemis des stratagèmes et des injustices [9], tels les Celtes ont été représentés par les historiens de l'Antiquité. Il est probable qu'ils n'étaient ni meilleurs, ni pires que les autres conquérants barbares de l'Europe[10]. Les Grecs et les Romains n'ont guère connu les anciens Celtes que dans leurs œuvres de guerre, lorsqu'ils pillaient et tuaient en leurs courses aventureuses à la conquête de nouvelles terres, et les Anciens ignorent à peu près tout de leur vie nationale ou privée.

La langue des anciens Celtes[11] nous est connue par les inscriptions des deux Gaules, dont nous avons déjà parlé, et par de nombreuses gloses, dont la plupart se rapportent à des noms de plantes. Les inscriptions, comme les gloses, sont, en général, très postérieures aux temps que nous étudions dans ce livre. Mais nous pouvons restituer, non seulement le vocabulaire, mais même la grammaire du

XXXIV, 47, 5; XXXVIII, 17, 7. Plutarque, *Camille*, 23; 41. Appien, *Celtique*, 7.

1. Tite Live, XXXVIII, 17, 7; 21, 8. Denys, XIV, 10, 17. Pausanias, X, 21, 3.
2. Pausanias, X, 23. Tite Live, XXXVIII, 21, 11.
3. Polybe, V, 78, 3. Arrien, *Anabase*, I, 4, 6.
4. Denys, XIV, 9, 15. Arrien, *Anabase*, I, 4, 8.
5. Polybe, II, 35, 3; V, 78, 3.
6. Polybe, II, 21, 2-5; V, 78. Diodore, XXIII, 21.
7. Diodore, XXII, 9, 4. Justin, XXIV, 6, 5.
8. Parthénios, 8.
9. César, I, 13, 6. Tite Live, V, 36, 6. Diodore, XIV, 113. Plutarque, *Camille*, 17-18.
10. Platon, *Lois*, I, p. 637 d. Aristote, *Politiques*, VII, 2, 5.
11. A. Holder, *Altceltischer Sprachschatz*, Leipzig, 1896-1904 (t. I et II parus; t. III en cours de publication). Dottin, *Manuel pour servir à l'étude de l'Antiquité celtique*, 2ᵉ éd., p. 60-139.

vieux celtique, à une date antérieure à la séparation des deux rameaux brittonique et gaélique, par la comparaison des langues celtiques, dont l'une, l'irlandais, nous est connue depuis le viiie siècle de notre ère, et l'autre, le gallois, dès le xie siècle.

Les Celtes n'ont point eu, semble-t-il, d'alphabet national ; ils ont utilisé, selon les pays où ils se trouvaient, l'alphabet latin, l'alphabet grec, l'alphabet étrusque. On trouve en Irlande, à une époque historique, un alphabet singulier, l'alphabet oghamique, dont certains éléments peuvent remonter à une assez haute antiquité. Les lettres y sont formées de barres parallèles dont le nombre varie de une à cinq, et que l'on disposait sur l'un des côtés ou sur les deux côtés de l'arête d'une pierre ou d'un tronc d'arbre. Cet alphabet serait une adaptation à l'alphabet latin de caractères primitifs dont la trace se retrouve dans l'écriture runique [1].

LES GERMAINS [2]

Environ un siècle avant notre ère, alors que les invasions gauloises qui avaient répandu la terreur en Europe n'étaient plus qu'un souvenir lointain, de nouveaux peuples envahissaient le Norique, la Gaule et l'Italie. On les appelait les Cimbres et les Teutons [3]. Les Cimbres venaient, comme les Celtes, des bords de l'Océan septentrional ; on racontait qu'ils avaient quitté la Chersonnèse cimbrique,

---

1. Ph. Berger, *Histoire de l'écriture dans l'Antiquité*, 2e éd., p. 341-347.
2. K. Zeuss, *Die Deutschen und ihre Nachbarstämme*, Munich, 1837. K. Müllenhoff, *Deutsche Altertumskunde*, II, p. 189-236; III, p. 194-204. A. Geffroy, *Rome et les barbares, étude sur la Germanie de Tacite*, 2e éd., 1874. Feist, *Indogermanen und Germanen*, Halle, 1914.
3. K. Müllenhoff, *Deutsche Altertumskunde*, II, p. 112-189, 282-302. Voir ci-après, ch. iv.

chassés par un terrible raz de marée. Ils étaient, disait-on, au nombre de trois cent mille [1], accompagnés de leurs femmes, qui les suivaient dans toutes les expéditions. Elles les excitaient pendant les combats par le bruit qu'elles faisaient en frappant sur les peaux qui recouvraient leurs chariots. Parmi ces femmes, il y avait des prophétesses toutes vêtues de blanc, qui, après avoir égorgé les prisonniers de guerre, prédisaient l'avenir et la victoire, en examinant les entrailles des victimes et la manière dont le sang jaillissait dans le bassin destiné à le recueillir [2]. Les Teutons venaient des environs du golfe Codanus (Kattegat) [3].

Parmi les Anciens, les uns regardèrent les Cimbres comme identiques aux Cimmériens, parce qu'il y avait quelque rapport entre les deux noms [4]; d'autres les confondirent avec les Celtes ou Gaulois [5], ou avec les Scythes [6]; d'autres, enfin, les déclarèrent Germains [7]. Les Teutons sont expressément classés parmi les Germains [8]. Il est possible qu'il y ait eu parmi les envahisseurs des guerriers d'origine et de nom celtiques, comme *Teutobodus*, roi des Teutons, *Boiorix*, roi des Cimbres ; mais l'origine germanique des deux peuples, dont l'audacieuse invasion fut arrêtée par Marius, ne peut guère être mise en doute. Leur apparition à Noreia, en 113 avant notre ère [9], est la pre-

1. Plutarque, *Marius*, 11.
2. Éphore, Clitarque et Poseidônios chez Strabon, VII, 2, 3.
3. Méla, III, 3, 32.
4. Poseidônios chez Strabon, VII, 2, 2. Diodore, V, 32, 4. Plutarque, *Marius*, 11, 9.
5. Cicéron, *De l'orateur*, II, 66, 266 ; *Des provinces consulaires*, 13, 32. Appien, *Histoire romaine*, IV, 2. G. Kossinna, *Westdeutsche Zeitschrift für Geschichte und Kunst*, IX, p. 199-216.
6. Plutarque, *Marius*, 11, 6-7.
7. *C. I. L.*, III, p. 782, 1. 16-18. Strabon, VII, 1, 3. Tacite, *Germanie*, 37. Pline, *Histoire naturelle*, III, 99.
8. César, I, 40. Pline, IV, 99. Ptolémée, II, 11, 9. H. d'Arbois de Jubainville, *Revue celtique*, XII (1891), p. 1-19.
9. Voir ci-dessous, p. 252.

mière date de l'histoire des Germains, à une époque où ceux-ci n'avaient pas encore été compris par les Romains sous un nom désignant l'ensemble de leur race.

Les Cimbres et les Teutons apparurent aux Anciens comme des hommes de taille gigantesque et de force prodigieuse, aux yeux clairs [1].

L'infanterie des Cimbres prit la formation en phalange à la bataille de Verceil. Les cavaliers, au nombre de quinze mille, étaient magnifiquement équipés. Leurs casques se terminaient en gueules béantes et en mufles de bêtes sauvages ; ils étaient surmontés de hauts panaches semblables à des ailes. Les cavaliers portaient aussi des cuirasses de fer et des boucliers d'une blancheur éclatante ; ils avaient de longues et lourdes épées, et chacun deux javelots [2].

La bravoure des Cimbres ne supportait pas la défaite. Pour empêcher les premiers rangs de se rompre, ils s'étaient, à la bataille de Verceil, liés ensemble par des chaînes attachées à leur baudrier. Les vaincus se suicidèrent ou furent tués par leurs femmes, qui, de leurs propres mains, étranglèrent leurs enfants [3].

Leur religion, à l'exception des rites sanguinaires de la bataille, était ignorée des Anciens. On sait seulement qu'ils prêtaient serment sur un taureau d'airain [4].

Le nom des Germains, *Germani*, n'apparaît guère avant Salluste et César [5]. Les historiens grecs, utilisant des sources antérieures, les confondent avec les Celtes sous les dénominations de Κελτοί ou de Γαλάται [6]. Le nom de *Ger-*

1. Plutarque, *Marius*, 11 ; 16 ; 23. Appien, IV, 2. Florus, I, 38.
2. Plutarque, *Marius*, 25.
3. Plutarque, *Marius*, 27.
4. Plutarque, *Marius*, 23. Ils firent présent à Auguste de leur chaudière la plus sacrée (Strabon, VII, 2, 1).
5. Salluste, *Histoire*, III, 77. César, *Guerre de Gaule*, I, 1, 3. Voir ci-dessus, p. 72. Le nom de *Germania* se trouve chez Cicéron, *Contre Pison*, 33.
6. Voir Dottin, *Manuel pour servir à l'étude de l'Antiquité celtique*,

mani était, pour Tacite, l'ancien nom des Tongres; pour Velleius Paterculus et Strabon, c'était simplement le mot latin *germani*, qui exprimait ainsi leur parenté supposée avec les Celtes [1]. Il y avait en Perse une tribu de Γερμάνιοι [2]; mais il ne semble pas qu'aucune langue germanique ait connu ce nom de *Germani* [3] qui n'a aucun rapport de forme ou de sens avec le gotique *thiudisks*, en vieux haut-allemand *diutisc* (moderne *deutsch*). Il n'est pas de notre sujet d'énumérer les nombreux peuples germaniques que César et Tacite nous ont fait connaître [4].

Les langues germaniques sont, comme nous l'avons vu [5], indo-européennes. Elles sont caractérisées par les deux mutations des consonnes connues sous le nom de *Lautverschiebung* [6], et dont la seconde caractérise le haut-allemand [7], parlé vraisemblablement dans un pays que les Germains n'occupaient point à l'origine. Elles présentent dans leur morphologie et dans leur vocabulaire, des particularités spéciales, mais qui ne sont ni plus nombreuses ni plus extraordinaires que celles qu'offrent les langues celtiques, par exemple. La comparaison des langues germa-

---

2ᵉ éd., p. 13-14. Jullian (*Histoire de la Gaule*, I, p. 231, n. 1) relève la même confusion chez les Modernes jusqu'à la Révolution.

1. Tacite, *Germanie*, 2. Velleius Paterculus, II, 67. Strabon, VII, 1, 2. Cf. César, II, 3. Pline, III, 25. Jullian, *l. c.*, I, p. 243, n. 3.
2. Hérodote, I, 125.
3. On pourrait penser à un nom germanique formé comme *Alamani*, *Marco-mani*.
4. Voir C. Jullian, *Histoire de la Gaule*, III, p. 43-52. Sur les Estes (*Aestii*), voir ci-dessus, p. 71. Sur les Bastarnes, voir C. Jullian, *l. c.*, I, p. 303, n. 2 ; III, p. 48, n. 10.
5. Ci-dessus, p. 70.
6. Comparez, par exemple, les mots suivants : lat. *pater*, got. *fadar*; lat. *tres*, got. *threis*; lat. *octo*, got. *ahtau*; gr. φέρω, got. *baira*; scr. *madhyas*, got. *midjis*; gr. στείχω, got. *steigan*; lat. *decem*, got. *taihun*; gr. γεύομαι, got. *kiusan*.
7. Comparez, par exemple, les mots suivants : got. *wairpan*, v.h.a. *wërpfan*; got. *taihun*, v.h.a. *zëhan*; got. *batiza*, v.h.a. *bezziro*; got. *wait*, v.h.a. *weiz*.

niques qui nous sont parvenues permet de restituer la langue antérieure à leur séparation, plusieurs siècles avant les premiers témoignages historiques.

Par certaines coutumes, les Germains se rapprochent beaucoup des Celtes. Les uns et les autres se prétendaient issus d'un dieu; faisaient des sacrifices humains; honoraient Mercure; ne se représentaient pas les dieux sous la forme d'hommes; se servaient des bois comme de temples; brûlaient les corps; ils comptaient par nuits et non par jours; étaient très hospitaliers; prenaient les armes contre les éléments; ils ne traitaient aucune affaire publique ou privée qu'en armes; les nobles s'entouraient de compagnons de guerre de condition servile; leurs boucliers étaient peints de couleurs vives [1]. Les noms de personnes présentent souvent chez les Germains les mêmes termes que chez les Celtes [2].

D'autre part, la civilisation des Germains s'oppose nettement à la civilisation des Celtes par des traits distincts. Les Germains sont nomades; ne s'adonnent guère à l'agriculture; n'ont pas de cultes domestiques, ni de villes fortes, ni de cavalerie; ils ne sont pas métallurges; ils ont pour dieux le Soleil, la Lune et Vulcain; ils ne connaissent pas les druides; leur vêtement ne comporte ni tunique, ni pantalon [3].

On a supposé que les Germains n'étaient pas un peuple indo-européen [4], mais qu'ils avaient reçu leur langue d'un peuple indo-européen. Ce peuple ne pourrait être que les Celtes, qui possèdent en commun avec les Germains un grand nombre de termes concernant les institutions poli-

---

1. Dottin, *Manuel pour servir à l'étude de l'Antiquité celtique*, 2ᵉ éd., p. 450-452.
2. *Ibid.*, p. 124.
3. César, *Guerre de Gaule*, VI, 21-23. Tacite, *Germanie*, 3-27. Cf. C. Jullian, *Revue des études anciennes*, XVII (1915), p. 111-136.
4. Feist, *Indogermanen und Germanen*, Halle, 1914.

tiques et sociales et la guerre [1]. Mais on ne peut démontrer que les Germains aient été sous la domination des Celtes, bien que ce soit assez vraisemblable. Tous les peuples indo-européens, dans les territoires qui furent en Europe leurs établissements définitifs, ont été en contact avec des peuples qui parlaient des langues appartenant à d'autres familles linguistiques, et les *substrata* étrangers des langues indo-européennes proviennent, sans aucun doute, de ces peuples disparus. La question que l'on pose à propos des Germains pourrait donc être posée pour tous les autres peuples indo-européens, et ne saurait, pour ceux-ci comme pour ceux-là, être de sitôt résolue.

Quant à l'origine des Germains [2], on est tenté de s'en tenir à l'opinion de Tacite : « Je croirais », dit-il, « que les Germains sont indigènes et ont subi très peu de mélanges par l'immigration de peuples ou d'hôtes ; car ce n'est pas par terre, mais par mer, qu'arrivaient jadis ceux qui cherchaient à changer de pays, et l'immense Océan qui les borne est rarement abordé par les navires qui viennent de notre pays. Et puis, sans parler du péril d'une mer terrible et inconnue, qui donc pourrait quitter l'Asie, l'Afrique ou l'Italie pour la Germanie, aux terres informes, au rude climat, à l'aspect inculte et triste ? »

1. H. d'Arbois de Jubainville, *Les premiers habitants de l'Europe*, II, p. 330-369.
2. K. Helm, *Indogermanische Forschungen*, XXIV (1909), p. 221-229.

CHAPITRE IV

HISTOIRE LOCALE ET HISTOIRE GÉNÉRALE

LES PAYS : LA CRÈTE. — LA SICILE. — LA SARDAIGNE. — LA GRÈCE. — L'ITALIE. — L'ESPAGNE. — LA GAULE. — LA GRANDE-BRETAGNE. — LES COMMUNICATIONS PAR MER ET PAR TERRE. — LES LUTTES DES PEUPLES. — CONCLUSION.

La méthode d'exposition que nous avons suivie ne nous a pas permis de coordonner les matériaux d'histoire générale épars dans l'histoire particulière de chaque peuple, ni de les répartir entre les pays sur lesquels nous sommes le mieux renseignés. C'est ce que nous allons tenter de faire maintenant, sans nous illusionner sur les résultats médiocres et provisoires, qui sont l'unique et ordinaire salaire des recherches sur les origines.

L'histoire des divers pays d'Europe connus des Anciens n'a pas été également mouvementée. Certains, que leur situation géographique et leurs richesses agricoles ou industrielles prédestinaient à ce rôle, ont été le théâtre d'invasions continuelles et de mélanges de races et de peuples[1]. C'est le cas des grandes îles : la Crète et la Sicile, et des presqu'îles : l'Espagne, l'Italie, la Grèce. D'autres pays semblent avoir été habités d'une manière plus stable, comme la Gaule, la Germanie, l'Illyrie, la Thrace, la Scythie[2].

---

1. Tacite, *Germanie*, 2.
2. Pour ces quatre pays je n'ai pas jugé utile de reprendre ici les notions suffisamment groupées dans le chapitre précédent à propos des Germains, des Illyriens, des Thraces et des Scythes.

Les anciens peuples de l'Europe.

Pour les uns comme pour les autres, nous ne pouvons être sûrs que ce sont les faits les plus importants dont le souvenir nous a été conservé.

LA CRÈTE

La Crète, pays riche et fertile, situé au point de rencontre des civilisations de l'Égypte, de l'Asie Mineure et de la Grèce, a été, comme la Sicile, un des carrefours de l'humanité. C'était, disaient les Anciens, le pays le mieux situé pour diriger de là des armées sur toute la terre [1].

Antérieurement à Homère, divers peuples avaient habité la Crète, si nous nous en rapportons aux sources orientales. C'est peut-être la Crète qu'il faut reconnaître dans le Keftiou nommé avec Chypre dans une hymne de Thoutmosis III à Ammon. Mais, dans un texte bilingue de basse époque, Keftiou est traduit dans le texte grec par Phénicie [2]. On a identifié aux Étéocrétois les Kérétites de la Bible, qui, comme les Philistins, avaient passé en Palestine et s'étaient établis aux environs de Gaza, sans doute à l'époque où les Poulousati envahirent l'Égypte, sous Ramsès III (XIIe siècle). Quant aux Philistins, que l'on a identifiés aux Poulousati, qui, avec les Toursha, les Shakalousha, les Ouashasha, les Zakkarou et les Danaouna, envahirent l'Égypte sous Ramsès III, ils étaient originaires de Kaphtor, ancien nom de la Crète dans la Bible [3]. Les Zakkarou auraient été les gens de Zakro sur la côte orientale de la Crète. Ils sont peut-être identiques aux Teucres qui, d'après certains historiens, étaient venus de Crète en Asie Mineure [4].

L'époque la plus brillante de la civilisation de la Crète [5]

---

1. Diodore, IV, 17.
2. Maspero, *Histoire ancienne*, II, p. 267-268. R. Dussaud, *Les civilisations préhelléniques*, 2e éd., p. 198-199.
3. *Genèse*, X, 14. *I Paralipomènes*, I, 12. Voir ci-dessus, p. 2.
4. Dussaud, *Les civilisations préhelléniques*, p. 297-299.
5. Voir ci-dessus, p. 46-49.

s'étend de 2000 à 1500 avant notre ère, et est antérieure aux plus anciennes mentions de la Crète dans les textes égyptiens. Le roi semi-légendaire Minos et des personnages singuliers, — industriels, artistes et magiciens — comme les Curètes et les Dactyles, sont les seuls noms de cette époque.

Les légendes crétoises attribuaient la première civilisation de la Crète aux Dactyles Idéens (Δάκτυλοι Ἰδαῖοι), qui, selon les uns, habitaient le mont Ida de Crète, et qui, selon d'autres, avaient émigré du mont Ida de Phrygie et étaient passés en Europe avec Minos. Ils avaient fait connaître la magie et l'art de travailler les métaux. Après eux étaient venus les Curètes, qui ont été les fondateurs de la vie commune et d'une société réglée. Ils introduisirent l'art de la chasse, inventèrent l'épée et le casque, domestiquèrent les animaux utiles. Les dieux grecs étaient originaires de la Crète. Orphée était un disciple des Dactyles. Héraclès, l'un des Dactyles, avait institué les jeux olympiques ; il aurait servi de modèle à un second Héraclès, fils d'Alcmène. Les Titans naquirent au temps des Curètes et habitèrent d'abord le pays de Cnosse. Ils étaient au nombre de onze : six hommes : Cronos, Hypérion, Coïos, Japet, Crios et Océanos ; cinq femmes : Rhéa, Thémis, Mnémosyne, Phébé et Téthys. De Cronos et de Rhéa naquirent Vesta, Dêmêter, Héra, Zeus, Poseidôn et Hadès. Zeus, caché sur le mont Dictê[1], fut élevé par les soins des Curètes et allaité par la chèvre Amalthée. Dionysos aussi était né en Crète. Plutos était fils de Jasiôn et de Dêmêter et avait vu le jour à Tripolos, village de l'île[2]. Outre des assimilations plus ou moins exactes entre les dieux crétois et les dieux grecs, ces légendes nous montrent la Crète comme le lieu d'origine de tous les héros civilisateurs de l'humanité

---

1. Strabon, X, 3, 19-20; 4, 12. Apollodore, I, 1, 6.
2. Diodore, V, 64-77.

et témoignent, en tout cas, de l'importance de l'île de Minos comme centre de civilisation.

Au temps de l'*Odyssée*, la Crète était une contrée où il y avait « des hommes en nombre infini, des langues mélangées l'une à l'autre; là, les Achéens; là, les Étéocrétois magnanimes; là, les Cydones, les Doriens aux trois clans et les Pélasges divins » [1]. D'après Strabon, les Étéocrétois et les Cydones étaient autochthones [2]. Beaucoup de générations plus tard, les Pélasges abordèrent en Crète. Puis une peuplade formée d'habitants du mont Olympe et d'Achéens de Laconie, conduite par des Doriens, vint s'y établir. Une quatrième race de l'île était formée d'un mélange de barbares qui, avec le temps, s'habituèrent à parler la langue grecque. Ce furent Minos et Rhadamanthe qui firent l'unité crétoise. Après le retour des Héraclides, les Argiens et les Lacédémoniens envoyèrent en Crète des colonies [3].

LA SICILE

Si l'on met à part les Cyclopes et les Lestrygons, dont la légende a placé l'origine en Sicile [4], les premiers barbares qui se soient établis dans l'île seraient des Ibères [5]. Ces Ibères sont connus surtout sous le nom de Sicanes. Unis à des Troyens et à des Phocéens, ils prirent le nom d'Élymes et occupèrent Éryx et Égeste [6]. Peu après les Sicanes vinrent les Sicules, qui étaient des Ligures chassés d'Italie, d'abord par les Ombriens et les Pélasges, qui tenaient le

---

1. Odyssée, XIX, 176-179.
2. Strabon, X, 4, 6.
3. Diodore, V, 64; 65; 80.
4. Thucydide, VI, 2. Justin, IV, 2.
5. Éphore chez Strabon, VI, 2, 4.
6. Pausanias appelle Phrygiens ces Élymes, du nom du pays d'où ils venaient (V, 25, 6). Cf. Thucydide, VI, 2. Freeman, *History of Sicily*, I, p. 542-559.

nord de la presqu'île, puis par les Oïnotries et les Opiques, qui habitaient au centre. Les Sicules occupèrent le nord-est de la Sicile. Diverses dates sont assignées par les Anciens à cette émigration : Hellanique la place trois générations, Philiste, quatre-vingts ans avant la guerre de Troie ; Thucydide, beaucoup d'années après la guerre de Troie [1].

Les Phéniciens, vers le IXe siècle, avaient occupé quelques points de la côte. Ils furent refoulés vers l'extrémité occidentale par les Grecs ioniens et doriens. Les Ioniens s'établirent surtout sur la côte est ; les Doriens, à l'est et au sud-ouest. La première colonie grecque fut Naxos, fondée en 735 avant notre ère [2].

La Sicile s'appelait d'abord Thrinacie [3] ; ce nom était resté à une ville des Sicules que détruisirent les Syracusains [4]. Le nom de Thrinacie, par l'effet d'une étymologie populaire, serait devenu Trinacrie (Τριν-ακρία « l'île aux trois caps ») [5]. Au temps de Minos, la Sicile s'appelait Sicanie [6] ; ce nom était connu de l'auteur de l'*Odyssée* [7]. C'est sans doute à l'arrivée des Sicules (vers 1035) que l'île prit le nom de Σικελία.

C'est en Sicile que Dêmêter et Perséphone firent, d'après certaines légendes, leur première apparition, et que le sol produisit le premier blé. Les Athéniens furent, après les Siciliens, les premiers peuples auxquels Dêmêter indiqua l'usage du blé ; leurs mœurs s'adoucirent par cette nouvelle

---

1. Denys d'Halicarnasse, I, 22. Pausanias (VII, 4, 6) confond les Sicanes et les Sicules.
2. Freeman, *History of Sicily*, I, p. 564-578, où l'on trouvera une carte des anciens établissements en Sicile.
3. *Odyssée*, XI, 107 ; XII, 127, 135 ; XIX, 275.
4. Diodore, XII, 29, 2 ; 4. Cf. Freeman, *History of Sicily*, I, p. 511-512.
5. Strabon, VI, 2, 1, a à tort renversé l'ordre du rapport entre ces deux noms. Cf. Justin, IV, 2. Freeman, *History of Sicily*, I, p. 462-472.
6. Hérodote, VII, 170.
7. *Odyssée*, XXIV, 306-307.

alimentation ; ils distribuèrent des semences à leurs voisins et remplirent ainsi de céréales toute la terre [1].

L'exploration archéologique de la Sicile orientale a conduit à admettre trois périodes avant l'âge du fer et la colonisation grecque : une période énéolithique ou époque du cuivre ; une première période du bronze, datée par des objets prémycéniens contemporains de la seconde ville d'Hissarlik ; une seconde période du bronze, contemporaine de la civilisation mycénienne, dont elle se rapproche par les fibules, les épées et poignards et les vases peints [2].

LA SARDAIGNE

Les premiers habitants de la Sardaigne furent des Libyens amenés par Sardos, fils d'Héraclès [3].

La Sardaigne a été colonisée par les Ibères, puis par les Héraclides, qui fondèrent Olbia ; par les Tyrrhènes, que Strabon regarde comme les plus anciens habitants [4] ; enfin, par les Carthaginois [5].

LA GRÈCE

La population primitive de la Grèce ne se composait guère que de barbares. Outre la colonie phrygienne amenée par Pélops dans le pays qui, de son nom, fut appelé le Péloponnèse, et de la colonie égyptienne amenée par Danaos, ce furent des Dryopes, des Caucones, des Pélasges, des Lélèges et d'autres nations barbares qui occupèrent le

---

1. Diodore, V, 2 ; 4. Cicéron, *Contre Verrès*, IV, 48. Freeman, *History of Sicily*, I, p. 530-542.
2. Déchelette, *Manuel d'archéologie*, II, p. 74-78. G. Patroni, *L'Anthropologie*, VIII (1897), p. 129-148, 294-317. G. Seure, *Revue archéologique*, XL (1902), p. 111-118.
3. Pausanias, X, 17, 2. Isidore, *Origines*, XIV, 6, 39. Solin, IV, 1.
4. Diodore, V, 15. Strabon, V, 2, 7.
5. Scholiaste de Denys le Périégète, 458. *G. G. M.*, II, p. 303).

pays au delà comme en deçà de l'isthme. L'Attique reçut les Thraces d'Eumolpe ; le canton de Daulis en Phocide, les compagnons de Térée le Thrace ; la Cadmée, les Phéniciens de Cadmos ; et la Béotie proprement dite, les Aones, les Temmices et les Hyantes [1]. Les Pélasges et les Lélèges semblent avoir été les plus puissants de ces peuples et s'être partagé le territoire du continent et des îles qui furent plus tard occupés par les Hellènes [2].

« A l'origine, la Grèce n'était pas habitée d'une manière stable, et ses habitants quittaient sans peine leurs demeures pour faire place à de nouveaux arrivants. La meilleure terre était celle qui changeait le plus souvent de maîtres, par exemple, la Thessalie, la Béotie, la majeure partie du Péloponnèse à l'exception de l'Arcadie » [3]. Le nom de Hellade ('Ελλάς) ne désignait d'abord qu'un canton de la Thessalie, de même que *Graecia* ne s'appliquait primitivement qu'au territoire de Dodone, en Épire [4]. La Macédoine fut d'abord peuplée d'Épirotes et d'Illyriens, mais aussi de Botties, originaires de Crète, et de Thraces [5]. D'abord appelée Péonie [6] ou Bottie, elle prit le nom d'Émathie au temps où elle était occupée par les Pélasges [7].

L'archéologie grecque, jusqu'à l'invasion dorienne (vers 1100), offre deux périodes principales caractérisées, la première (de 3000 à 2000) par une civilisation néolithique à outils de bronze et à vases de terre cuite modelés à la main ; la seconde (de 1500 à 1100) par la civilisation mycénienne, reflet de la civilisation minoenne. C'est seulement au

---

1. Strabon, VII, 7, 1 ; IX, 2, 3. Pausanias, IX, 5. Lycophron, 644, 786, 1209.
2. Voir ci-dessus, p. 111.
3. Thucydide, I, 2.
4. Forbiger, *Handbuch der alten Geographie von Europa*, 2e éd., p. 566.
5. Strabon, VII, fr. 11.
6. Polybe, XXIV, fr. 8, 4.
7. Justin, VII, 1.

VIIe siècle, après une période mal connue, que l'on a appelée le « moyen âge » de la Grèce, que se forme l'art hellénique par la fusion de l'art dorien dans l'art ionien [1].

L'ITALIE

L'histoire de l'Italie est singulièrement confuse. Les plus anciens habitants, d'après la légende et l'histoire, semblent avoir été de race pélasgique [2]. Les Pélasges sont expressément désignés ; ils se dissimulent sans doute aussi sous les noms d'Oïnotries (ou Itales) et de Peucéties, puisque Oïnotros et Peucétios, les héros éponymes de ces deux peuples, sont l'un et l'autre petits-fils de Pélasgos [3].

Mais, à côté des Pélasges, il semble y avoir eu en Italie des Ibères connus sous le nom de Sicanes [4], et des Indo-Européens, Ausones ou Aurunques [5], apparentés aux Opiques [6], aux Ombriens et aux Latins. Les Sicanes furent chassés par les Sicules, qui, comme les Aborigènes et les Morgètes, sont des Ligures ; les Sicules, à leur tour, par les Opiques (Osques) et les Oïnotries [7], ou, suivant d'autres, par les Ombriens et les Pélasges [8].

Des invasions guerrières vinrent modifier la population primitive de l'Italie. De l'est vinrent des Illyriens : les Liburnes, les Iapyges et les Chônes, qui envahirent le sud

---

1. G. Fougères, *Guide de Grèce*, p. LV-LVII.
2. Aulu-Gelle, I, 10, 1. Servius, *ad Aen.*, VIII, 600. Macrobe, *Saturnales*, I, 5, 1. Isidore, *Origines*, IX, 2, 74.
3. Phérécyde, fr. 85 (*F. H. G.*, I, p. 92). Denys d'Halicarnasse, I, 11 ; 15. Pausanias, VIII, 3, 5. Strabon, VI, 1, 4. Pline, III, 56. Antonius Liberalis, 31. Ci-dessus, p. 119.
4. Voir ci-dessus, p. 88.
5. Servius, *ad Aen.*, VII, 727. Dion Cassius, fr. 2. Favorinus chez Aulu-Gelle, I, 10.
6. Aristote, *Politiques*, VII, 10. Polybe et d'autres auteurs distinguent les Ausones des Opiques (Strabon, V, 4, 3).
7. Antiochos de Syracuse, fr. 1 (*F. H. G.*, I, p. 181).
8. Philiste de Syracuse, fr. 2 (*F. H. G.*, I, p. 185).

de la péninsule ; les Vénètes, qui trouvèrent le pays entre les Alpes et la mer occupé par les *Euganei* [1]. Du nord et de la côte vinrent les Tyrrhènes ou Étrusques qui s'établirent chez les Ombriens ; puis les Celtes, qui vers 400 conquirent sur les Étrusques la Cisalpine. Dès le ixe siècle, les Grecs avaient envoyé des colonies en Italie ; les Ioniens avaient fondé Cumes [2], Dicéarchie, Naples et Rhégium ; les Achéens : Sybaris, Crotone, Siris, Métaponte et Poseidônia (Paestum) ; les Doriens : Tarente et Locres.

Denys remarque que les ancêtres des Romains étaient d'origine bien variée : les uns, comme Évandre et ses compagnons, venaient d'Arcadie ; d'autres, les Pélasges, venaient de Thessalie ; Héraclès avait amené du Péloponnèse des Épéens et des Phénéates ; Énée était venu de l'Asie Mineure avec des Dardanes [3]. L'Étrurie avait été occupée d'abord par les Ombriens, puis par les Pélasges, enfin par les Tyrrhènes ou Étrusques [4].

La Campanie aurait eu pour premiers habitants les Ausones, les Opiques et les Osques, qu'Antiochos de Syracuse identifie ; les Osques auraient été supplantés par les habitants de Cumes, et ceux-ci par les Tyrrhènes. Toutes les populations guerrières de l'Italie s'étaient disputé la possession d'une plaine aussi fertile [5].

La vallée du Pô, dont la fécondité faisait l'admiration de Polybe et de Strabon, était sous la domination des Étrusques à l'époque où les Gaulois s'y établirent (ive siècle). Mais la côte de la Méditerranée et les Alpes étaient occu-

---

1. Tite Live, 1, 1.
2. Les chronologies grecques font remonter la fondation de Cumes jusqu'à 1050. Velleius Paterculus (1, 4) la fait presque contemporaine de la fondation de Magnésie et antérieure aux émigrations éoliennes et ioniennes.
3. Denys d'Halicarnasse, I, 34 ; II, 1-2.
4. Pline, III, 50. Denys d'Halicarnasse, I, 20.
5. Strabon, V, 4, 3 (Antiochos, fr. 8, *F. H. G.*, I, p. 181).

pées par les Ligures, et, à l'est, les Vénètes, peuple illyrien, n'avaient pas été colonisés par les Étrusques [1].

Les races que l'on distingue aujourd'hui en Italie sont au nombre de quatre : un type très noir, très dolichocéphale et de très petite taille au sud de la ligne Rome-Ascoli ; un type brun, très brachycéphale et de petite taille dans la moyenne vallée du Pô, en Ombrie, dans une partie de la Toscane, et en Italie méridionale ; un type brun, mésocéphale, de grande taille sur la côte, de la frontière française à l'embouchure du Tibre ; un type brun, brachycéphale, de grande taille, sur le pourtour de l'Adriatique du nord, en Romagne et en Vénétie ; on le trouve aussi, un peu moins grand et moins brachycéphale, dans une partie de la Lombardie et de la Vénétie [2].

L'Italie, peu connue des anciens Grecs, était désignée d'abord avec l'Espagne sous le nom vague de *Hesperia* « l'Occidentale » ; pour la distinguer de la péninsule ibérique on disait : *Hesperia magna*. Quand les Grecs connurent le sud de l'Italie, ils lui donnèrent le nom d'Oïnotrie, qui désigna plus tard chez les poètes l'Italie entière. Le nom d'*Ausonia*, qui s'appliquait d'abord à l'Italie centrale, a eu une extension analogue. Le nom d'Italie remplaça d'abord celui d'Oïnotrie pour désigner le sud de la presqu'île, à l'exception de la Iapygie [3] ; il s'étendit ensuite à la presqu'île entière, moins la Cisalpine et la Vénétie. Lors de la colonisation grecque, on réunit l'Apulie, la Calabre, la Lucanie et le Bruttium sous le nom général de Ἑλλὰς ἡ μεγάλη, *Magna Graecia, Major Graecia* [4]. Le nom de *Saturnia*, qui aurait été, d'après Justin, le premier nom

---

1. Tite Live, V, 33.
2. Deniker, *Les races et les peuples de la terre*, p. 388-390.
3. Aristote, *Politiques*, VII, 10. Strabon, VI, 1, 4. Hérodote, I, 24 ; III, 136.
4. A. Forbiger, *Handbuch der alten Geographie von Europa*, 2ᵉ éd., p. 352-353, 496.

de l'Italie, provient de la légende de Saturne, roi des Aborigènes [1]. Déjà Denys d'Halicarnasse expliquait cette légende : on avait associé Saturne et l'Italie parce que l'un et l'autre étaient le dieu et le pays de l'âge d'or [2].

Après une période paléolithique, dont les monuments sont rares, l'Italie a passé par une période néolithique connue surtout par les fouilles du Picénum. La transition de cette période à l'âge du bronze est attestée par des stations énéolithiques dont les plus importantes sont situées dans l'Italie du Nord. L'âge du bronze est caractérisé par les palafittes de la Vénétie et les « terramares » de l'Émilie. La civilisation de Villanova (près de Bologne) appartient au premier âge du fer [3].

L'ESPAGNE

La légende rapportée par Mégasthène conserve le souvenir du passage en Ibérie de héros et de rois fameux dans l'Antiquité : Héraclès, qui donna son nom au détroit ; l'Égyptien Sésostris, qui conduisit son armée victorieuse du fond de l'Ibérie aux confins de la Thrace et aux rivages du Pont ; le Chaldéen Nabocodrosor, qui pénétra jusqu'aux colonnes d'Hercule [4]. Les forêts des Tartesses auraient été le lieu où les Titans livrèrent bataille aux dieux et où les Curètes auraient habité [5]. C'est par les Phocéens que les Grecs connurent directement l'Espagne, et ce ne fut guère avant le vi^e siècle avant notre ère, époque où commencent à paraître en Grèce les premiers logographes, Cadmos et

---

1. Voir ci-dessus, p. 188. Cf. Denys d'Halicarnasse, I, 19. Ennius chez Varron, *De lingua latina*, V, 42. Virgile, *Géorg.*, II, 172.
2. Denys d'Halicarnasse, I, 36 ; 38.
3. B. Modestov, *Introduction à l'histoire romaine*, trad. Delines, 1907.
4. Strabon, XV, 1, 6.
5. Justin, XLIV, 4. Il est probable que *Curetes* est une faute pour *Cunetes*, *Cynetes*.

Hécatée de Milet. Les historiens grecs mentionnent seulement l'envahissement de l'Ibérie, d'abord par les Tyriens, puis par les Celtes (avec lesquels sans doute sont confondus les Ligures), puis par les Carthaginois (238-219) [1]. La présence des Ligures en Ibérie ne se révèle que par des noms de lieux. Les Galiciens se disaient issus de Teucros, frère d'Ajax [2]. Le peuplement de l'Espagne a dû s'effectuer en sens divers, aussi bien par le sud que par le nord. Les étrangers y étaient attirés par les mines, exceptionnellement riches, de cuivre et d'argent [3].

La période énéolithique de l'archéologie de l'Espagne est assez bien connue. Elle est caractérisée par des dolmens, des tombes à coupoles plus rudimentaires que les tombeaux de Mycènes; des objets en cuivre, en bronze pauvre, ou en étain; de ces coupes ornées de deux yeux que l'on trouve depuis la Troade jusqu'à la Scandinavie, en suivant les côtes de la Méditerranée et de l'Atlantique; des idoles qui rappellent celles de la période prémycénienne. L'âge du bronze proprement dit accuse aussi l'influence de la civilisation prémycénienne; on a trouvé, comme en Crète, des autels à cornes; les vases sont semblables aux vases crétois du minoen primitif; les sépultures des corps repliés dans des caveaux formés de six dalles se rencontrent aussi en Grèce aux temps prémycéniens; l'inhumation des squelettes dans de grandes jarres en forme d'œuf tronqué est connue aussi en Chaldée, dans l'Égypte prépharaonique, en Palestine, en Troade, en Crète et en Ligurie [4]. La civilisation hallstattienne est représentée en Espagne surtout à sa seconde phase [5]; la civilisation de La Tène n'y a été jusqu'ici découverte que sporadiquement [6].

1. Strabon, III, 4, 5. Justin, XLIV, 5.
2. Justin, XLIV, 3.
3. Diodore, V, 36.
4. Déchelette, *Manuel d'archéologie*, II, p. 78-84.
5. Déchelette, *ibid.*, II, p. 682-692.
6. Déchelette, *ibid.*, II, p. 1100-1102.

Les anthropologues reconnaissent dans la péninsule ibérique trois types principaux : un type très noir, très dolichocéphale et de très petite taille ; un type brun, sous-dolichocéphale, de haute taille, entre Gibraltar et l'embouchure du Guadalquivir et sur la côte de la Méditerranée ; et un type spécial, qui est actuellement celui des Basques [1].

Le nom que donnent parfois les poètes à l'Espagne, *Hesperia* [2] ou, avec plus de précision, *Hesperia ultima*, pour la distinguer de l'Italie, est sans doute le plus ancien nom par lequel les Anciens la désignèrent avant de connaître le nom des peuples qui l'habitaient. *Iberia* désigna d'abord le sud-est de la péninsule à partir des colonnes d'Hercule, ainsi que le pays situé entre l'Èbre et les Pyrénées, avant de s'appliquer à l'ensemble de la péninsule. La côte sud-ouest s'appelait *Tartessos*. L'intérieur portait le nom de *Celtica*, qui s'appliquait d'ailleurs en général à l'ouest de l'Europe. Le nom de *Hispania* date de la conquête romaine [3]. On en trouve la variante $\Sigma\pi\alpha\nu\iota\alpha$ [4].

LA GAULE

Le sud de la Gaule était anciennement occupé, des Pyrénées au Rhône par les Ibères [5], et du Rhône aux Alpes par les Ligures [6]. Il est possible que le nord de la Gaule ait été, aussi loin que l'on puisse remonter dans les traditions historiques, habité par les Ligures [7], et que les

---

1. Deniker, *Les races et les peuples de la terre*, p. 388-394.
2. Denys le Périégète place les fils des riches Ibères dans les îles Hespérides, mères de l'étain (563-564. *G. G. M.*, II, p. 140. Aviénus, *Descriptio orbis terrae*, 742-744).
3. Forbiger, *Handbuch der alten Geographie von Europa*, 2ᵉ éd., p. 3-5.
4. Artémidore, chez Étienne de Byzance Ἰβηρίαι.
5. Voir ci-dessus, p. 80.
6. Voir ci-dessus, p. 182.
7. Voir ci-dessus, p. 181.

Celtes n'y aient pénétré que vers le viie siècle[1]. Il n'y a pas en Gaule de traces distinctes et nombreuses de colonies phéniciennes[2]. La première colonie grecque, Marseille, fut fondée vers 600[3], en pays ligure.

Les races que l'on trouve aujourd'hui en France sont au nombre de quatre : un type brun, dolichocéphale et de petite taille, dans l'Angoumois, le Limousin, le Périgord ; un type brun, très brachycéphale et de petite taille, dans les Cévennes, le Plateau Central, les Alpes, la Bretagne (sauf le Morbihan), le Poitou et le Quercy ; un type brun, mésocéphale, de grand taille, sur la côte de la Méditerranée, du golfe de Gascogne, et dans la basse vallée de la Loire ; un type brun, brachycéphale, de grande taille, entre la Loire et la Saône depuis Lyon, sur le plateau de Langres, dans les Ardennes et les hautes vallées de la Saône et de la Moselle ; on le trouve aussi, un peu atténué, dans le moyen bassin de la Loire, et un peu moins grand et moins brachycéphale dans le Perche, la Champagne, les Vosges, la Franche-Comté, la Lorraine[4].

Le nom de la Gaule fut chez les Grecs Κελτική, dont le sens, d'abord très étendu, se restreignit de plus en plus, à mesure que les connaissances géographiques des Grecs se développèrent, et que le domicile des Celtes changea. Les Romains se servirent du nom de *Gallia*, qui fut transcrit par les auteurs grecs de l'époque romaine en Γαλλία ou Γαλατία[5].

LA GRANDE-BRETAGNE

Les plus anciens habitants de la Grande-Bretagne ne semblent pas avoir été des Celtes. Aucun témoignage histo-

---

1. Voir ci-dessus, p. 202.
2. Voir ci-dessus, p. 97.
3. Voir ci-dessus, p. 204.
4. Deniker, *Les races et les peuples de la terre*, p. 388-394.
5. Forbiger, *Handbuch der alten Geographie von Europa*, 2e éd., p. 81-82.

rique ne nous l'affirme ; mais les langues celtiques des Iles Britanniques, à l'époque où elles nous sont connues, présentent une évolution aussi avancée par rapport au vieux celtique que les langues romanes par rapport au latin, et le vocabulaire semble pénétré d'éléments étrangers. Les Celtes auraient pénétré en Grande-Bretagne à deux reprises, vers 800 et vers 200 av. J.-C.

Les conjectures de Tacite sur le peuplement de la Grande-Bretagne, qui était en rapports constants avec la Gaule et l'Espagne, sont fondées uniquement sur les caractères physiques. Au nord, les Calédoniens, qui ont les cheveux roux et de grands membres, seraient d'origine germanique ; à l'ouest, les Silures, dont les visages sont colorés et les cheveux frisés, seraient des Ibères ; au sud, on trouverait des Gaulois de Belgique [1]. Les Pictes, dont le nom apparaît à la fin du IIIe siècle de notre ère, semblent avoir parlé une langue celtique [2].

Les races que l'on trouve aujourd'hui dans les Iles Britanniques sont : un type blond, dolichocéphale, de très grande taille, dans le nord de l'Écosse, dans le nord et sur la côte est de l'Angleterre, en Irlande (sauf le nord-ouest) ; un type châtain, sous-dolichocéphale, de grande taille, dans le nord-ouest de l'Irlande et le pays de Galles.

La Grande-Bretagne a passé presque sans transition de l'âge du bronze au second âge du fer. L'Irlande a connu une époque du cuivre antérieure à l'âge du bronze [3].

Les plus anciens noms des Iles Britanniques sont ceux d'Iles Cassitérides ou d'Iles Œstrymnides ; puis apparaissent les noms d'Iles Prettanides, Prettaniques, Britanniques. La Grande-Bretagne est spécialement dénommée

---

1. Tacite, *Agricola*, 11. César, V, 12 ; 14. Appien (*Ibérique*, 1), prétend qu'il ne faut qu'une demi-journée pour aller d'Espagne en Bretagne !
2. J. Loth, *Annales de Bretagne*, VI (1890), p. 111-116.
3. Déchelette, *Manuel d'archéologie*, II, p. 99-100.

Albion, puis *Brettia*, *Brittia*, *Britannia*. L'Écosse en est assez tard distinguée par le nom de *Caledonia*. L'ancien nom de l'Irlande semble avoir été *Iverio* [1], transcrit en grec par Ἰϝέρνη, Ἰέρνη, déformé en *Sacra* [2] (*insula*) et en *Hibernia* sous l'influence d'étymologies populaires.

LES COMMUNICATIONS

Les notions que nous avons des anciens peuples de l'Europe sont, comme il fallait s'y attendre, inégalement réparties. Si nous connaissons un peu, par les Grecs, les nations qui habitaient le bassin oriental de la Méditerranée, nous ignorons presque tout de l'ancienne histoire de celles qui peuplaient le bassin occidental. Les mouvements de populations semblent s'être effectués en divers sens. Tandis que les peuples du nord venaient souvent chercher au midi des climats moins rudes et des terres plus fertiles, les peuples du midi allaient parfois chercher au nord de nouveaux marchés et des débouchés avantageux pour les produits de leur sol et de leur industrie. Si, sur les deux rives de la Méditerranée orientale, des échanges continuels de peuples ont eu lieu, favorisés sur mer par la route semée d'îles qui conduisait de Grèce en Asie Mineure, et sur terre par la proximité de la Thrace et de la Troade, il semble bien qu'à l'occident de l'Europe le mouvement de l'ouest à l'est et du sud au nord ait été rare, tandis que l'avance de l'est à l'ouest et du nord au sud semble ininterrompue. Pourtant, on citait chez les Anciens la migration des Ibères occidentaux vers les régions situées au-dessus du Pont et de la Colchide [3].

A l'âge du bronze et à l'âge du fer, l'industrie méridionale pénétra dans l'Europe occidentale et septentrionale.

---

1. En irlandais, *Eriu*, gén. *Erenn*; en gallois, *Iwerddon*.
2. Ἰέρνη a été rapproché du grec ἱερός « sacré ».
3. Strabon, I, 3, 21.

Il est vraisemblable qu'il en était de même aux âges antérieurs. Cependant, les mégalithes du centre et du nord de l'Europe semblent les prototypes des monuments asiatiques, et, « si l'on admet une connexion quelconque entre les monuments mégalithiques et les constructions dites cyclopéennes, on est bien obligé de conclure que les secondes sont plus récentes que les premiers [1] ».

C'est la mer qui est d'abord la grande voie de communication. A l'âge néolithique, elle porte sur les côtes de la Méditerranée et de l'Atlantique la callaïs et l'obsidienne [2]. Par elle, à l'âge du bronze, l'étain des Iles Britanniques se répand sur les rivages méditerranéens et la civilisation égéenne se propage à l'est jusqu'en Sicile. Le peuple qui tenait la mer était le plus puissant. Les chronographes grecs nous ont laissé une énumération des dominateurs de la mer, incomplète sans doute, et trop souvent remaniée, depuis le ve siècle où elle aurait été composée afin de légitimer les prétentions thalassocratiques des Athéniens, pour que nous lui donnions la valeur d'un document historique de second ordre. Mais telle qu'elle est, cette liste des thalassocraties [3] présente pourtant quelque intérêt :

DOMINATEURS DE LA MER

I.	Les Lydiens et Méoniens pendant 92 ans à partir de			1168.
II.	Les Pélasges	—	85	—	1088.
III.	Les Thraces	—	79	—	(1045).
IV-V.	Les Rhodiens ou Les Phrygiens	—	23 25	—	916. 903.
VI.	Les Chypriotes	—	23 ou 33	—	(866).
VII.	Les Phéniciens	—	45	—	824.
VIII.	Les Égyptiens	—	»	—	(785).
IX.	Les Milésiens	—	18	—	(753).
X.	Les Cariens	—	61	—	730.

1. S. Reinach, *L'Anthropologie*, IV (1893), p. 745.
2. Déchelette, *Manuel d'archéologie*, I, p. 619-627. Cf. II, p. 393-400.
3. Les dates entre parenthèses dans le tableau des thalassocraties

Les anciens peuples de l'Europe.

Les navigations des Anciens nous sont connues par les périples qui nous sont parvenus directement ou indirectement.

Le plus archaïque serait le périple qui aurait servi de modèle à l'auteur de l'*Odyssée*[1]. Malheureusement, l'identification des lieux en est difficile. Pour les Anciens, les *erreurs* d'Ulysse se seraient surtout limitées à la Méditerranée occidentale; des Modernes en ont parfois cherché les traces au delà des colonnes d'Hercule[2]. Parti de chez les Cicones de Thrace, Ulysse double le cap Malée et, s'éloignant de l'île de Cythère, aborde, après neuf jours de navigation, au pays des Lotophages (île Méninx ou Djerba à l'entrée de la petite Syrte[3]). Les vents le portent sur les terres des Cyclopes[4]. Après avoir échappé à Polyphème, il arrive dans l'île d'Éole (Strongyle, l'une des îles Lipari). Au bout de neuf jours, il apercevait les côtes d'Ithaque, lorsque la tempête le rejette d'abord dans l'île d'Éole, puis, au bout de six jours, en Lestrygonie[5]. De Lestrygonie,

---

sont celles données par saint Jérôme là où le texte d'Eusèbe manque. *Ctesiae... et chronographorum fragmenta*, éd. C. Müller, p. 180. Sur cette liste, voir D. Mallet, *Les premiers établissements des Grecs en Égypte*, 1893, p. 1-3. Myres, *Journal of Hellenic studies*, XXV (1906), p. 84-131; XXVII (1907), p. 125-131. Fotheringham, *ibid*. Thucydide (I, 13) énumère les thalassocraties des Grecs : les Corinthiens (vers 700), les Ioniens (milieu du vie siècle), les Samiens (fin du vie siècle), les Phocéens (600).

1. Bérard, *Les Phéniciens et l'Odyssée*, 1903. K. Müllenhoff, *Deutsche Altertumskunde*, I, p. 30-58.
2. Voir toutefois Strabon (I, 2, 18), qui situe dans l'Atlantique l'île d'Ogygie et les Phéaciens. Cf. I, 2, 11; III, 4, 4.
3. Polybe, I, 39. Strabon, I, 2, 17; XVII, 3, 17. Bérard, *Les Phéniciens et l'Odyssée*, II, p. 101-113.
4. Strabon (I, 2, 9) les place dans les environs de l'Etna et de Léontium. Bérard (*l. c.*, II, p. 114-179), s'appuyant sur le doublet Ὑπερείη-Κύρη, les place autour de Pouzzole, dans une région où les cratères ressemblent à des yeux ronds.
5. Strabon (I, 2, 9) les place en Sicile; Bérard, au nord de la Sardaigne (*l. c.*, II, p. 183-208; 209-257).

Ulysse se rend à l'île d'Aiaia[1]; puis, après un jour de navigation, à l'extrémité de l'Océan, au pays des Cimmériens [2]. Revenu à l'île d'Aiaia, il longe l'île des Sirènes (en face le cap Athenaeum, près de Sorente [3]), passe entre Charybde et Scylla (détroit de Messine) et arrive aussitôt à l'île du Soleil [4]. La tempête détruit son vaisseau, et, après avoir flotté au gré des flots et des vents neuf jours entiers, il aborde, la dixième nuit, à l'île d'Ogygie, centre de la mer, où demeure Calypso, la fille d'Atlas [5]. Lorsqu'il eut quitté l'île de Calypso, il vogua sur son radeau dix-sept jours entiers et découvrit, le dix-huitième jour, les sombres montagnes de la terre des Phéaciens qui habitent à l'écart, dans une mer très agitée, à l'extrémité du monde [6].

Dans ce périple, dont les détails, en général, semblent bien se rapporter à la Méditerranée, il y a pourtant au moins une allusion précise aux pays du nord, où les nuits sont si brèves qu'un berger qui ne dormirait pas pourrait gagner double salaire [7].

Il est peu probable que le voyage d'Énée en Italie soit fondé sur quelque périple ancien. Il nous fournit, en tout cas, l'indication d'escales. De la Troade, Énée se rend en Thrace, puis à Délos, et au bout de trois jours de navigation, en Crète. Poussé par la tempête sur les côtes des Strophades, il passe au large de Zacynthe, d'Ithaque, longe

---

1. Ile imaginaire imitée d'Aiaia de Colchide d'après Strabon (I, 2, 40); promontoire de Circei d'après Bérard (l. c., II, p. 261-310).
2. Bérard (l. c., II, p. 311-329) le place auprès du lac Averne. Cf. Strabon, V, 4, 5.
3. Strabon, I, 2, 12. Bérard, l. c., II, p. 333-348.
4. Bérard (l. c., II, p. 349-364; 365-401) la place au cap Schiso, dans la baie de Taormina. Strabon la regarde comme imaginaire (I, 2, 11).
5. Bérard (l. c., I, p. 242-302) l'identifie à l'île Péréjil en face du Mont-aux-Singes. Callimaque l'identifiait à Gaudos (Gozo), à 88 milles du cap Pachynos (Passaro). Strabon, I, 2, 37; VI, 2, 11.
6. Odyssée, VI, 204-205. Strabon (I, 2, 37) rapporte que Callimaque l'identifiait à Corcyre. C'est aussi l'opinion de Bérard, l. c., I, p. 485.
7. Odyssée, X, 82-86.

Leucade, et va célébrer des jeux à Actium; il aborde en Épire, traverse la mer Ionienne et, de là, côtoie l'Italie jusqu'au détroit de Messine. Après avoir évité Charybde et Scylla, il arrive, en faisant le tour de la Sicile, au port de Drépane. Une tempête le jette sur la côte d'Afrique, à Carthage. De retour en Sicile, il y fonde la ville d'Aceste. Il arrive enfin à Cumes en Italie, et de là gagne l'embouchure du Tibre [1].

Le périple d'Himilcon, qui est une des sources de l'*Ora maritima* d'Aviénus [2], pour comporter moins de légendes merveilleuses que le périple de l'*Odyssée*, ne laisse pas de présenter aussi de nombreuses difficultés d'identification des noms de lieux qu'on y rencontre. Il décrit d'abord la mer Atlantique, où l'on trouve *Gaddir*, appelée autrefois Tartesse, les colonnes d'Hercule, la montagne Œ*strymnis* inclinée vers le Sud, et au pied de laquelle est le golfe Œstrymnique, duquel émergent les îles Œstrymnides, riches en étain et en plomb, et dont les habitants façonnent des barques de cuir. A deux jours de navigation se trouve l'île Sacrée, qu'habitent les *Hiberni*. Près d'elle, on rencontre l'île des Albions. Des îles Œstrymnides, on aborde au pays des Ligures que les Celtes ont dépeuplé par de fréquents combats. De l'autre côté du golfe est le pays d'Ophiuse, occupé par les *Saefes*, les Cempses et les Cynètes. En face des Baléares, les Ibères ont porté leur domination jusqu'aux monts Pyrénées. La ville de Pyrène est sur les confins du territoire des Sordes, à sept journées de marche du fond du golfe d'Ophiuse. De l'autre côté du Rhône habitent les Ligyes. Près de l'embouchure du Rhône, est la ville d'Arelate (Arles), et, à deux jours et deux nuits de navigation, la ville de Massilia (Marseille).

1. Virgile, *Énéide*, III, V-VII. Denys d'Halicarnasse, I, 48-59. Tite Live, 1, 1.
2. Müllenhoff, *Deutsche Altertumskunde*, I, p. 88-202.

Ce n'est qu'au IVe siècle que l'on trouve, sous le nom de Scylax, un périple de la Méditerranée qui ne présente aucune difficulté d'interprétation. Des colonnes d'Hercule à Emporium (sept jours et sept nuits de navigation), on trouve les Ibères; puis, jusqu'au Rhône (deux jours et une nuit), des Ibères et Ligures mélangés; du Rhône à Antium (quatre jours et quatre nuits), les Ligures; ensuite jusqu'à Rome (quatre jours et quatre nuits), les Tyrrhènes; puis jusqu'au promontoire Circeum (un jour et une nuit), les Latins. Il faut un jour pour longer les côtes des Volsques, un jour pour longer les côtes des Campaniens; une demi-journée pour le territoire des Samnites; six jours et six nuits pour la Lucanie jusqu'à Thurium; six jours et six nuits pour la Iapygie; deux jours et une nuit pour les côtes orientales des Samnites; deux jours et une nuit pour l'Ombrie. Puis on rencontre les côtes orientales de la Tyrrhénie, le pays des Celtes, la Vénétie, l'Istrie (un jour et une nuit), les pays des Liburnes (deux jours) et des Illyriens, la Chaonie (une demi-journée), la Thesprotie (une demi-journée), la Cassopie (une demi-journée). D'après Ptolémée, la distance minima parcourue en une journée de navigation était de 500 stades (environ 89 kilomètres). Au temps de l'expédition de Sicile, la flotte athénienne, partie de Corcyre, traversa la mer Ionienne, gagna la Iapygie et Tarente et longea la côte jusqu'à Rhégium; de Rhégium, elle se rendit à Syracuse par Naxos et Catane [1].

A peu près à la même époque que le Pseudo-Scylax, entre 323 et 321, Pythéas de Marseille [2] explora les côtes de l'Atlantique et de la mer du Nord. Après avoir gagné Gadeira (Cadix) et côtoyé l'Ibérie [3], il arriva à une presqu'île qui s'avançait assez loin dans l'Océan et qui était

---

1. Thucydide, VI, 44; 50.
2. Müllenhoff, *Deutsche Altertumskunde*, I, p. 211-497.
3. Strabon, II, 4, 2.

habitée par les *Ostidamnii* ou *Ostimii* (*Osismii*) ; auprès se trouvait un groupe d'îles parmi lesquelles *Uxisama* (Ouessant), qui est à trois journées de navigation de la côte nord-ouest de l'Ibérie [1]. De là, il gagna la Bretagne qui lui parut avoir plus de 40.000 stades de tour ; la distance du Cantium à la Celtique lui sembla de plusieurs journées de navigation [2]. Cette Celtique était sans doute celle qui était située sur les côtes de la Frise ou du Jutland, aux environs d'une île nommée *Abalos*. Pythéas se trouvait ainsi avoir visité le pays de l'étain et le pays de l'ambre. Il poussa plus au nord et atteignit la terre de Thulé (Norvège?), à six journées de navigation au nord de la Bretagne, et dans le voisinage même de la mer Glaciale [3]. Les habitants ont, rapporta-t-il, un petit nombre d'animaux domestiques ; ils se nourrissent de miel, de légumes, de fruits et de racines ; quelques-uns cultivent le blé et en tirent, ainsi que du miel, leur boisson habituelle [4]. Autour de Thulé, on ne rencontrait plus ni la terre proprement dite, ni la mer, ni l'air, mais un composé de ces divers éléments, une sorte de poumon marin, dans lequel tous les éléments sont en suspension, et sans qu'il soit possible à l'homme d'y poser le pied ni d'y naviguer [5].

Polybe et Strabon, qui avaient cru relever chez Pythéas des inexactitudes sur les pays qu'ils connaissaient bien, n'ont pas voulu admettre la véracité du récit de son voyage aux extrémités de la terre [6]. Strabon va jusqu'à douter que les pays situés plus au nord que Iernê (Irlande) soient habitables [7]. Mais il reconnaît que Pythéas a déployé un grand

1. Strabon, I, 4, 5 ; cf. IV, 4, 1. Müllenhoff, *Deutsche Altertumskunde*, 1, p. 373.
2. Strabon, I, 4, 3 ; II, 4, 1.
3. Strabon, I, 4, 2.
4. Strabon, IV, 5, 5.
5. Strabon, II, 4, 1.
6. Strabon, II, 4, 1 ; IV, 5, 5.
7. Strabon, II, 1, 13 ; 5, 8.

appareil de science astronomique et mathématique [1]. D'autre part, le géographe Ératosthène s'est fié à Pythéas et a admis son témoignage sur la Bretagne et l'Ibérie [2]. Les Modernes se sont rangés du côté d'Ératosthène et regardent les fragments de Pythéas comme les textes les plus précieux que nous ayons conservés sur la géographie de l'Europe occidentale au IVe siècle [3].

Les routes de terre ne nous sont guère connues que par la légende et par l'archéologie; ce sont des routes commerciales, comme les routes de l'ambre par la Vistule et le Dniester ou par les vallées de l'Elbe et du Danube [4]. Elles sont sans doute aussi, comme les routes maritimes, les routes des conquérants. Elles suivaient le plus souvent les vallées des fleuves. Nous avons vu que les offrandes des Hyperboréens étaient transportées à travers le pays des Scythes et de peuple en peuple jusqu'à la mer Adriatique; de là à Dodone, et de Dodone au golfe Maliaque d'où elles passaient en Eubée jusqu'à Caryste. Une autre route, moins définie, les menait des Arimaspes aux Issédons, puis aux Scythes, qui les portaient à Sinope, d'où des Grecs les transportaient à Prases en Attique [5]. Sur la route terrestre qui menait de la mer Adriatique au Pont Euxin était situé un marché où se vendaient à la fois des marchandises de Lesbos, Chios et Thasos, et des amphores de Corcyre [6]. Du pays des Molosses, Thémistocle est conduit jusqu'en Asie par de jeunes marchands, qui connaissaient bien les chemins de ces pays [7]. La légende fait passer par la Thrace et la Macédoine plusieurs des héros revenant de la guerre de Troie [8].

1. Strabon, IV, 5, 5; VII, 3, 1.
2. Strabon, II, 4, 2; III, 2, 11.
3. Voir C. Jullian, *Histoire de la Gaule*, I, p. 415-428.
4. Voir ci-dessus, p. 40-44.
5. Hérodote, IV, 33. Cf. Pausanias, I, 31, 2. Voir ci-dessus, p. 198.
6. Pseudo-Aristote, *Des singularités merveilleuses*, 104.
7. Diodore, XI, 56. Voir ci-dessus, p. 186.
8. Helbig, *L'épopée homérique*, p. 106-108.

La plus ancienne tradition d'un voyage dans le centre de l'Europe est conservée dans la légende des Argonautes. Sans doute inspirée par des récits de voyageurs barbares, elle ne parut aux Grecs mériter guère de créance [1], et, les routes continentales qu'elle faisait connaître n'étant point alors fréquentées des Grecs ni des Romains, la réalité n'en a été confirmée que par les découvertes de l'archéologie.

Dans le poème d'Apollonios de Rhodes [2], les Argonautes, après le meurtre d'Apsyrte, sont poussés par la tempête dans le fleuve Éridan, près de l'endroit où l'on recueille l'ambre. Chassés par les exhalaisons des marais, ils pénètrent dans le Rhône, fleuve qui a trois branches, dont l'une se jette dans l'Océan, l'autre dans la mer Ionienne en se confondant avec l'Éridan, la troisième au fond de la mer de Sardaigne [3]. Les Argonautes, ayant suivi la première branche, se trouvèrent au milieu des lacs orageux du pays des Celtes et risquaient d'être conduits dans l'Océan. Héra, du haut des monts Hercyniens, les arrête, leur fait rebrousser chemin; ils traversent, sans être vus, les tribus des Celtes et des Ligyes, et, sortant du fleuve par la troisième embouchure, abordent aux îles Stœchades [4]. Si l'on admet qu'il y a confusion, d'une part, entre le fleuve à l'embouchure duquel on recueille l'ambre et le fleuve à l'embouchure duquel les marchands méditerranéens embarquaient l'ambre (celui-là se jetant dans la mer du Nord et celui-ci dans l'Adriatique), et, d'autre part, entre le Rhin et le Rhône, on peut assez facilement déterminer la route : les Argonautes remontent le Pô; de la vallée du Tessin

---

1. Diodore, IV, 56. Voir toutefois Strabon, I, 2, 39.
2. Apollonios de Rhodes, IV, 592-658. Cf. Müllenhoff, *Deutsche Altertumskunde*, I, p. 431. Le voyage des Argonautes d'après Timée (Diodore, IV, 42-49) ne comprend que la Méditerranée orientale.
3. Ces trois branches supposées sont le Rhin, le Pô et le Rhône. M. Jullian me fait observer que l'indication des routes commerciales s'est souvent traduite par l'idée de fleuves à double ou à triple cours.
4. A. Bertrand, *Archéologie celtique et gauloise*, 2ᵉ éd., p. 256-258.

ils gagnent les lacs de Bienne et de Neufchâtel, soit par le haut Rhin et l'Aar, soit par le lac de Thun et l'Aar; ils allaient descendre le Rhin, lorsque Héra leur fait rebrousser chemin, et ils reviennent par le Rhône. C'est la route qu'ont suivie, au second âge du fer, l'ambre et les objets grecs ou italiques d'importation [1].

Dans les *Argonautiques* du Pseudo-Orphée [2], qui, parmi quelques détails relativement modernes et beaucoup de fantaisie, conservent encore quelques traits de géographie archaïque, le voyage fluvial des Argonautes se poursuit d'abord dans les régions peuplées par les Sauromatès, les Gètes, les Gymnées, les Cécryphes et les Arimaspes terribles [3], qui habitent sur les terres situées autour des marais Méotides. Après neuf jours de navigation entre des rives resserrées, ils s'éloignèrent de ces nations féroces, des Arcties, des Lélies, des Scythes armés de flèches, des Taures homicides, des Hyperboréens, des Nomades et de la nation caspienne. Le dixième jour, ils approchèrent des vallées des monts Rhipées et leur navire arriva dans l'Océan hyperboréen, où règne le calme plat [4]. Cinq jours après, ils traversèrent le pays des Macrobies qui vivent sans travailler dans une jeunesse éternelle [5]. Puis ils atteignirent le pays des Cimmériens, borné au midi par les monts Rhipées et Calpios [6], à l'ouest par les Alpes, pays toujours enveloppé d'un épais brouillard. Puis, les Argonautes gagnèrent un promontoire et un port bien abrité, où le fleuve Achéron roule de l'or. Déméter habite

---

1. H. d'Arbois de Jubainville, *Principaux auteurs de l'Antiquité à consulter sur l'histoire des Celtes*, 1902, p. 100-105. Déchelette, *Manuel d'archéologie*, II, p. 569.
2. Pseudo-Orphée, *Argonautiques*, 1057-1304.
3. Cf. ci-dessus l'itinéraire d'Aristée, p. 199.
4. Cf. ci-dessus le voyage de Pythéas, p. 246.
5. Cf. ci-dessus les Hyperboréens, p. 200.
6. C'est le mont appelé d'ordinaire Calpé et que l'on a identifié à Gibraltar.

en cette contrée dans des bourgs bien bâtis, parmi un peuple qui est réputé juste entre tous les hommes [1]. De là, ils atteignirent l'île Hibernie, puis une île couverte de pins et où demeure Démêter. Trois jours après, ils abordèrent dans l'île de Circé [2], traversèrent le golfe de Tartesse et passèrent les colonnes d'Hercule. Rendus à la mer des Sardes et au golfe des Latins, ils visitèrent l'Ausonie et les rivages tyrrhéniens. Des rivages de l'île Trinacrie, ils aperçurent les flammes de l'Etna, doublèrent les cavernes des Sirènes où les flots s'engouffrent en hurlant, et atteignirent Corcyre où habitent les Phéaciens.

Les voyages d'Héraclès, qui s'étendent aux pays les plus divers : la Crète, la Thrace, la Ligurie, l'Italie, l'Hespérie, Tartesse [3], les pays des Atlantes et des Hyperboréens, nous font connaître l'Europe des premiers documents grecs et attestent les relations de la Grèce avec les pays de la Méditerranée occidentale. La plupart de ces voyages sont effectués par voie terrestre. D'Ibérie, Héraclès pénétra en Celtique ; il traversa les Alpes par une route rude et difficile qu'il rendit accessible à une armée. Il suivit la côte depuis la Ligurie jusqu'à la Sicile, où il vainquit les Sicanes et, remontant vers le nord, il fit à pied le tour des côtes de l'Adriatique jusqu'en Épire [4]. Pour passer d'Italie en Celtique et chez les Celto-Ligures et les Ibères, il y avait une route, dite route d'Héraclès, où l'étranger ne courait aucun risque [5].

Si les historiens ne nous ont guère renseignés sur les routes de terre, c'est qu'elles étaient peu fréquentées, parce qu'elles étaient moins sûres encore que les routes de mer. Même au temps de Polybe, toutes les régions situées

---

1. Voir ci-dessus, p. 168, 177.
2. Voir ci-dessus, p. 243.
3. Apollodore, II, 5 (*F. H. G.*, I, p. 138-143).
4. Diodore, IV, 19-25.
5. Pseudo-Aristote, *Des singularités merveilleuses*, 85.

au nord d'une ligne réunissant le Narbon (l'Aude) au Tanaïs (le Don) étaient inconnues, et, si des dangers innombrables menaçaient les navigateurs, des dangers bien plus nombreux encore attendaient ceux qui voyageaient par terre [1]. Au temps d'Hérodote, les Grecs établis sur le Borysthène ne commerçaient avec les peuples du nord que par l'intermédiaire des Scythes, et ces intermédiaires devaient se servir, directement ou par interprètes, de sept langues différentes [2].

HISTOIRE GÉNÉRALE DE L'EUROPE

L'histoire générale des peuples de l'Europe, aux époques lointaines que nous nous efforçons d'évoquer, se présente sous un raccourci, qui, à supposer même que les faits les plus importants nous en soient connus, risque d'en fausser les proportions. Il s'agit, en effet, de millénaires et non de siècles, et les mouvements de peuples ne se sont pas effectués aussi rapidement que les notions sommaires gardées par la tradition nous le feraient croire. Comme, plus tard, les invasions des barbares, ces mouvements durent être des infiltrations lentes, coupées de brusques irruptions. Les causes en ont été souvent notées par les Anciens : c'était l'accroissement de la population et la nécessité de trouver de nouvelles terres, soit pour la culture, soit pour faire paître les troupeaux [3]. Quant aux guerres entre voisins, elles étaient causées sans doute par des enlèvements de bestiaux ou d'esclaves. La plupart des guerres devaient

---

1. Polybe, III, 38; 58.
2. Hérodote, IV, 24.
3. Dottin, *Manuel pour servir à l'étude de l'Antiquité celtique*, 2ᵉ éd., p. 241.

être circonscrites sur des terrains très limités. Les grandes unités politiques étaient rares. Les Anciens hésitaient déjà pour rattacher un peuple à tel ou tel ensemble, et beaucoup de peuplades isolées avaient oublié, sans doute, à quelle race elles appartenaient, de quel pays elles étaient jadis parties et de quel peuple puissant elles s'étaient jadis séparées.

Quelques événements de l'époque historique peuvent donner une idée des déplacements de peuples qui caractérisent la préhistoire de l'Europe. Un des mieux connus est l'invasion des Cimbres et des Teutons [1]. Fuyant les bords de la mer du Nord, ces deux tribus germaniques étaient parties à la recherche de nouvelles terres ; ils avaient dévasté l'Illyrie [2] ; ils avaient essayé vainement de s'établir chez les Boïens (Bohême) et avaient envahi le pays des Scordisques (Bosnie)[3]. En 113, ils étaient au pied des Alpes Carniques pour pénétrer en Italie. Vainqueurs à Noreia de l'armée romaine de Carbon [4], ils se détournèrent à l'ouest, traitèrent sans doute avec les Helvètes et les Séquanes et arrivèrent aux frontières des Allobroges ; ils y défirent l'armée de Silanus [5] ; mais, au lieu de descendre en Italie, ils se répandirent dans le centre de la Gaule. En 105, ils revenaient en Narbonnaise, infligeaient une défaite complète à l'armée romaine près d'Orange [6], puis se tournaient contre les Arvernes, et, après avoir ravagé le pays situé entre le Rhône et les Pyrénées, ils passaient en Espagne, d'où les Celtibères les repoussèrent [7].

1. Müllenhoff, *Deutsche Altertumskunde*, II, p. 112-126 ; 282-302. Jullian, *Histoire de la Gaule*, III, p. 53-93.
2. Tite-Live, LXIII.
3. Strabon, VII, 2, 2.
4. Appien, *Celtique*, 13. Strabon, V, 1, 8. Tite Live, LXIII.
5. Florus, I, 38. Tite Live, LXV. Velleius, II, 12, 2.
6. Orose, V, 16, 2-7 ; VI, 14, 2. Florus, I, 38. Plutarque, *Marius*, 19.
7. Tite Live, LXVII.

Vers 103, on les trouve en face des Belges qui les arrêtent[1]; puis, pour enfin se rendre en Italie, ils se divisent en deux groupes : les Cimbres se dirigent vers les passages des Alpes centrales; les Teutons, par la Narbonnaise, vers les Alpes occidentales. Marius vainquit les seconds à Aix[2] en 102 et les premiers à Verceil[3] en 101. Cet exemple suffit à montrer quels détours les moindres obstacles imposaient à ces exodes de peuples, et sur combien d'années ils s'étendaient.

Ce sont les synchronismes archéologiques de la civilisation égéenne, plus encore que les chronologies grecques, qui nous fournissent la première date, tout approximative, de l'histoire de l'Europe; car la date de 9000 avant notre ère, où les Atlantes conquirent l'Europe, est à tout le moins fabuleuse. Le temps où Minos dominait sur la mer Égée est, sans doute, celui où l'art crétois a atteint son plus haut degré de perfection, et d'où datent les seconds palais de Cnosse et de Phaistos (troisième époque du Minoen moyen). Selon la durée que l'on accorde aux dynasties égyptiennes, qui sont le seul élément précis dont nous disposions pour établir le synchronisme, cette époque serait comprise entre 3243 et 1600 avant notre ère, la date la plus récente étant la plus vraisemblable[4]. Quant aux chronographes grecs[5], ils donnent pour Minos I les dates de 1432, 1403.

Jusqu'au XIIIe siècle, il n'y a guère que les légendes complexes, les généalogies toujours hypothétiques et les calculs chronologiques aussi douteux des Grecs, à nous renseigner sur l'histoire de l'Europe orientale. Voici, par exemple, les dates données par le marbre de Paros[6] :

1. César, II, 4, 2. Strabon, IV, 4, 3.
2. Orose, V, 16, 11. Plutarque, *Marius*, 20-21.
3. Plutarque, *Marius*, 25-27. Orose, V, 16, 14-15. Florus, I, 38, 15. Frontin, II, 2, 8. Tite Live, LXVIII.
4. Dussaud, *Les civilisations préhelléniques*, p. 55-56.
5. Voir ci-dessus, p. 11.
6. *Chronicon Parium*, éd. Flach, Tubingue, 1883; éd. C. Müller,

Cécrops, roi d'Athènes, en 1582.
Déluge de Deucalion, en 1529.
Hellène règne en Phthiotide : 1521.
Cadmos vient de Phénicie à Thèbes : 1519.
Danaos et ses cinquante filles abordent en Grèce : 1511.
Minos I règne en Crète et les Dactyles Idéens inventent le fer : 1432.
Triptolème sème du blé à Eleusis : 1406.
Orphée, fils d'Oiagros et de Calliope : 1398.
Eumolpe fonde les mystères d'Éleusis : 1398.
Expédition des Amazones en Attique sous le règne de Thésée : 1256.
Guerre de Troie : 1218-1209.
Nélée fonde Milet : 1077.

La chronique d'Eusèbe permet de dresser un tableau plus complet :

2015 Europs, roi de Sicyone.
1962-1885 En Crète règne Crès, autochthone, l'un des Curètes qui fondèrent Cnosse.
1804 Phorôneus, roi d'Argos, établit des lois en Grèce.
1795 Thessalos, fils de Graicos, est le premier roi de Thessalie.
1785 Guerre des Telchines et des Caroiates contre Phorôneus et les Parrhasies.
1755 Déluge d'Ogygès, en Attique [1].
1744 Apis, roi des Argiens, part pour l'Égypte avec son peuple.
1735 Les Telchines, chassés du Péloponnèse, fondent Rhodes.
1637-1589 Atlas, frère de Prométhée.

F. H. G., I, p. 533-590. Cf. Castor (*Ctesiae fragmenta*, éd. C. Müller, p. 170-175).

1. D'après Acusilas, fr. 14 (*F. H. G.*, I, p. 102), il s'est écoulé 1020 ans du déluge d'Ogygès à la première olympiade, ce qui donne la date de 1796.

1555 Cécrops règne en Attique.
1545-1541 Les Curètes et les Corybantes fondent Cnosse.
1538-1520 Déluge de Deucalion [1] en Thessalie.
1507-1505 La culture de la vigne est découverte par Dionysos.
1485-1472 Danaos règne à Argos.
1483-1480 Arcas soumet les Pélasges d'Arcadie.
1427 Cadmos règne à Thèbes.
1419-1416 Les Dactyles de l'Ida trouvent le fer.
1410-1403 Minos I, fils d'Europe, règne en Crète.
1396-1314 Pélops règne à Mycènes et à Argos.
1373-1368 Guerre sous Eumolpe.
1330-1327 Ion donne son nom aux Ioniens.
1280 Dédale.
1263-1257 Argonautes.
1276-1265 Orphée de Thrace.
1232 Les Sept contre Thèbes.
1251-1214 Minos II domine sur la mer et donne des lois aux Crétois.
1217-1215 Thésée réunit les Athéniens en une seule ville.
1208 Les Amazones font la guerre aux Athéniens.
1202 Minos II est tué en Sicile par les filles de Cocalos.
1189-1180 Guerre de Troie [2].
1099 Retour des Héraclides.

Il est intéressant de remarquer la place qu'occupe la Crète dans les plus anciens souvenirs chronologiques des

---

1. Apollodore, III, 8, 2.
2. Ménandre de Pergame, fr. 3 (*F. H. G.*, IV, p. 447), fixe la prise de Troie vers l'époque où Hiram, roi de Tyr (1028-994), donna sa fille en mariage à Salomon (1019-978). Cf. Lenormant, *Manuel d'histoire ancienne*, III, p. 65-68; I, p. 234-242, et H. d'Arbois de Jubainville, *Les premiers habitants de l'Europe*, I, p. 34, n. Démocrite (chez Diogène Laërce, IX, 41) et Artémon de Clazomène (*F. H. G.*, IV, p. 341) la datent de 1144; Diodore, de 1183 (éd. C. Müller, II, p. 592), et le marbre de Paros, de 1209 (*F. H. G.*, I, p. 546, 574; *Ctesiae fragmenta*, p. 122-123, 129).

Grecs ; et l'accord des dates de l'archéologie avec celles de l'histoire rehausse, au moins sur ce point, l'autorité des chronographes [1].

Aux légendes de cette période se mêlent quelques faits rapportés par les historiens. Il y avait à Thasos, du temps d'Hérodote, un temple de l'Héraclès Tyrien, qui avait été fondé par les Phéniciens, lorsqu'ils parcouraient les mers pour chercher Europe, cinq générations avant qu'Héraclès, fils d'Amphitryon, naquît en Grèce [2]. Europe est la mère de Minos, qui, d'après les calculs des chronographes grecs, vivait vers 1410, et la naissance d'Héraclès se placerait près de neuf cents ans avant le temps d'Hérodote [3], c'est-à-dire vers 1350. Le temple de Thasos aurait donc été fondé vers 1500. Apollodore, bien qu'il donne à la colonisation de Thasos une forme légendaire, ajoute un détail intéressant : ce serait sur les Thraces que Héraclès aurait conquis Thasos [4].

Il est donc vraisemblable que les Thraces occupaient en ce temps le nord de la péninsule des Balkans. Les Scythes racontaient que les parents du premier Scythe Targitaos étaient Zeus et la fille du fleuve Borysthène [5], et que, à compter de Targitaos jusqu'au temps où Darius passa dans leur pays, il n'y avait pas en tout plus de mille ans, mais que certainement il n'y en avait pas moins [6]. L'expédition de Darius contre les Scythes datant de 514, l'arrivée des Scythes en Europe remonterait à environ 1500.

C'était peut-être sous la poussée des Scythes que vers le temps de Danaos (1500) les Briges étaient passés dans la partie de l'Asie Mineure qui prit le nom de Phrygie, et

---

1. Sur cette autorité, voir Brandis, *De temporum graecorum antiquissimorum rationibus*, Bonn, 1857.
2. Hérodote, II, 44.
3. Hérodote, II, 145.
4. Apollodore, II, 5, 9, 13.
5. Hérodote, IV, 5.
6. Hérodote, IV, 7.

que d'autres Thraces descendirent dans la Grèce septentrionale, alors occupée par les Pélasges. Le roi des Athéniens était alors Érechtheus (1433 ou 1398), qui combattit les Éleusiniens commandés par le thrace Eumolpe [1]. Mais les Thraces ne furent vaincus que par Ion, fils de Xuthos, auquel les Athéniens remirent le souverain pouvoir et dont ils prirent le nom [2]. Or Ion se serait établi en Attique vers 1327 [3].

Les Thraces avaient eu à lutter non seulement contre les Scythes, mais aussi contre les Teucres et les Mysiens d'Asie, qui les avaient soumis et étaient descendus en Thessalie jusqu'au Pénée.

Pendant cette période, l'ouest de l'Europe était occupé par les Ibères qui, d'Espagne, avaient colonisé la Sardaigne; et par les Sicanes, de race ibérique, qui occupaient une partie de l'Italie. Les Ligures étaient sans doute établis en Gaule. Les Sicules, de race ligure, chassèrent les Sicanes d'Italie en Sicile et s'installèrent à Rome et dans le sud de l'Italie. Des Pélasges de Grèce, cédant à la pression des Lélèges, s'établirent en Italie aux dépens des Ombriens, des Aurunques et des Sicules.

Vers le XIII siècle, sous le règne des rois d'Égypte Minéphtah et Ramsès III, les peuples de la mer tentent à plusieurs reprises d'envahir l'Égypte; parmi eux il y a des Akaouasha et des Danaouna. C'est sans doute le temps de la plus grande puissance des Achéens et des Danaens, la plus belle époque de la civilisation mycénienne, qui semble avoir succédé à la civilisation crétoise.

C'est vers la fin de cette époque qu'eut lieu l'expédition fameuse des Achéens et Danaens contre les peuples de l'Asie Mineure, et la prise de Troie (vers 1180); c'est

---

1. Thucydide, II, 15.
2. Strabon, VIII, 7, 1. Hérodote, VII, 94.
3. Chronique d'Eusèbe (éd. Schœne, II, p. 44).

Les anciens peuples de l'Europe.

vers 1100 que se produisit dans le Péloponèse l'invasion dorienne, conduite par les Héraclides, qui mit fin à la domination achéenne et qui força les habitants du Péloponèse à passer en Asie Mineure. D'autres événements moins importants, l'invasion des Thesprotes en Thessalie (vers 1130) et celle des Arnées de Thessalie en Béotie (vers 1120) appartiennent à cette période [1].

A peu près à la même époque, les Phéniciens qui, après avoir fondé des comptoirs dans la Méditerranée orientale, avaient peu à peu étendu leur influence commerciale vers l'Ouest, dans l'Italie du Sud et en Sicile, avaient atteint l'Espagne, où ils fondaient leur plus ancienne colonie, Gadeira ou Gadès (vers 1100). La domination sur la mer est successivement exercée de 1168 à 903 par les Lydiens, les Pélasges, les Thraces et les Phrygiens.

Dans le bassin occidental de la Méditerranée, neuf cent soixante-quatre ans avant la guerre contre Persée, c'est-à-dire en 1135, aurait été fondée en Ombrie la ville d'Améria, et peu de temps après, sans doute, les gens de Réate, probablement Ombriens, chassèrent des sept collines de Rome les Ligures et les Sicules [2]. En tout cas, les Sicules, chassés d'Italie, arrivèrent en Sicile trois cents ans avant que les Grecs ne s'y établissent, c'est-à-dire vers 1035 [3], tandis que les Tyrrhènes ou Étrusques, vers l'an 1000, pénétraient dans l'Italie du Nord [4] et réduisaient la puissance des Ombro-Latins.

Du Xe au Ve siècle [5], l'histoire politique des peuples de la Méditerranée orientale est mieux connue. C'est l'époque des thalassocraties des Rhodiens, des Chypriotes, des Phé-

---

1. Hérodote, VII, 176. Thucydide, I, 12.
2. Caton, *Origines*, fr. 49 (*H. R. F.*, p. 50). Festus, p. 21.
3. Thucydide, VI, 2, 4-5.
4. Plutarque, *Sylla*, 7, 7. H. d'Arbois de Jubainville, *Les premiers habitants de l'Europe*, I, p. 150-152, XVII-XXIV.
5. On trouvera une bonne carte de l'Europe du VIIe au Ve siècle dans l'*Atlas général* Vidal-Lablache, p. 8-9.

niciens, des Égyptiens, des Milésiens, des Cariens, des Lesbiens, des Phocéens, des Samiens, des Lacédémoniens, des Naxiens, et de l'expansion coloniale de la Grèce : les Doriens, les Éoliens et les Ioniens, après la guerre de Troie [1], se répandent dans les îles de la mer Égée et sur les côtes de l'Asie Mineure, de 1074 à 1044. La colonisation grecque se propage à l'est, sur les côtes du Pont Euxin, mais aussi à l'ouest, en Italie et en Sicile, de 770 à 500. D'après Thucydide [2], la première colonie grecque en Sicile fut Naxos, fondée par des Chalcidéens, vers 735. D'après Strabon, Cumes serait la plus ancienne des colonies grecques d'Italie et de Sicile [3]. En 600, Marseille est fondée en pays ligure par les Phocéens. Les Phocéens allèrent même jusqu'à Tartesse. Attaqués par les Mèdes dans la ville de Phocée en Ionie, ils évacuèrent leur ville et se rendirent en Corse. Les Tyrrhènes et les Carthaginois, pour se débarrasser de leur voisinage, mirent à l'eau soixante vaisseaux ; les Phocéens, en nombre égal, allèrent à leur rencontre sur la mer de Sardaigne. Ils perdirent quarante vaisseaux. Le reste des Phocéens fondèrent la ville de Hyèle en Oïnotrie [4]. Ces événements se passaient vers 540 ; ils marquent à la fois la fin de l'expansion coloniale des Phocéens et le développement de la puissance maritime des Tyrrhènes et des Carthaginois. En même temps, l'empire tyrrhène s'étendait en Campanie (524-521), sans doute au détriment des Italiotes, et les Tyrrhènes colonisaient Capoue en 471.

Pendant une trentaine d'années, les Cimmériens (vers 750), puis les Scythes ravagèrent l'Asie. Les premiers se répandirent en Asie Mineure, les seconds en Médie. Ces incursions furent arrêtées vers l'an 600. L'expédition de

---

1. Thucydide, I, 12.
2. Thucydide, VI, 3.
3. Strabon, V, 4, 4. Cf. Helbig, *L'épopée homérique*, p. 553-557. La tradition grecque fixait au xie siècle la fondation de Cumes.
4. Hérodote, I, 166-167.

Darius en Scythie eut lieu en 514. Le temps de la plus grande puissance des Scythes semble avoir été le VII siècle.

Du Vᵉ siècle paraît dater le développement de la puissance celtique. Les Celtes s'établissent en Espagne ; ils chassent les Illyriens du Norique et de la Pannonie, pénètrent en Italie jusqu'à Rome (390), et de la Gaule du Nord ils passent dans les Iles Britanniques. Ce n'est guère qu'au IVᵉ siècle qu'on les trouve établis dans la Gaule méridionale, dans un pays jadis occupé par les Ligures. Au siècle suivant, ils envahissaient la Grèce, la Thrace et l'Asie Mineure.

Pendant que l'empire celtique atteignait son apogée, l'empire tyrrhène déclinait. En 424, les Samnites leur enlevaient la Campanie ; en 396, les Latins s'emparaient de la ville étrusque de Véies, et, le même jour, les tribus gauloises des Insubres, des Boïens et des Sénons s'emparaient de Melpum [1].

A l'est de l'Europe, l'empire scythique s'étendait, au temps d'Hérodote, depuis l'Istros jusqu'au lac Méotide, et de la mer au pays des Manteaux-Noirs. Il avait environ quatre mille stades de long et autant de large [2]. A l'époque de Thucydide, qui connaissait fort bien la Thrace où il possédait des mines d'or, le peuple prépondérant parmi les Thraces était celui des Odryses. Sitalcès, leur roi, avait sous sa domination les Trères et les Tilatéens au nord du Scombros, les Agriens et les Lééens de Péonie. Il recrutait des troupes chez les Gètes et chez les Thraces indépendants du Rhodope. Son empire s'étendait à l'ouest jusqu'aux Lééns de Péonie et jusqu'au Strymon. Il était borné par le pays des Péoniens indépendants et des Triballes. Du côté de la mer, à l'est, l'empire des Odryses s'étendait d'Abdère

---

1. Pline, III, 125.
2. Hérodote, IV, 101.

sur la mer Égée, jusqu'à l'embouchure de l'Istros, dans le Pont Euxin [1].

Ce fut sans doute au ive siècle que la puissance scythique commença à décliner, probablement sous l'effort des Thraces, qui, en 429, étaient encore au sud de l'Istros, et qui, en 335, étaient maîtres de la rive septentrionale du fleuve. A la fin du ive siècle la Thrace s'étendait depuis le Strymon jusqu'à l'Istros. La région comprise entre le Tyras et l'Istros, occupée par les Scythes en 514, lors de l'expédition de Darius, était au pouvoir des Gètes, peuple thrace, au temps de Lysimaque [2], roi de Macédoine (324-281). A l'époque de Strabon, les Gètes et les Daces s'étendaient du Pont Euxin à la Germanie [3].

Les Illyriens, eux aussi, avaient dû se développer aux dépens des Scythes (vers le ive siècle), et aussi des Thraces. Mais ils furent en guerre avec les Celtes ; les Celtes Scordisques soumirent les Autariates de Pannonie, peuple illyrien, qui eux-mêmes étaient devenus maîtres des Triballes et des autres Thraces. Les Illyriens firent la guerre aux Macédoniens, détrônèrent Amyntas II (393) et lui rendirent la couronne à charge de leur payer tribut.

Tels sont, d'après les esquisses inachevées que nous ont laissées les Grecs, les seuls traits qu'il nous soit permis de tracer de l'histoire générale des anciens peuples de l'Europe [4]. Les uns, comme les Tyrrhènes ou Étrusques, n'apparaissent qu'un instant au premier plan. D'autres, comme les Hellènes et les Latins, après avoir dominé le monde antique par la pensée et par l'action, sont restés jusqu'à nos jours les éducateurs de l'humanité. Les uns ne se sont jamais développés bien au delà de leur pays d'origine : les Tyrrhènes en Italie, les Lélèges en Grèce,

---

1. Thucydide, II, 96-97.
2. Strabon, VII, 3, 14.
3. Strabon, II, 5, 30 ; VII, 1, 3 ; 3, 13.
5. Voir Joulin, *Revue archéologique*, XXIII (1914), p. 57-98.

les Illyriens sur les côtes de l'Adriatique. D'autres ont étendu au loin leur domaine : les Pélasges, de l'Asie Mineure jusqu'à l'Italie ; les Celtes, de la Galatie jusqu'à l'Espagne ; les Ibères, de l'Espagne jusqu'à la Sicile. La plupart sont des peuples maritimes qui peuplaient les côtes de comptoirs et de colonies, comme les Phéniciens et les Hellènes, ou qui ont plus ou moins longtemps dominé sur la mer, comme les Pélasges et les Thraces, les Tyrrhènes et les Cariens. Quelques-uns pourtant ont été des puissances exclusivement continentales, comme les Celtes, les Scythes. Tous furent successivement plus ou moins pénétrés par la civilisation grecque.

Les uns après les autres, ils se sont de proche en proche fondus dans l'empire romain, en lui apportant leurs forces diverses, et aussi leurs causes de faiblesse. De 393 à 275, les Romains effectuent la conquête de l'Italie. Les Latins, dès 338, les Étrusques, les Samnites et les Ombriens, en 294, font leur soumission. La Grande Grèce est conquise en 275. Les guerres puniques entraînèrent l'occupation de la Sicile, de la Sardaigne et de la Corse, ainsi que du bassin oriental de l'Èbre, du pays de Carthagène et de la Bétique en Espagne.

Au siècle suivant, la Gaule Cisalpine est définitivement soumise en 186 ; la Macédoine, en 148 ; la Grèce, en 146. La conquête du centre et du nord de l'Espagne se termine en 133. La province de la Gaule Narbonnaise fut créée en 125-120.

Les Romains, dès lors maîtres des côtes de la Méditerranée, n'eurent plus qu'à assurer les frontières de leur empire dans des guerres où sombra l'indépendance des derniers peuples libres de l'Europe. La conquête de la Gaule transalpine (58-51) refoula les Germains au delà du Rhin. La défaite des Lusitans, des Astures et des Cantabres (19) acheva la soumission de la péninsule ibérique. Les Illyriens du Norique, de la Dalmatie et de la Pannonie, ainsi que les Thraces de la Mésie, furent soumis sous Auguste. Le reste de la Thrace méridionale fut réuni à l'empire romain en l'an 46 de notre ère. Enfin, la Grande-Bretagne fut conquise de 43 à 84. Les Daces, qui n'appartinrent que pendant cent cinquante ans à l'empire romain, furent vaincus définitivement et leur pays colonisé en 107.

Des anciens peuples dont nous avons étudié l'histoire, il ne resta en dehors des frontières romaines que les Germains, dont le pays n'avait été envahi par les Romains jusqu'à l'Elbe que de 12 avant notre ère jusqu'à 9 après notre ère, et les Scythes et les Sarmates, que les Romains n'atteignirent jamais.

Nous voudrions pouvoir remonter, plus haut que les premiers témoignages historiques, jusqu'aux âges lointains où, au lieu du récit des actions des hommes, on trouve les restes de leur civilisation, les outils de la paix et les armes de la guerre, les demeures des vivants et les tombes des morts; mais ces restes sont anonymes et ne permettent pas de distinguer les peuples qui les ont laissés. Si l'on tient à connaître au moins les héros civilisateurs, ce n'est pas aux historiens, c'est aux poètes qu'il faut s'adresser. Ceux-ci nous ont conté les légendes de Prométhée, qui fit connaître le feu; d'Héraclès, qui fraya les routes et les rendit sûres aux voyageurs; de Cadmos, qui apporta aux Grecs les lettres de l'alphabet; de Minos et de Rhadamanthe, qui établirent de justes lois; d'Orphée, qui par ses chants attirait les arbres et les rochers; de Dédale, le sculpteur et l'architecte, qui le premier tenta de s'élever dans les airs.

Ils nous ont décrit des contrées lointaines et merveilleuses : les îles de Cronos, dans les environs de la Grande-Bretagne, où le soleil, pendant trente jours, ne disparaît que moins d'une heure; l'île des Atlantes, où les hommes et les animaux sont deux fois aussi grands qu'ailleurs et où l'or est si abondant qu'il est moins estimé que ne l'est le fer chez les Grecs; le pays des Hyperboréens, où les hommes chantent les louanges d'Apollon ; la terre des Cimmériens, fleurie d'asphodèles et enveloppée de nuées, où hantent les trépassés.

Mais nous croyons maintenant que les héros ne sont guère que les chimériques synthèses des lents et patients efforts de l'humanité pour se procurer un peu plus de bonheur ; nous n'inscrivons plus sur les cartes les noms des îles des Justes et des îles des Bienheureux ; pour rassasier notre désir de connaître, il nous faut imaginer que les Grecs, faiseurs d'épopées ou créateurs de mythes, étaient doués de la seconde vue pour prophétiser, en quelque sorte, le passé inconnu, et nous devons nous résigner à n'entrevoir qu'à travers les rêves des poètes les plus anciennes traditions des hommes.

INDEX ALPHABÉTIQUE [1]

Aar 249.
Abalos 41, 246.
Abaris 198.
Abdère 261.
abeille 61.
Abella 194.
Aborigènes 31, 119, 181, 188-189, 190, 196 n. 7, 232, 235.
Acarnanie 110, 111, 125, 126.
Accitani 84 n. 3.
Aceste 244.
Achaïe 143, 144, 146, 147, 189.
Achaioï. Voir Achéens.
Achaios 118, 140, 141.
achat de la femme 74.
achéen 144.
Achéens 3, 9, 50, 52, 105, 113, 140 n. 7, 143-144, 147, 167, 228, 233, 257.
Achéloüs 139.
Achéron, 249.
Achille, 113, 179.
acier 57, 58. Voir fer.
Acropole 121, 146.
acropoles 44.
Actium 244.
Adria 131, 147.
Adriatique 45, 52, 57, 59, 131, 152, 198, 247, 248, 250.
adultère 74.
aes 64.

Aestii 71.
Agamède 49.
Agamemnon 145.
Agathocle 186.
Agathyrse 173.
Agathyrses 74, 75, 174.
Agde 81.
âge de la pierre 32-41, 241. Voir néolithique, paléolithique.
âge d'or 26, 235.
âge du bronze 42-52, 144, 200, 231, 235, 236, 239, 240, 241.
âge du fer 52-59, 87, 187, 196, 235, 236, 239, 240, 249.
Agen 204.
Agénor 92.
âges (les quatre) 26.
Aginna, Aginnum 77.
agrafes 56.
agriculture 35, 61, 73, 134, 159, 186, 187, 192, 223.
Agriens 260.
Agrigente 150.
Agrôn 138.
Aguilar d'Anguita 84.
Aiaia 242, 243.
aigle 61.
aiguilles 34, 36.
Aiolos 140.
airain 26, 28, 57, 79, 148. Voir bronze.

1. Les noms d'auteurs ne sont relevés que lorsqu'ils sont cités dans le texte ou que leur mention en note a une importance spéciale.

Aix-en-Provence 253.
aiz 64.
Akaiwasha, Akaouasha 2, 257.
albanais 70, 71, 153, 164, 165.
Albanais 124, 154.
Albanopolis 154.
Albion 240, 244.
Alcée 112.
Alcméon 145.
Alexandre I 142.
Alexandre le Grand 157.
alignements 37. Voir mégalithiques.
aliments 55, 62, 82.
allées couvertes 37.
Allemagne 28, 44, 55, 61, 200.
Allobroges 252.
Almopes 142.
Alpes 133, 186, 199, 209, 217, 233, 249, 250, 252, 253.
alphabet 121, 188 ; — carien 114 ; — chypriote 96, 144 ; — égéen 47, 96 ; — étrusque 137, 194, 206 ; — grec 93, 95, 96, 114, 137, 188, 193 ; — ibérique 86 ; — latin 193, 219 ; — lycien 109 ; — oghamique 219 ; — phénicien 96 ; — phrygien 165.
Altès 111.
Althaiménès 149.
Altinum 44 n. 2.
Alyatte 170.
Alybê 85 n. 1.
Amasis 115.
Amazones 58, 90-91, 147, 178-180, 254, 255.
Ambigat 206, 213.
ambre 39, 40, 45, 56, 187, 204, 246, 247, 248, 249.
Ambrons 181.
Aménophis. Voir Aménothès.
Aménothès III 1.
Aménothès IV 1.
Améria 196, 258.
Ammien Marcellin 8.

Ammon 226.
Amorgos 148.
Amphion 167.
Amphitryon 256.
amphores 247.
amulettes 46, 54.
Amyntas 142, 261.
Anacharsis 177.
Anas (Guadiana) 205.
Ancée 113.
anciens 213.
Ancône 131, 190.
Andalousie 206.
Andanie 113.
Androphages 174.
Andros 198.
Angleterre 239. Voir Grande-Bretagne.
Angros (Morava) 151.
Anguipède 214.
animaux domestiques 36, 61, 159, 227, 246 ; — conducteurs 195 ; — sauvages 61, 159, 221.
annales 85.
anneaux 44, 56.
-*anos* 130.
Antandros 112.
Antemna 190.
antennes 87.
anthropologie 19-20, 34, 38, 45, 67-69, 131, 234, 237, 238, 239.
anthropophagie. Voir cannibalisme.
Antium 181, 245.
Aones 231.
Apennins 194.
Aphrodite 97, 100, 176.
Apia 176.
Apis 254.
Apollodore 148, 256.
Apollon 106, 108, 115 n. 3, 147, 176, 197, 199, 200, 201, 264.
Apollonios de Rhodes 4, 248.
appliques 134.
Apriès 115.
Aquilée 200.

Aquitaine 204.
Aquitains 67, 73, 81, 84 n. 2.
Araxe 173.
Arbaxanes 181.
Arbois de Jubainville (H. d') 5, 14, 94, 183 n. 4, 185 n. 9.
arbouses 26.
arbres 48, 54, 61, 75. Voir tronc.
arc 217.
Arcadie 9, 116, 118, 119, 120, 121, 124, 145, 189, 231, 233, 255.
Arcadiens 96, 100, 125, 143, 144.
arcado-chypriote 144.
Arcas 118 n. 4, 255.
archéologie 20-22, 32-59, 86, 99, 134, 144, 166, 187, 197, 200, 247.
archers 106, 159. Voir flèches.
Archias de Corinthe 150.
architecture 51.
Arco-briga 205.
Arcties 249.
Ardiées 151, 152, 154, 155, 208.
ardoise 37.
Arelate (Arles) 244.
Arès 161, 176.
Arganthônios 79, 183.
argent 26, 28, 42, 44, 56, 62, 83, 85, 183, 215, 236.
Argentarius 183.
Argiens 146, 228, 254.
argile 37.
argilos 164.
Argolide 121, 125, 150.
Argonautes 161, 248-250, 255.
Argos 49, 93, 99, 108, 117, 120, 122, 143, 144, 150, 162, 254, 255.
Argos de Thessalie 117, 118, 129, 142.
Argyros 183.
Aricia 190.
arima 177, 178.
Arimaspes 173, 177, 199, 245, 249.
arimos 136.

Arisbê 126.
Aristée de Proconnèse 199.
aristocratie 191.
Aristote 4, 110, 125, 139, 213.
arithmétique 100.
Arménie 165.
arménien 70, 165.
Arméniens 31 n. 3, 74 n., 76.
armes 26, 49, 50, 53, 55, 83, 114, 157, 159, 187, 211, 216, 223;
 — culte des — 48.
Armorique (Bretagne) 43 n. 5, 53, 84, 202.
Arnê 145.
Arnées 95, 258.
Arnum 88.
Arnus 88.
Arra-bona 208.
Arsélis 115.
art décoratif 46, 56, 99, 131, 134.
Artabres 80, 205.
Artémidore d'Éphèse 83, 161.
Artémis 105, 146, 161, 162, 180.
Artimpasa 176.
Arundell (marbres d') 11.
Arvaques 205.
Arvernes 252.
asaminthos 47.
-*asco*-, -*asca* 15, 183, 185.
Asellio (Sempronius) 203.
asia 185.
Asie 63, 126, 145, 162, 175, 177 n. 5, 179, 247, 259.
Asie Mineure 2, 3, 9, 15, 42, 110, 113, 114, 118, 130, 134, 138, 140, 145, 148, 149, 150, 151, 157, 163, 164, 165, 166, 167, 170, 187, 193, 201, 210, 226, 233, 240, 256, 257, 259, 260, 262.
Asinê 125.
Asp-ourgos 178.
assemblées 134, 213.
Assur 138.
Assyrie 42, 99, 171.
Assyriens 75 n. 3, 138.

INDEX ALPHABÉTIQUE

Asta 81.
Astarté 100.
astres 61.
astronomie 100, 247.
Astura 88.
Astures 262.
ateliers 36.
Athêna 91, 92.
Athènes 97, 117, 121, 123, 141, 146, 158, 180, 254.
Athéniennes, 120, 146.
Athéniens 75, 78, 103, 114, 118 n. 6 et 10, 120, 122, 146, 198, 229, 255, 257.
Athos 117, 118, 122, 123, 161.
Atlantes 78, 80, 91, 119, 250, 253, 263 et add.
Atlantide 78, 199.
Atlantique 202, 236, 241, 245.
Atlas 78, 108, 199, 243, 254.
Atrebates 212.
attique 148.
Attique 121, 122, 126, 146, 147, 148, 149, 161, 162, 180, 231, 254, 255, 257.
Atys 128, 129.
Aude 251.
augures 215.
Augustin (Saint) 180.
Aurunci, Aurunques 194 n. 1, 232, 257.
Auses 91.
Ausones 10, 190, 194 n. 1, 232, 233.
Ausonia 234.
Ausonie 250.
Autariates 127, 151, 152, 155, 208, 261.
Autarieus 152.
autels 236.
autochthones 87, 113, 114, 117, 130, 188, 195, 228.
Autriche 38, 55, 208.
Averne 170.
Aviénus 8, 81, 89, 182, 244.

Babyloniens 138.

Bacchylide 105.
bagues 44, 56.
baguettes de divination 176.
bains 83, 175. Voir étuves.
Baléares 30, 98, 102, 244.
Balkans 45, 209, 256.
Baltique 40, 64, 179.
baltique 70.
Banad-aspos 178.
banquets 83.
Bantia 194.
barbarophones 115.
barbe 175.
barque 83, 116, 186, 244.
barrows 38, 45.
Bartu-dizos 163.
Basilée, Basilia 40, 246.
basque 72, 86.
Basques 10, 82 n. 7, 237.
bassin 220. Voir chaudière.
Bastarnes 5 n. 2, 157 et add.
Bastitans 83.
Bateia 126.
bateau 62. Voir barque.
Bato 153.
baudriers 221.
Baumes-Chaudes (Les) 38.
Bébryces 187.
Bel 138.
Bélénus 200.
Belgae 212.
Belges 211, 212, 253.
Belgique 33.
Belgrade 207.
Bellérophon, 108, 179.
Bellone 214.
Bellovèse 206.
Bêlos 92.
Bendis 162.
Béotie 95, 97, 104, 111, 115, 117, 145, 160, 231, 258.
Béotiens 145, 158.
Bérard (Victor) 11 n. 1, 14 n. 1, 98.
Berbères 188.
Bérécynthe 57.

INDEX ALPHABÉTIQUE

berger 243.
Bermion 164.
Bertrand (A.) 65.
Bérybraces 206.
Bessa-para 163.
Besses 151, 162.
Bétique 81, 262.
beurre 62, 82.
Bible 127, 148, 171, 226.
Bienne (lac de) 249.
bière, 73, 82.
Bigerra 81, 86.
bijoux 41, 44, 134.
Bilbilis 58, 86, 87.
bilingues 115.
bipennifer 115.
Bithi-centhus 163.
Bithus 163.
Bithynie 170.
Bithyniens 171, 213.
Bituriges 206; — Vivisques 204.
blé 26, 163, 229, 246, 254. Voir froment.
blessures rituelles 115.
Bodinco-magus 207.
Bodincus 185.
bœuf 26, 36, 61, 174, 187. Voir vache, bovidé.
Bohême 197, 203.
Boïens 203, 204, 206, 212, 215, 252, 260.
Boii (Boïens) 208.
Boiorix 220.
boire 154, 175, 217.
bois 27, 36, 44, 189. Voir forêts.
boisson 186. Voir bière, hydromel.
Bologne 196, 207.
-*bona* 203.
Borée 197.
Borysthène 172, 254, 256.
Bosphore 126, 168, 170.
Bottiès, 106, 142, 234.
bouclier d'Achille 50.
boucliers 50, 55, 83, 114, 186, 216, 221, 223.

bouleau 64.
bovidées 46.
bracelets 44, 54, 56.
brachycéphales 38, 46, 68-69, 234, 237, 238, 239.
braies 216.
Brasidas 151.
Brauron 146.
bravoure 218.
brebis 30, 61. Voir mouton.
Bregenz 208.
Brennos 208 n. 2, 215.
Brentesion 107.
brention 153 n. 2.
Brescia 90.
Bretagne 5 n. 2, 246. Voir Grande-Bretagne.
Bretons (de Grande-Bretagne) 71, 73, 74, 81, 200.
Brettia 240.
-*briga* 205, 210.
Brigantes 212.
Brigantia 205.
Brigantii 203.
Brigantium 205, 208.
Briges 155, 164, 166, 256.
Britannia 240.
Britomartis 103.
Brittia 240.
brittonique 212.
broches 54, 56.
broderies 160.
bronze 42, 44, 45, 54, 55, 56, 62, 86, 192, 200, 230, 231, 236. Voir cuivre, airain.
Bruttium 119.
Buch 204.
Bûcheron (dieu) 214.
Bulla 89.
burins 34.
Butrium 196.
Byzance 150.
Byzantins 213.

cabanes 31, 121. Voir huttes.
Cabires 58, 97, 120, 161.

Cadméens 149.
Cadix 205, 244, 245. Voir Gadeira.
Cadmée 231.
Cadmos 92, 94-95, 148, 158, 231, 254, 255, 263.
Cadmos de Milet 235.
Caenina 190.
Caeto-briga 205.
cailloux 160.
Calabri 153.
Cala-dunum 205.
Cala-gurris 81.
calcaire 37.
Calchédon 150.
Caledonia 240.
Calédonie (Écosse) 214.
Calédoniens 239.
calendrier 204.
Cales 88.
callaïs 41, 241.
Callistus 119.
Calpin (mont) 249.
Calypso 243.
Cambo-dunum 212.
Cambo-ritum 212.
Caméens 9.
Camers 196.
Camertes 196 n. 9.
Camicos 48, 107.
Campanie 119, 132, 133, 196, 206, 233, 259, 260.
Campaniens 194, 245.
canard 61.
canaux 134.
cannibalisme 73.
canots 83.
Cantabres 74, 80, 82 n. 4, 83, 91, 262.
Cantium (Kent) 246.
cantus 85.
Capoue 132, 259.
Car 114, 118.
caractères physiques. Voir anthropologie.
caractères moraux 218.

Carbon 252.
Carie 3, 110, 111, 112, 122, 147.
carien 115.
Cariens, 10, 18, 51, 107, 110, 111, 112, 113-116, 138, 147, 241, 259, 262.
Carissa 81.
Carniole 208.
Carnuntum 208.
Caroiates 254.
Carpathos 150.
Carpathes 179.
Carro-dunum 202, 208.
Carthage 102, 244.
Carthagène 262.
Carthaginois 13, 101-102, 132, 230, 236, 259.
Caryste 198, 247.
Caspienne 179.
casque 114, 216, 221, 227.
Cassitérides 6, 43, 44 n. 3, 239.
cassiteros 212.
Cassopie 245.
castillan 17.
Castille 87.
castor 61.
catalan 17.
Catalogne 87.
Catane 245.
Caton l'Ancien 188, 189.
Catuellauni 212.
Catumandus (Catumarandus) 209.
Caturiges 206.
Caucon 125.
Caucones 124-125, 230.
Cauniens 107.
cavalerie 84, 175, 209, 215, 221, 223.
Cavaros 213.
caveçon 87.
cavernes 29-31, 33, 82, 186. Voir grottes.
Cécropides 122.
Cécrops 11, 12, 13 [n., 94, 254, 255.
Cécryphes 249.

cèdre 175.
ceintures 54, 56.
ceinturons 56.
Célainô 108.
Celciani 80.
celia 85.
célibat 159.
Celtes 10, 13, 40, 59, 63, 68, 74, 75, 131, 133, 151, 154, 155, 160 n. 7, 173, 188, 196, 197, 198 n. 1, 199, 200, 201-219, 220, 223, 224, 233, 236, 239, 245, 248, 260, 262, 263. Voir Gaulois.
celtibère 17.
Celtibères 10, 75, 83, 84 n. 3, 87, 205, 252.
Celtica 237.
Celtici 205.
Celticum 203.
Celtique (cap) 205.
Celtique 5 n. 2, 197, 204 n. 4, 238, 246, 250.
celtique 70, 178, 185, 212, 218, 239.
Celtoï 221.
Celto-Ligures 250.
Celto-Scythes 10, 208.
Cempses, *Cempsi* 79, 80, 182, 244.
Cénomans 207.
centième 176.
Centorbi 192.
centum 143, 165.
céramique 35, 51, 56. Voir vases, poteries.
cercles 46.
cerea 85.
céréales 37, 61. Voir blé, froment, orge.
cerf 61.
César 208 n. 7, 212, 221.
Cessa 77.
chaînes 221.
Chalcidiens 150, 259.
Chalcidique 156.

Chalcis 126, 147, 180.
Chaldée 236.
Chalybes 58.
Champagne 215.
champions 216.
chants 197.
chanvre 160, 175.
Chaones 152.
Chaonie 245.
chapeaux 82 n. 4.
Charadre 167.
char de guerre 50, 53, 55, 211, 215.
chariots 174, 220.
charrues 187.
chars 187.
Charybde 243, 244.
chasse 28, 31, 34, 217, 227.
chaudière 221 n. 4. Voir bassin.
chaussures 50, 82 n. 4.
chefs 210, 213.
Chelles 33.
Chemmis 93.
chenets 54, 56.
Chersonnèse Cimbrique 219.
cheval 32, 36, 61, 168, 175, 176, 186, 216. Voir cavalerie, équitation.
cheveux 67-69, 82, 198, 217, 234, 237, 238, 239.
chèvre 30, 36, 61.
chien 36, 61.
Chiomara 214.
Chios 111, 118, 145, 247.
chloromélanite 41.
cho- 178.
Cho-dainos 178.
Chônes 153, 232.
Cho-roathos 178.
Chronique d'Apollodore 11.
Chronique d'Eusèbe 12.
Chronique de Paros 11.
Chronique Pascale 12.
Chronique du Syncelle, 12.
chroniques grecques 11.
chronologie grecque 11-13.

Chypre 1, 43, 48, 50, 58, 99, 144, 226.
Chypriotes, 59, 241, 258.
Cicones 128 n. 6, 162, 242.
cigognes 121, 128.
Cilicie 144, 170.
Cilix 92.
Cimbres 63, 171, 219-221, 251-252.
Cimmériens, 74, 147, 169-172 et add., 173, 249, 259, 264.
cinquante 125, 176.
Circé (île de) 250. Voir Aiaia.
Circeum 245.
cire 176.
Cisalpine 131, 133, 151, 191, 196, 206, 211, 214, 217, 233, 234, 262.
ciseaux 56.
cistes 134. Voir situles.
cités lacustres. Voir lacustres.
cithare 197. Voir lyre.
civilisations 20, 22, 25, 188, 223.
Cleuas 145.
clients 213.
Clinias de Crète 151.
Clusium 196.
Cnide 149, 150.
Cnosse 47, 49, 103, 104, 106, 227, 253, 254, 255.
Cocalos 255.
cochon 36. Voir porc.
Codanus (Kattegat) 220.
Codros 147, 149.
coffres de pierre 38.
coiffures 83.
Colchide 187, 240.
Coligny (Ain) 204.
colliers 37, 44, 55.
colonies 144, 145, 148, 149, 150, 157, 195, 228, 229.
Colonnes d'Hercule 85 n. 1, 100, 101, 102, 201, 241, 244, 245, 250.
Colophon 145.
commerce 26, 35, 39, 43, 45, 50, 97, 99, 101, 186, 192, 251, 258. Voir routes.
Comminge 204.
communauté des terres 73 ; — des femmes 74, 134, 214 ; — des biens 188.
compagnons 223. Voir clientèle.
compter par nuits 75 ; — les jours 134, 160.
consécration 135.
conseil 210, 213.
coquillages 37.
corail 56, 57, 211.
Corcyre 150, 192, 245, 247, 250.
Corinthe 108, 150.
Corinthiens 101.
cormes 26.
corne 34, 40, 44, 46, 50, 52, 236.
Cornouaille 43.
cornus (dieux) 214.
corps repliés 236. Voir parties du corps.
Corse 82 n. 4, 90, 91, 101, 132, 184, 187, 259, 262.
Cortone 88, 120, 189.
Corybantes 255.
Cos 149, 150.
costume 154. Voir vêtements.
cotonea 153.
Cotyttô 162.
coupes 134, 175, 215, 236.
couteaux 35, 54, 56.
coutumes 154, 158, 174, 223. Voir folklore.
couvade 83.
crèches 85.
crémaillère 54.
Crès 254.
Crestone 16, 120, 123, 158.
Crète 2, 3, 9, 15, 42, 44, 46, 48, 50, 51, 57, 99, 102-107, 108, 118, 121, 122, 126, 127, 144, 149, 150, 151, 163, 226-228, 231, 236, 243, 250, 254, 255.
Crétois 92, 105-107, 113-114, 255. Voir Minos.

INDEX ALPHABÉTIQUE

Créusa 141.
creuset 44.
Crimée 170.
Crissa 106.
croissants 44.
Cro-Magnon 44.
cromlech 37.
Cronos 78, 200, 263.
Crotone 16, 144, 150, 233.
cruc (chair) 126.
Crustumerium, Crustumina 190, 131.
Clistes 159.
cubiton 192.
cuir 54, 56, 83, 114, 244.
cuirasse 216, 221.
cuivre 42, 45, 49 n. 4, 58, 62, 86, 236.
culte 35, 48, 75, 223. Voir religion, rites.
Cumes 147, 233, 244, 259.
cupules 39.
cure-ongles 54.
Curètes 105, 106, 111, 117, 125-126, 140, 141, 227, 235, 254, 255.
Cutilies 196 n. 7.
Cyclades 97, 104, 144, 148, 150.
cyclopéennes (constructions) 241.
Cyclopes 30, 49, 73, 108, 228, 242.
Cycnos 40, 46, 201.
Cydones 51, 228.
Cydonie 103.
cygne 46, 200.
Cyllène 119.
Cymry 15. Voir Kymry.
Cynètes 80, 204, 244.
Cynuriens 143.
cyprès 175.
Cyrène 150.
Cyrénaïque 91.
Cyrnos (Corse) 77.
Cythère 97, 242.
Cyzique 172.

Daces 75, 157, 261, 263.

Dacie 42.
Dactyles 57, 105, 106, 166, 227, 254, 255.
Daïniou 2. Voir *Danaouna*.
Dalmates 68.
Dalmatie 152, 262.
Damaste 7, 199.
Danaens 3, 257. Voir *Danaoï*.
Danaoï 2, 93.
Danaos 92, 93-94, 95, 230, 254, 255, 256.
Danaouna 1, 2, 93, 257.
Danemark 40, 55.
danses 83, 84 n. 3, 164.
Danube 45, 52, 57, 152, 156, 157, 170, 180, 214, 247. Voir Istros.
Dardanes 13, 127, 151, 152, 153, 154, 155, 233.
Dardanie 155.
Dardanos 126, 152, 155.
Dardanoui 1, 155, 169.
Darius 64, 70, 128, 133, 173, 256, 260, 261.
Dascylos 108.
date des documents grecs 5. Voir chronologie.
Daulis 158, 231.
Daunies 152.
Daunios 152.
Déchelette (J.) 32 n. 2, 65.
Déciates 182.
Dédale 48, 104, 166, 255, 263.
Déesse aux serpents, aux lions, aux colombes 48. Voir idole, dieux.
Deimling 112.
Dèlas 58.
Déliens 198.
délimitation 135.
Délos 114, 118, 198, 200, 243.
Delphes 106, 107, 108, 210.
déluges 254, 255. Voir Deucalion, Ogygès.
Démêter 105, 120, 161, 163, 192, 229, 249, 250.

Les anciens peuples de l'Europe.

demeures 26. Voir habitations souterraines.
demi-dieux 200. Voir héros.
Deniker 22 n., 68.
dents d'animaux 37.
Denys de Syracuse 207.
Denys d'Halicarnasse 4, 129, 133, 138, 189, 233, 235.
Dercenna, Dercennus 88.
dés 136.
dessins 34. Voir gravure.
Deucalion 117, 118 n. 7, 139, 140, 141, 254, 255.
deutsch 15, 222.
devins 176. Voir divination.
Devon 43.
Dicéarchie 233.
Dictê 15.
Dictynna 103, 105.
Didymes (monts) 145.
dieu père 223.
dieux 67, 120, 135, 176, 206, 214. Voir religion, divinités.
Dini-centhos 163.
Diodore 4, 30, 91, 95, 207 n. 2.
Diomède 145.
Dionysios de Mytilène 91. Voir Denys.
Dionysos 161, 162, 165, 166, 227, 255.
Dioscoride 164.
diphthères 148.
Dipylon 52.
disciplina (Etrusca) 135.
discipline 196.
disette 195. Voir famine.
disques 33, 200.
divination 75, 176, 215.
divinités 61, 162. Voir dieux.
Djerba 242.
Dniester 208, 247. Voir Tyras.
Dodone 118, 119, 120, 129, 139, 231, 247.
dolichocéphales 34, 38, 45, 68-69, 234, 237, 238, 239. Voir anthropologie.

dolmens 37, 39, 236. Voir mégalithiques.
dominateurs de la mer 139, 157, 166, 241, 258.
Don 251. Voir Tanaïs.
Doride 125, 149.
Doriens 9, 59, 105, 114, 129, 148-151, 155, 228, 229, 259.
Dôros 140, 148.
dot 83, 154.
doublets 98.
douze 132, 133, 134, 145, 147.
Drangiane 43.
Drave 207.
Drépane 192 n. 2, 244.
droit comparé 23, 73-75. Voir folklore.
druides 63, 215.
Dru-nemeton 210.
Dryopes 9, 125, 230.
Dryopide 125, 149.
Dryops 125.
Dubra 203.
-dunum 14, 202, 205, 212.
dureta 85.
-durum 212.
Dussaud (R.) 46 n. 3.
dutch 15.
Dymanes 150.
Dyme d'Achaïe 150.

Èbre 210, 262. Voir *Iber*.
Ecco-briga 210.
éclairs 158. Voir foudre.
Écosse 212, 239, 240.
écuyers 215.
Édoniens 142.
Égée (mer) 100, 116, 259, 261.
égéen 19.
égéenne (civilisation) 46, 99.
Égéens 47, 51, 101.
égouts 134.
Égypte 42, 43, 50, 52, 93, 99, 110, 115, 120, 127, 144, 148, 226, 236, 254, 257.

INDEX ALPHABÉTIQUE

Égyptiens 1-3, 92, 115, 172, 177, 230, 241, 259.
égyptiens (trépieds) 50.
Égyptos 92, 93.
Elbe 45, 247.
Elbycini 80.
Elche 83 n. 4.
Elésyces 104, 182.
Eleusis 146, 158, 161, 163, 254, 257.
Élide 121, 124, 167.
Élymes 127.
Élysion 104.
émail 56.
Émathie 231.
embaumer 176.
émigrations 195, 206.
Émilie 235.
empailler 176.
Emporium 244.
enarees 177.
enceintes fortifiées. Voir villes.
encens 175.
Enchélées 95, 152.
Enchéleus 152.
enclumes 56.
Énée 127, 188, 233, 243.
énéolithique 42, 230, 231, 235, 236.
Énètes 173. Voir Vénètes.
enfants 63, 74, 99, 159, 195, 213, 215, 221.
enfers 135.
ennemis 175, 179, 215.
enterrer. Voir inhumation.
entrailles. Voir haruspicine.
Éole (île d') 242.
Éolide 145.
Éoliens 126, 144-145, 149, 259.
Éordiens 142.
épeautre 61.
Épéens 145, 233.
épées 53, 55, 83, 87, 115, 176, 216, 217, 221, 227, 230. Voir glaives.
Éphèse 110, 113, 121, 180.
Éphore 5, 11 n. 1, 170, 173, 201.

Épicharme 192.
Épidamne 156.
Épidaure 9, 114, 150.
épingles 44, 54, 56.
Épire 117, 141, 142, 152, 155, 244, 250.
Épirotes 142, 231.
époque du renne 33.
Epo-redia 207.
équitation 87. Voir cheval, *trimarcisia*.
équité 177. Voir justice.
Ératosthène 5 n. 2, 7, 174, 182, 247.
Érechtheus 94, 141, 158, 257.
Éridan 39, 40, 151, 248. Voir Pô.
escales 243.
Eschyle 4.
esclaves 99, 112, 113, 155, 172, 192, 194 n. 5.
Espagne 33, 38, 42, 55, 89, 101, 102, 184, 204, 205, 206, 235-237, 239, 252, 257, 262. Voir Hespérie, Ibérie.
Estle-dunum 205.
étain 43, 45, 167, 183, 212, 237 n. 2, 241, 244, 246.
Étéocrétois 51, 105, 107, 226, 228.
Éthiopiens 174, 185, 201.
ethnographie 9, 67. Voir anthropologie, folklore.
Étienne de Byzance 181 n. 1, 182, 193.
Etmanei 79.
Etna 250.
Étolie 114, 125, 126, 145, 148, 210.
étrangers 154 n. 2, 177.
étrangler 176.
Étrurie 52, 84, 119, 133, 190, 196, 233.
étrusque 19, 72, 122, 129, 135-137.
Étrusques 59, 101, 128-137, 207, 233, 234, 258, 261, 262. Voir Tyrrhènes.
étui à aiguilles 56.

étuves 83. Voir bains.
Eubée 104, 126, 148, 156, 160, 198.
Eubies 181.
Euganei 233.
Eugubines (Tables) 194.
Eumolpe 146, 158, 161, 163, 231, 254, 255, 257.
Euripide 58.
Europe, mère de Minos, 92, 94, 105, 255, 256.
Europe centrale 53, 163.
Europs 254.
Eurysthée 167.
Eusèbe 12, 254.
Évandre 96, 188, 233.
Évhémère 7.
Exampaios 177.
exposition des enfants 74.
extrémité du monde 243.

fagots 176.
faïence 46. Voir céramique.
faînes 6. Voir glands.
Falérie 190.
Falisques 193.
famille 60, 213.
famine 129. Voir disette.
faucilles 163, 187, 192.
faux 56.
Felsina 131, 207.
femme 73, 74, 83, 99, 110, 134, 159, 178, 186, 213, 214, 215, 220, 221. Voir matriarchat, gynécocratie, polygamie.
Fenni 73. Voir Finnois.
fer 26, 42, 49, 53, 54, 56, 57, 62, 166, 176, 216, 221, 254, 255, 264. Voir acier.
férocité 154.
fertilité 197, 211, 233.
Fescenium 190.
festins 160, 175. Voir repas, banquets.
Festus Aviénus. Voir Aviénus.
fétiches 46. Voir amulettes.

feu 27, 29, 49, 57, 176, 177.
fibules 44, 54, 56, 230.
Fidènes 131.
figure humaine 38, 56.
figurines 37, 46, 134.
filets 37.
filles 83, 110, 159. Voir enfants.
finnois 73.
Finnois 31, 73, 178.
flèches 34, 175.
flotte 102. Voir dominateurs de la mer.
flûte 161.
folklore 22-23, 68, 82, 85.
fondation 135.
fondeurs 57 n. 4.
fontaine 146.
forêts (culte des) 75, 223.
fortifications 121. Voir enceintes.
forts 111.
foudre 135.
foyer 176.
France 33, 184, 186. Voir Gaule.
Francs 18.
franges 37.
fraternisation par le sang 75.
frelon 61.
frères 83. Voir fraternisation.
Fréret 130 n. 6.
fresques 46, 49. Voir dessins, peintures.
Frise 40, 246.
fromage 168, 175.
froment 37, 61, 119, 174, 198. Voir blé.
fronde 98, 217.
front 115.
fruits 26, 246.
fumier 154.
funérailles. Voir inhumation, incinération.
Furfooz 38.
fusaïoles 37.
fuseaux 37, 198.

Gabro-magus 203, 208.

INDEX ALPHABÉTIQUE

Gadeira, Gadès, *Gadir* (Cadix) 98, 244, 258.
gaélique 212.
gaesa 217. Voir javelots.
Gaia (Terre) 176.
Galabrii 153.
Galatai 211, 221.
Galates 201, 213, 214.
Galatia 238.
Galatie 210, 262.
galettes 37.
Galice 43, 205.
galicien 17.
Galiciens 236.
Galles 212, 239.
Galli 201.
Gallia 203, 238.
gallo-italique 17.
Gaudos 97.
Gaule 42, 53, 55, 86, 102, 201, 202, 203, 204, 210, 214, 219, 237-238, 239, 252, 257, 260, 262.
Gaulois 18, 62, 67, 71, 73, 74, 75, 81, 84 n. 2, 133, 152, 182, 197, 200, 207, 220, 233, 239. Voir Celtes.
Géla 150.
gela 192.
généalogies grecques 11.
Gênes 181, 183.
génies 135, 200.
Géphyrées 97.
Germains 13, 31, 55, 59, 62, 67, 68, 71, 72, 73, 84 n. 2, 154 n. 4, 171, 201, 208, 211, 219-224, 262, 263. Voir Cimbres, Teutons.
Germani 221.
Germanie 5 n. 2, 202, 211, 224, 261.
germanique 222, 223.
Gésates 211, 214, 217.
Gètes 5 n. 2, 157, 158, 159, 168, 249, 260, 261.
Gimirrai 171.
glaciaire (zone) 33.

glaives 157. Voir épées.
glands 26, 27, 30, 82, 121. Voir faînes.
Glètes 80.
gloses 139, 142, 153, 164, 165, 218.
Gnipho (M. Antonius) 197.
Gomer 171.
Gorgones 92.
gorri 86.
Gortyne 150.
gotique 70, 222 n. 6 et 7.
gouge 56.
gouvernement 110.
Graecia 231.
Graicoï 139.
Graicos 140, 254.
grains de collier 37.
Grande-Bretagne 33, 40, 42, 53, 102, 200, 205, 212, 214, 238-240, 246, 263.
Grande-Grèce 107, 144, 234, 262. Voir Italie, Iapygie.
grattoirs 35. Voir racloirs.
gravure 34, 46, 54, 187.
grec 70, 115.
Grèce 33, 35, 42, 84, 110, 134, 139, 141, 163, 198, 208 n. 7, 230-232, 236, 254, 256, 257, 260, 262.
Grecs 4, 59, 67, 91, 93, 99, 112, 138, 160, 178, 198, 207, 218, 233, 234. Voir Hellènes.
Grenelle 38.
Grimaldi (grottes de) 35.
grive 61.
Grote 123.
grottes 34, 38.
grue 61.
Grypes 199.
guerre 159, 186.
guerrières 179. Voir Amazones.
gurdus 85.
Gygès 171.
Gymnées 249.
gynécocratie 179, 180, 243, 299.

gypse 37.

habitants des cavernes 29-31.
  Voir caverne.
habitations 26, 36, 44, 55, 186.
  Voir huttes, cabanes.
hache 33, 35, 38, 41, 45, 46, 49, 54, 56, 62, 115.
Haghia Triada 49.
Halicarnasse 112, 149, 150.
Hallstatt 53-54, 59, 217.
Halys 164.
hameçons 56.
Hamilcar 186.
Hannibal, 182.
Hannon 102.
harpons 34.
Harris (papyrus) 3.
haruspicine 135, 215, 220.
haut-allemand 222.
Hécatée d'Abdère 197.
Hécatée de Milet 236.
Hélicon 160.
Hélios 117. Voir soleil.
Hélisyces 104.
Hellade 231.
Hellanique de Lesbos 128, 190, 229.
Hellas 140.
Hellène 117, 140, 254.
Hellènes 71, 74, 75, 110, 117, 120, 125, 139-141, 146, 231, 261, 262. Voir Grecs.
Helvètes 252.
Hémonie 118.
Hémus 141, 157.
Héra 111, 120, 248.
Héraclée 150, 172.
Héraclès 30 n. 3, 90, 97, 98, 100, 125, 130, 149, 157, 176, 179, 180, 227, 230, 233, 235, 250, 256, 263.
Héraclide de Pont 164, 180, 199.
Héraclides 12, 143, 145, 146, 147, 149, 228, 230, 255.
herbes 30, 31.

Herculanum 132.
Hercule. Voir Héraclès.
Hercynienne (forêt) 203.
Hercyniens (monts) 248.
héritage 83, 110.
Hermès 120, 162.
Hermione 114, 125.
Hermopolis 1.
Herniques 195.
Hérodore 80.
Hérodote 4, 6, 98, 108, 109, 112, 123, 126, 129, 130, 148, 150, 154, 156, 158, 159, 161, 163, 169, 173, 175, 177, 178, 180, 198, 201, 251, 256, 260.
Héros civilisateurs 227. Voir Héraclès, Prométhée, Orphée.
herses 187.
Hérules 74.
Hésiode 4, 25, 105, 110, 174, 185, 188 n. 8.
Hespéra 90.
Hesperia 234, 237.
Hespérides 237 n. 2.
Hespérie 78, 89, 179, 250.
Hestia (Vesta) 176.
Hésychios 136.
Hétéens 51 n. 4, 166. Voir Hittites.
Hiberni 244.
Hibernia 240.
Hibernie 250.
Hiéron 132.
hilotes 112, 194 n. 5.
Himilcon 8, 102, 244.
Hippémolges 168, 174.
Hippocoronon 15.
Hippocrate 174, 175, 177.
Hirpins 194.
hirpos 195.
Hirt 16, 164.
Hispania 237.
Hissarlik 47, 230.
historiens 4-13.
Hittites 51, 178. Voir Hétéens.
Holder (A.) 218, n. 11.

holocène 33.
Homère 4, 169, 226. Voir Poèmes homériques.
Homo Alpinus 68, 69.
Homo Europaeus 68, 69.
Homo Mediterraneus 68, 69.
hongrois 73.
hospitalité 75, 223.
hôte 191.
hu- 177.
huttes 35, 36, 186. Voir cabanes.
Hyantes 231.
Hybla 150.
Hycsos 94.
hydromel 62.
Hyèle 259.
Hyllées 150.
Hymette 121, 146.
Hyperboréennes 198.
Hyperboréens, 78, 197, 201, 247, 249, 250, 263.
hypocoristiques 163, 164.
Hyria 107.

Iapodes 73, 75, 152, 155, 208.
Iapyges-Messapiens 107, 152, 232.
Iapygie 104, 153, 207 n. 2, 234, 245.
Iapyx 152.
Iardanos 138.
Iavanim 148.
Iaxarte 63.
ibai-gorri 86.
Iber (Èbre) 77.
ibère 17, 19, 72.
Ibères d'Asie 73 n. 3, 76.
Ibères d'Europe 10, 13, 67, 73, 76-87, 89, 181, 182, 187, 188, 206, 228, 232, 237, 239, 240, 244, 245, 250, 257, 262.
Iberia 237.
Ibérie 5 n. 2, 42, 43, 87, 88, 96, 68, 104, 147, 182, 183, 235-237, 245, 250.
Ibéro-Ligures 209.
Icare 48.

Icositani 90.
Ictis 45.
Ida 15, 57, 126, 227, 255.
idi-bide 86.
idole néolithique 39.
Idoménée 102.
Idu-beda 86.
Ierné 240, 246.
îles 200, 201.
Iles Britanniques 10, 38, 55, 167, 200, 202, 203, 212, 239, 260.
Iles de l'étain 181. Voir Cassitérides.
Iliade 93, 111, 124, 139, 157, 162, 168, 212. Voir Poèmes homériques.
Ili-berris 86.
Iliens 3.
Ilion 3.
Iliouna 2, 3.
Illyrie 52, 209, 252.
illyrien 153-154.
Illyriens 13, 59, 68, 71, 75, 90, 95, 142, 151-156, 157, 163, 207, 208, 231, 232, 245, 260, 261, 262.
Illyrios 152.
Ilos 126, 167.
Ilunnus 81.
Ilunum 81.
Iluro 81.
Imbros 58, 118, 128.
immortalité 158.
Inachos 117.
incinération 44, 49, 53, 55, 87, 211, 223.
-incum 184.
Indiens 71, 73 n. 3, 156, 173.
Indo-Chine 41.
indo-européenne (civilisation) 59-65.
Indo-Européens 18, 59-65, 148, 178, 232.
indo-iranien 70, 71. Voir sanskrit, zend.
industrie 134.
infanterie 216, 221.

inhumation 38, 44, 49, 53, 55, 114, 160, 169, 211.
inondations 202, 203.
-*inos* 192.
inscriptions 85, 106, 114, 122, 134, 135, 136, 138, 147, 153, 163, 164, 170, 177, 185, 193-194, 200, 209, 218.
insectes 61.
institutions 134, 151, 213, 223.
Insubres 206, 214, 217, 260.
Ion 146, 158, 255, 257.
Ionie 110, 119, 148, 259.
ionien 148.
Ionienne (mer) 129, 168, 244, 247.
Ioniens 9, 108 n. 5, 110, 113, 114, 143, 145, 146-148, 149, 150, 229, 233, 242 n., 255, 259.
Ipsicores 181.
iranien 70, 164, 165.
Iraniens 178.
Iria 88.
iri-berri 86.
Iriouna 2. Voir *Iliouna*.
irlandais (gaélique d'Irlande) 219.
Irlandais 73.
Irlande 42, 212, 239.
Isar 184.
Isara 184.
Isère 184.
Isidore 136.
Isis 115.
Ismaros 162.
Isola 183.
Issédons 173, 199, 247.
ister 136.
Istres 155.
Istrie 52, 245.
Istros (Danube) 168, 173, 199, 201, 260, 261.
Italie 33, 40, 52, 55, 59, 73, 78, 82, 88, 97, 119, 127, 128, 129, 130, 131, 132, 133, 144, 147, 152, 170, 182, 187, 188, 190, 191, 202, 206, 207, 219, 232-235, 250, 252, 253, 257, 258, 259, 260, 262.
Italiotes 74, 141, 183, 190, 193-197, 259.
italique 70.
italo-celtique 71, 197.
Italos 191.
Ithaque 50, 144, 190, 242, 243.
Iverio 240.
ivoire 44, 114.
ivrognerie 162.

jade 41.
jarres 236.
Jasios 105.
javelots 34, 50, 59, 87, 216, 221.
jayet 56.
jeunesse (éternelle) 249.
jeux 160.
jours heureux et malheureux 160.
Jucar 183 n. 4.
juge 210.
jugement 176.
Jullian (C.) 183 n. 4, 185 n. 7, 204 n. 4, 206 n. 1, 208 n. 2.
junons 135.
Jupiter 138. Voir Zeus.
jurer. Voir serment.
justice 26, 168, 174, 177, 250.
Justin 177, 234. Voir Trogue Pompée.
Jutland 246.

Kaphtor 127, 226.
Karnak 2.
Karnberg 203.
Kashkisha 2.
Keftiou 226.
Kérétites 226.
Khati 1. Voir Khêtas, Hittites, Hétéens.
Khêtas 155, 169.
Kirkisha 2.
Kretschmer 48 n. 1.
Kymry 171. Voir Cymry.

INDEX ALPHABÉTIQUE

Labara 203.
Laber 203.
Laberius 85.
labour 61, 187. Voir charrue.
Labrandeus 115.
labrys 115.
Labyrinthe 48.
labyrinthos 47.
Lacédémone 110, 143, 150.
Lacédémoniens 73, 110, 228, 259.
Laconie 103, 111, 150, 228.
lacustres (villages) 31, 40, 44.
lait 62, 168, 174, 175, 186.
lances 216, 217.
Langates 183.
langues 85, 90, 100, 106, 109, 114, 121, 136, 139, 142, 144, 148, 150, 153, 163, 165, 169, 174, 177, 185, 193-194, 198, 209, 210, 212, 218, 222, 239, 251.
langue d'oc 17.
langues romanes 16-17.
Lapithes 119.
lares 135.
Larisa, *Larissa* (ville) 121.
Larissa (femme) 121 n. 8, 141.
La Tène 42, 53, 54-57, 211, 215, 216, 217.
latin 70.
Latins 71, 133, 135, 193, 232, 245, 250, 260, 261.
Latinus 188.
Latium 31, 119, 131, 133, 181, 188, 190.
Laugerie-Basse 34.
Latone 161, 197.
Lauter 203.
lautverschiebung 222.
Lééens 260.
légendes 25-32, 247, 263.
légumes 246.
Lélèges 9, 13, 51 n. 3, 110-113, 114, 117, 124, 141, 147, 180, 230, 231, 257, 261.
Lélex 94, 110.

Lélies 249.
Lemnos 50, 58, 118, 120, 123, 128, 133, 157.
Le Moustier 33.
lentilles 112.
Lepsius 130 n. 6.
Lesbiens 259.
Lesbos 118, 133, 145, 247.
Lestrygons 30, 73, 228, 242.
lettres. Voir alphabet.
Leucade 244.
Leucadia 110.
Leuctres 167.
libations 84, 215.
Libou 89 n. 3.
Libui 90.
Liburnes, *Liburni* 90, 232, 245.
Libya 89.
Libyca 89.
Libye 78, 80, 89 n. 6, 92, 96, 101, 110, 186.
libyen 90.
Libyens 2 n. 5, 89-98, 187, 230.
Libyphéniciens 89.
lieux (noms de). Voir toponomastique.
lignite 54, 56.
ligure 17, 185-186.
Ligures 3 n. 3, 15, 40, 59, 63, 67, 73, 74, 75, 81, 87, 88, 91, 132, 163, 180-188, 189, 190, 191, 201, 202, 203, 204, 206, 207, 209, 228, 232, 234, 236, 237, 244, 245, 254, 260, 262. Voir Ligyes.
Ligurie 181, 184, 236, 250. Voir Ligystique.
Liguros 181 n. 1.
Ligustin (marais) 182.
Ligyes (Ligures) 174, 183, 248.
Ligyrées 162.
Ligystine 182.
Ligystique 120 n. 1, 182. Voir Ligurie.
limes 54, 56.
limites. Voir délimitation.

lin 31 n. 3, 37.
Lingons 206.
lingots 45, 83. Voir monnaies.
linguistique comparative 16-18, 69-73.
Linos 160.
Lipari 73, 102, 132, 242.
livres 135, 148.
Loco-ritum 203.
Locres 150, 191, 233.
Locride 111, 145, 148.
Locriens 111.
Locros 111.
Lohr-am-Main 203.
lois 26, 85, 102, 103, 104, 106, 114, 134, 143.
long-barrows 38.
Lotophages 242.
Loukaou, Loukou 1, 2, 3, 108.
loup 61, 174, 195.
loutre 61.
Lucanie 119, 245.
Lucrèce 26-29.
lucumons 134.
Lud 138.
Lugano 185.
Lugdunum Convenarum (Saint-Bertrand de Comminges) 204.
lune 84 n. 3, 223.
Lusitans 84, 262.
Lusons 205.
Lutra 203.
lycanthropes 174.
Lycaon 118, 119, 125, 152, 189.
Lycie 107, 114, 179.
lycien 72, 109, 138.
Lyciens 3, 10, 13, 50, 74, 107-110.
Lycos 108.
Lycurgue 106.
Lycurgue de Thrace 162.
Lydie 42, 46, 115, 122, 129, 130, 147, 168, 170, 171.
lydien 72, 137, 138-139, 169.
Lydiens 10, 75, 114, 120, 129, 134, 137-139, 241.

Lydos 114.
lyre 161. Voir cithare.
Lyncestes 187 n. 1.
Lysimaque 261.

Macédoine 106, 117, 127, 142, 156, 159, 164, 166, 209, 261.
Macédon 140, 141.
macédonien 117 n. 6, 142-143.
Macédoniens 73, 125, 141-143, 152, 162, 168, 247, 261.
Machlyes 91.
Macrobe 136.
Macrobies 249.
Madeleine (grotte de La) 34.
Madyès 170.
mages 63.
magiciens 57, 227.
magistrats 134.
Magnès 140.
Magnésie 107, 140, 142, 170, 233 n. 2.
Magnètes thessaliens 107, 140.
-*magus* 203, 204, 210, 212.
Maidobithyniens 172.
maillet 214.
Malaca (Malaga) 98.
maladie 83, 176.
Malaos 145.
Maliaque (golfe) 198, 247.
Malte 97.
Manès 137.
Manteaux-Noirs 260. Voir Mélanchlaines.
Mantoue 131.
Mantua (Mantoue) 135.
Mantus 135.
Maosou 3.
marchands 22, 45, 59, 131, 186, 247. Voir commerce.
marées 100.
mariage 154, 179.
Mariandynes 124, 172.
marine 113, 120, 147. Voir bateau, flotte.
Marius 220, 253.

INDEX ALPHABÉTIQUE

marnienne (époque) 54. Voir La Tène.
Marrucins 193, 195.
Mars 84 n. 3, 195, 214. Voir Arès.
Marseille 73, 101, 181, 204, 209, 238, 259. Voir Massilie.
Marses 193, 195.
marteaux 56.
Masa 1, 3, 168.
Masciacus 208.
Mashouasha 2, 193 n. 1.
Maspero 1 n. 1.
Massagètes 49 n. 4, 173.
Massilie (Marseille) 244.
massues 30 n. 3, 35.
Mastarna 132 n. 1.
Mastiêni 80.
matriarchat 74, 109, 133.
Mausole 112.
Maxyes 193 n. 1.
Mèdes 76, 154, 173, 259. Voir Perses.
Médie 259.
Médinet-Habou 2, 3.
Medio-lanium 212.
Medio-nemetum 212.
Méditerranée 15, 132, 167, 206, 233, 236, 240, 241, 243, 258.
Mégabaze 128.
mégalithiques (monuments) 39, 241. Voir dolmens.
Mégare 114, 149, 150.
Mégaride 103, 111, 147, 149.
Mégariens 110, 172.
Mégasthène 235.
Meillet (A.) 18 n. 1, 60 n. 1, 64.
Méla (Pomponius) 205.
Mélanchlaines 174. Voir Manteaux-Noirs.
Mélanthos 149.
Mélicerte 100.
Mélos 97, 150.
Melpum 260.
Ménécrate d'Élée 168.
Ménestheus 94.

menhirs 37, 38. Voir mégalithiques.
Méninx (île) 242.
Méoniens 10, 138, 241.
Méotide (lac) 169, 173, 179, 249, 260.
mer 116, 120, 139, 211, 244-247.
Mer Glaciale 246.
Mer Noire 59, 148, 156, 177, 208.
Mer du Nord 202, 245, 248, 252.
mercenaires 106 n. 3, 115, 116, 156, 186.
Mercure 223. Voir Hermès.
mergae 192.
merges 192.
Mesambria, Mésembria 150, 163.
Mésie 168, 263.
Mésiens 168. Voir Mysiens, Mœsiens.
mésocéphales 45, 234.
Mésopotamie 43.
Messapie 153, 156. Voir Iapygie.
messapien 153.
Messapiens 153. Voir Iapyges.
Messapos 153.
Messénie 99, 111, 149, 150.
Messine 192, 243, 244.
métallurges 57-59, 166, 223, 227.
Métaos 133.
Métaponte 144, 150, 233.
métaux 28, 29, 41, 62, 86, 170. Voir mines.
meules 37.
meurtre 159, 210. Voir sacrifice.
Meyer (G.) 153.
Midas 164.
miel 168, 246. Voir hydromel.
mil 37, 73.
Milésiens 241, 259.
Milet 107, 110, 113, 254.
Milo 41.
Minéphtah 2, 192, 257.
mines 26, 85, 97, 167, 170, 236, 260. Voir métaux.
Minôa 103.
Minoens 10. Voir Crétois.

Minos 92, 102-104, 107, 113, 227, 228, 229, 253, 254, 255, 256, 263.
Minotaure 103, 105.
Minucius (frères) 183.
Minyens 9.
mirage oriental 63.
miroir 56, 134.
mobilier 211.
Moca-poris 163.
Mocas 163.
Modène 207.
Mœsiens 3. Voir Mésiens.
moisson 192. Voir faucilles.
Moldau 45.
Molosses 9, 187, 247.
Mommsen 130 n. 6.
Mongols 178.
monnaies 57, 211. Voir lingots.
monstres 202.
Monte Bego 187.
monuments mégalithiques 37, 39, 241.
Morava 151, 157.
Moravie 197.
Morbihan 41.
Morgentia 193.
Morgès 191.
Morgètes 191, 193, 232.
mors 55, 87.
mort 158, 159, 160, 176.
morts (culte des) 35.
Motya 97.
mouches 61.
moules 44.
moulin 56.
Mouri-deva 163.
mouton 36, 61.
Moutzi-para 163.
Muca-senus 163.
Müllenhoff (K.) 66 n. 1.
Müller (Ottfried) 130 n. 6.
murailles 55, 146, 183.
Musée 161.
Muses 161.
musique 154, 160, 161.

Mutina (Modène) 131.
Mycale 113.
Mycènes 47, 49, 236, 255.
mycénienne (civilisation) 49-51, 59, 231.
Mygdoniens 172.
Myndos 112 n.
Myrsile de Lesbos 128.
Mysie 108, 120, 172.
mysien 169.
Mysiens 3, 10, 18, 114, 126, 138, 168-169, 172, 257.
mysos 168 n. 2.
Mysos 114.
mystères 126, 160, 161, 254.

Nabocodrosor 235.
naissance 159.
Naples 233.
Narbon (Aude) 251.
Narbonnaise 81, 252, 253, 262.
Narbonne 104, 182.
nature 134.
navigation 26, 242. Voir marine.
Naxiens 259.
Naxos 147, 157, 162, 229, 245, 259.
Neanderthal 34.
Néandrie 16.
nécropole 196.
Nélée 254.
-*nemetum* 212.
néolithique 19, 35-41, 231, 235, 241.
-néphrite 41.
Neptune. Voir Poseidôn.
Nerto-briga 205.
Nestor 124.
Neton 84 n. 3.
neuf (nombre) 242, 243.
Neufchâtel (lac de) 53, 249.
Neumarkt 203.
Neures 174.
Nevio-dunum 208.
Nicolas de Damas 180.
Niebuhr 122, 130 n. 6.

INDEX ALPHABÉTIQUE

Ninos 13 n., 138.
Niobé 117, 167.
Nitiobroges 204.
nobles 155, 223.
Nole 132.
nomades 9, 113, 174, 223, 249.
nombres 136. Voir numération.
noms de lieux 14-15, 192. Voir toponomastique.
noms de personnes. Voir onomastique.
Nora 82.
Norax 82.
Noreia 203, 220, 252.
Norique 52, 200, 219, 260, 262.
Noriques 152.
Norrois 75.
Nortia 135.
nourriture. Voir aliments.
nouveau-nés 195.
Novio-magus 212.
nucléus 36.
nudité 216.
nuits 75, 84 n. 3, 223, 243.
Numana 190.
numération 61.
Numides 75 n. 5.
Nyctimos 119.

Oaxos 3.
Oba 90.
Obba 89.
obélisques 84.
obsidienne 41, 241.
Océan 100, 117, 201, 202, 219, 243, 245, 247, 249.
Odryses 156, 160, 260.
Odyssée 39, 104, 124, 169, 171, 190, 192, 228, 229, 241.
OEstrymnides (îles) 79, 239, 244.
OEstrymnis 244.
offrandes 197, 198, 215, 247.
Ogygès 122, 254.
Ogygie 243.
oie 61.
Oïnomaos 167.

Oïnotrie 119, 234, 259.
Oïnotries 119, 127, 189, 191, 192, 193, 194, 232.
Oïnotros 119, 189, 232.
oior 177.
Oïorpata 177.
Oise 184.
oiseaux 61.
Oïta 149.
Oïtosyros 176.
Olbia 230.
Olên 108.
Oliaros 97.
olivier 198.
Olympe 9, 148, 158, 228.
olympiades 12, 122.
olympiques (jeux) 142.
Ombrie 119, 129, 189, 245, 258.
ombrien 194, 197.
Ombriens 10, 119, 128, 132, 189, 190, 194, 195, 196-197, 207, 232, 233, 257, 258, 262.
Ombro-Latins 59, 156, 258.
Omphale 130.
oneiromancie 215.
onomastique 14, 15, 50, 76, 81, 138, 142, 152, 153, 163, 164, 177, 208, 209, 223.
Ophiuse 244.
Opiques 191, 192, 194, 195, 232, 233. Voir Osques.
opscus 194 n. 1.
or 26, 28, 39, 41, 42, 44, 49 n. 4, 54, 56, 62, 86, 97, 174, 199, 215, 249, 260, 263.
oracle 129, 162, 170.
Orange 252.
Orchoméniens 9, 158.
Oreste 145.
orge 37, 61, 82, 186.
Oros-peda 86.
oros-pide 86.
Orphée 160, 163, 227, 254, 255, 263.
Ortiagon 214.
os, 31, 33, 34, 35, 36, 44, 46, 176.

osco-ombrien 70.
Osiris 140.
osque 194.
Osques 3, 194, 232, 233. Voir Opiques.
Ossa 148.
Ossètes, 3, 178.
Ostidamnii, Ostimii 246.
Ostu-dizos 163.
Ouashasha 2, 3.
Ouassos 3.
ours 61.
Ourse 100, 299.
outils 35, 38, 44, 54, 56.
Ovide 26.
Oxus 63.
Oxybies 182.

Padoue 207.
Paestum 144. Voir Poseidônia.
paille 61.
pain 82, 119. Voir galettes.
palafittes 36, 41, 46, 235. Voir lacustres.
paléolithique 33-35, 235.
Palestine 127, 226, 236.
palmette 56.
Pamphyli 150.
panaches 114, 221.
Pandion 158.
Panhellènes 140 n. 1.
Pangée 95.
Pannonie 208, 260, 262.
Pannoniens 73, 152.
Pannonios 152.
pantalon 175, 223.
Papaios 176.
Paphlagonie 151, 167, 170.
parenté des peuples 66-69; — des langues 69-73; — des coutumes 73-75.
Parisii 212.
Parma (Parme) 131, 207.
Paros (Chronique de) 95, 253-254.
Parrhasiens 254.

partage des terres 154.
Parthes, *Parthi* 173.
parties du corps 61.
parures 54.
pasteurs 35, 174, 192. Voir berger, troupeaux.
Pasiphaé 105.
pata 177.
Patara (Lycie) 108.
Patroclès 114.
Paul Diacre 136.
Pauly-Wissowa 66 n. 1.
Pausanias 91, 114, 127.
Pays-Bas 202.
peau (carnation) 67, 217.
peaux de bêtes 27, 30, 31, 74, 121, 220.
pêche 32, 34. Voir hameçons, harpons, trident.
Pêdasos 111, 113.
peignes 44, 56.
peintures 34, 37, 230.
Pélagones 123.
pelargicon 121.
pélasge 120, 121, 122, 146.
Pélasges 3, 9, 10, 16, 30, 51, 95, 97, 100, 102, 105, 110, 111, 112, 114, 116-124, 125, 128, 129, 141, 146, 147, 158, 161, 189, 194 n. 5, 195 n. 9, 196, 228, 230, 231, 232, 233, 241, 255, 257, 258, 262.
Pélasgie 117, 118.
Pélasgiotide 142.
pélasgiques (monuments) 121. Voir cyclopéennes.
Pélasgis 120.
Pélasgos 30, 116, 117, 118, 119, 120, 125, 126, 141, 189, 232.
Péléshéta 124. Voir *Poulousati*.
Pélignes 193, 195.
Péloponnèse 112, 117, 118, 125, 140, 141, 144, 145, 146, 148, 149, 167, 182, 230, 231, 254, 258.
Péloponnésiens 147.

INDEX ALPHABÉTIQUE

Pélops 167, 230, 255.
pénates 135.
pendants d'oreille 54, 56.
pendeloques 37.
Pénée 127, 168, 257.
Penka 65.
Penthésilée 180.
Penthilos 145.
Péon 152.
Péonie 127, 150, 209, 231, 260.
Péoniens 31, 73, 123, 127-128, 142, 152, 260.
percuteurs 36.
Perdiccas 156.
pères 63.
périples 242, 243, 244, 245.
Perphères 198.
Perrhèbes 118.
Perrot (G.) 35 n. 1.
perse 70, 177, 178.
Perse 222.
Persée 108.
Perséides 167.
Perséphone 105, 161, 162.
Perses 6, 63, 71, 74 n. 5, 118 n. 6, 133, 148 n. 4.
Pétès 94.
Peucéties 119, 152, 194, 232.
Peucétios 119, 152, 232.
peuple (plèbe) 169.
Peuples de la mer 2, 144, 241.
Phaéton 39-40.
Phaistos 47, 103, 104, 253.
phalange 221.
Phase 31.
Phéaciens 104, 243, 250.
Phénéates 233.
Phénicie 226, 254.
phénicien 73, 96, 100.
Phéniciens 6, 13, 39, 43, 50, 79, 92, 95, 105-107, 117, 131, 148, 229, 241, 256, 258, 259, 262.
Phénix 92, 102.
phénomènes célestes 159. Voir astres.
Philammon 161.

Philéas 89.
Philippe de Macédoine 156.
Philippe de Suangela 112.
Philiste de Syracuse 190, 229.
Philistins 107, 124, 126, 226. Voir *Poulousati, Péléshéta.*
Phillis de Délos 95.
Phocée 110, 259.
Phocéens 79, 81, 101, 132, 147, 235, 242 n., 259.
Phocide 122, 148, 156, 158, 231.
Phocidiens 9.
Phoïnicus 99.
Phorôneus 114, 117, 122, 126, 254.
Phorônide 166.
Phrygie 15, 42, 57, 114 n. 6, 161, 214, 256.
phrygien 137, 169.
Phrygiens 10, 74, 127, 138, 164-167, 230, 241, 258.
Phthios 118, 141.
Phthiotide 139, 140, 143, 167, 254.
Picentins 193, 195.
Picénum 235.
Pictes 74 n. 7, 82, 239.
Pidasa 1.
Pières 142.
Piérie 158.
pierre (âge de la) 30, 31, 32-41.
pierres (groupes de) 84. Voir mégalithiques.
pierres gravées 134.
piété 168.
pieu 30.
pillage 159.
pince 44, 54.
Pinde 149.
piraterie 106, 116, 120, 132, 154, 162.
pirogue 36.
Pisatide 167.
Pisidie 3, 110.
Placia 120, 123.
plantes 218. Voir arbres, légumes, lentilles.

288　INDEX ALPHABÉTIQUE

Platon 4, 80, 119, 165.
plèbe 213. Voir peuple.
pleistocène 32.
Pline 85, 119, 133, 160, 196.
plomb 42, 45, 244.
Plutarque 129 n. 4, 170, 202 n. 3.
Plutos 227.
Pô 119, 129, 190, 196, 207, 210, 233, 248. Voir Éridan.
poèmes 85.
Poèmes homériques 49, 58, 70, 124, 149, 215. Voir *Iliade*, *Odyssée*.
poésie 160.
poids 45.
poignards 230.
poinçon 36, 56.
pointes de flèches 34, 35.
poison 84.
poisson 32, 61.
Polybe 4, 217, 233, 246, 250.
polychromie 114.
polygamie 74, 159.
pomme 62.
Pompéi 132.
Pont 121, 235, 240.
Pont Euxin 124, 169, 173, 247, 259, 261.
ponts et chaussées 134.
porc 30, 36, 61.
Poris 163.
portugais 16.
Portugal 33, 38, 41.
Poseidôn 92, 95, 108, 110, 141, 147, 176.
Poseidônia(Paestum)144,150,233.
Poseidônios d'Apamée 44 n. 4, 168, 171, 186 n. 2, 199, 215.
poteries 36, 38, 45. Voir faïence, vases.
Poulasati, *Poulousati* 2, 3, 124, 127.
poumon marin 246.
pourpre 98, 99.
Praisos 48, 106.
Prases 247.
Prasias (lac) 34, 127.

prédictions 158. Voir prophétesses, divination, devins.
premiers hommes 26-29, 172, 256. Voir autochthones.
présages 84, 215.
prêtres 215.
Prettanides (îles) 239.
Prettaniques (îles) 239.
prisonniers 84, 176, 215, 220.
procès 210.
Procné 158.
Proconnèse 148.
prodiges 134, 135.
Proïtos 108.
Prométhée 28, 263.
prophétesses 220.
Propontide 164.
prostitution 138.
Prôtarque 199.
Provence 41.
Psammétique 115, 148.
Pseudo-Orphée 249.
Pseudo-Scylax 245.
Pseudo-Scymnos 206.
Ptolémée 245.
Pulpu-deva 163.
Pygmées 38.
Pylos 124.
Pyrène, Pyréné 206, 244.
Pyrénées 80, 98, 172, 206, 209, 237, 244, 252.
Pyrrha 140.
Pythagore 158.
pythagorisme 143.
Pythéas 4, 245-246.
Pythodore 95.
Pytna 15.

quarante 176.
quaternaire 32-33.
quatre 26, 149, 240.
Quintilien 85.

races 19, 68, 167. Voir anthropologie.
racines 246.

INDEX ALPHABÉTIQUE

racloirs 33.
rame 62.
Ramsès II 1, 2, 155, 169.
Ramsès III 2, 3, 93, 127, 257.
Rasena, Rasenna 130.
rasoirs 54.
Ravenne 44 n. 2, 132, 196, 207.
Réate 189, 194, 196, 258.
Rebou 89 n. 3. Voir *Libou*.
reflux 202.
reihengräber 45, 68.
Reinach (Ad.) 3 n. 2.
Reinach (S.) 38 n. 1, 63 n. 7, 241 n. 1.
Reinach (Th.) 85 n. 1.
reine 214.
religion 60, 75, 84, 106, 120, 147, 166, 214, 221. Voir dieux.
renard 50.
renne 33, 34, 37.
repas 154. Voir banquets.
retraite 160.
Rhadamanthe 92, 103, 104, 228, 263.
Rhégium 147, 193, 233, 245.
Rhètes 133.
Rhétie 130 n. 6, 203, 205.
Rhin 45, 52, 202, 211, 248, 249, 262.
rhinos 153.
Rhipées 173, 199, 249.
Rhoda 101.
Rhodanus (Rhône) 184.
Rhodanusie 81.
Rhodes 58, 93, 95, 97, 106, 149, 150, 254.
Rhodiens 101, 241, 258.
Rhodope 260.
Rhodos 117.
Rhône 45, 57, 80, 81, 181, 182, 187, 209, 211, 237, 244, 245, 248, 252. Voir *Rhodanus*.
-*rich* 209.
Ripley 69.
rites 55, 164, 166, 221.
rituel 135.

-*ritum* 203, 212.
rivets 44.
rogos 192.
rois 169, 170, 212, 213.
Romains 74, 75, 207, 218, 233.
Rome 82, 132, 181, 190, 191, 199, 207, 209 n. 4, 245, 260.
ronde-bosse 54.
Roscher 197 n. 4.
roseaux 31.
roue 46, 62, 214.
rouelle 54.
roumain 17.
round-barrows 45.
routes commerciales 39, 41, 43, 57, 247.
runes 219.
Ruscino 90.
Russie 33, 35, 38.

Saar 184.
Sabadios, Sabazios 161 n. 10, 166.
Sabine 119.
Sabins 191, 193, 194-196.
sacerdoce 134.
Sacra (insula) 240, 244.
sacrifices 63, 84, 147, 159, 176, 194, 215.
sacrifices humains 75, 84, 159, 176, 215, 220, 223.
Saefes 182, 244.
sagaies 34.
Sagalassos 3, 193
Saglio 41, 52.
snies 216.
Saint-Acheul 33.
Salente 107, 300.
salines 151. Voir sel.
saliunca 185.
Salluste 221.
Salluvii 182. Voir *Salyi*.
Salum-bria 163.
Salyi 182.
Samiens 79, 242 n., 259.
Samland 40.

Les anciens peuples de l'Europe.

19

Samnites 133, 194, 195, 245, 260, 262.
Samonion 15.
Samos 111, 113, 114, 120, 148, 158.
Samothrace 58, 97 n. 6, 117, 118, 120, 126, 148, 155, 161.
sang 75, 175, 220.
Sangarios 166.
sanglier 61.
sanskrit 64, 70.
Sara 185.
Sardaigne 3, 30, 42, 90, 98, 102, 184, 186, 230, 248, 257, 259, 262.
sarde 17.
Sardes 3, 130, 171, 250.
Sardos, Sardus 89 n. 6, 90, 230.
Sarmates 31, 71, 72, 73, 75, 76, 263. Voir Sauromates.
Sarpédon 92, 102, 108.
satem 143, 164, 165.
saturnales 121.
Saturne 26, 188, 235. Voir *Cronos*.
Saturnia 234.
Sauer 184.
Sauromates 68, 157, 179, 249.
saussurite 41.
sauvages 177 n. 1, 189.
Save 207.
Savoie 40.
Saxons 74.
Scandinavie 33, 53, 200, 236. Voir Norrois.
Schafarik 178 n. 4.
schiste 56.
Schwegler 189 n. 5.
scie 48, 56.
Scilly 43.
Scingo-magus 210.
Scolotes 173.
Scombros 260.
Scordisques 152, 168, 207, 208 n. 2, 214, 252, 261, 300.
Scylace 123.
Scylla près de Messine 243, 244.
Scylla de Crète 103.

Scyros 118.
scythe 177-178, 179.
Scythes 9, 10, 67, 68, 71, 72, 73, 74, 75, 76, 125, 157, 159, 160, 169, 172-180, 185, 198, 201, 208, 220, 247, 249, 251, 256, 259, 260, 261, 262, 263.
Scythès 58, 173.
Scythie 31, 144, 168, 169, 208, 260.
seaux 53, 54. Voir cistes, situles.
sécheresse 157.
secula 192.
Segobrices 86.
Sego-briga 205.
Ségovèse 206, 208.
seigle 73.
sel gemme 45.
Sélinonte 150.
Selloï 139.
Sem 138.
semi-Germani 211.
Sempronius Tuditanus (C.) 189.
Sénons 206, 217, 260.
Sentinum 215.
Sept contre Thèbes (Les) 26, 255.
sépultures 35, 38, 44, 49, 53, 55, 211, 236. Voir tombes, inhumation, incinération.
Séquanes 252.
Serbes 154.
serment 161, 176, 221.
serpe 56.
serpent 48, 61, 299.
Serre 185.
serrure 56.
serviette 175.
serviteurs 154, 176. Voir esclaves.
Servius Tullius 132 n. 1, 136.
Sésostris 155, 235.
Séti I 2 n. 1.
sévérité 196.
Shakalousha 2, 3, 192.
Shardana, Shardina 2, 3.
Sicanes 13, 48, 87-89, 118, 183, 191, 228, 232, 250, 257.

Sicanie 104, 229.
Sicanos 87, 183, 299.
Sicélos 191.
Sicile 30, 42, 48, 78, 82, 87, 97, 101, 127, 132, 147, 150, 190, 191, 192, 193, 228-230, 241, 244, 250, 255, 257, 258, 259, 262.
sicilien 17.
Sicor 81.
sicula 192.
sicule 192.
Sicules 3, 13, 97, 189, 190-193, 196, 228-229, 232, 257, 258.
Sicyone 150, 254.
Sidon 94, 100.
Sidoniens 50.
siècle étrusque 134.
Siginnes 299.
signe en S 54, 56.
signes 38.
sigynnai 185.
Sigynnes 59, 155, 173.
Silanus 252.
silex 33, 34.
Silures 81, 239.
Singi-dunum 207.
Sinope 169, 247.
Sinties 157.
Sipyle 167.
Sirènes (île des) 243, 250.
Siris 233.
Sitalcès 156, 260.
situles 200. Voir cistes, seaux.
slave 70.
Slaves 71, 72, 73, 74 n. 9, 75 n. 4, 178.
Slesvig 202.
Smyrne 129, 145.
soc 56. Voir charrue.
soleil 46, 166, 170, 223, 243.
Soli 144.
Solin 91.
Soloïs 97.
Solon 78.
Solutré 34.
songes. Voir oneiromancie.

Sophocle 128.
Sordes, *Sordi*, Sordones 89 n. 6, 244.
Sorente 132, 243.
sorts. Voir divination, baguettes.
souris 64.
sous-brachycéphales 45.
souterraines (demeures), 74, 170.
Spania 237.
Sparta 111 n. 4.
Spartiates 196.
Spina 120, 129.
spirales 36.
spou 177, 178.
Spy 34.
statues 48, 63, 176.
stèles 46, 84.
Stœchades 248.
Strabon 4, 7, 9, 30, 63, 85, 96, 98, 111, 115, 135, 139, 168, 170, 174, 191, 195, 208, 222, 230, 233, 246, 261.
Strophades 243.
Strymon 118, 127, 152, 156, 260, 261.
Strymoniens 172.
Styrie 203.
Subur 90.
Suède 38, 40, 55.
Suessa 88.
Suessetes 88.
Suessions 212.
Suétone 85.
Suèves 71.
suicide 74, 221.
Suisse 38, 40, 184, 187.
suppliants 189.
Sura (Sure) 184.
swastika 46, 54, 56.
Sybaris 144, 150, 233.
Syncelle (Le) 12.
synchronisme 24, 253.
Syracuse 101, 132, 150, 245.
Syrie 50, 121, 179.
Syrmos 157.

Tabiti 176.
table 74.
Tacite 31, 221, 224, 239.
Tage 205.
Tagès 135.
taille (stature) 68-69, 217, 221, 234, 237, 238, 239.
Takkaro 127. Voir *Zakkala*.
Tamaris 88.
Tamarus 88.
tambour 161.
Tana 2 n. 5.
Tanagra 97.
Tanaïs (Don) 173, 179, 251.
Tantale 167.
Tarente 107, 150, 233, 245.
Targitaos 172, 173, 256.
Tarquins 132, 206 n. 3.
Tarse 3, 133.
Tartesse (fleuve) 182.
Tartesse (pays) 79, 85, 147, 182, 244, 250, 259.
Tartesses (peuple) 80, 235.
Tartessos 237.
tatouage 37, 75, 154, 159.
Tauber 203.
taureau 195, 214, 221. Voir Minotaure, tauromachie.
Taures 249.
Taurini 73, 185.
Taurisques 208.
tauromachie 105.
Taylor (I.) 65.
Tectosages 210. Voir Volques.
teint 82. Voir peau.
teinture 37. Voir tatouage.
Télamon 216.
Telchines 57, 106, 108, 254.
Tel El Amarna 1.
Tembrion 114.
Temmices 231.
temple 134, 176, 197, 215, 223, 256.
Tende (col de) 187.
Tène (La). Voir La Tène.
Ténédos 145.

Ténos 198.
Téreus 158, 231.
Termiles 107, 109.
terramares 44, 235.
terres 73, 154.
tertres 176. Voir *tumulus*.
Tessin 249.
têtes coupées 160, 175, 216.
tétrarques 210.
Teucres 3, 10, 107, 126-127, 168, 172, 226, 257. Voir Troyens.
Teucros 126, 136.
Teutobodus 220.
Teutons 63, 219-221, 251-252.
textiles (plantes) 37.
Thalames 167.
thalassocraties 241, 258. Voir dominateurs de la mer.
Thamımasadas 176.
Thamyris 161.
Tharsis 79.
Thasos 97, 157, 247, 256.
Thèbes 95, 97, 158, 162, 254, 255.
Thémistocle 186, 247.
Théoclès d'Athènes 150.
Théopompe 78.
Théra 95, 97, 107, 150.
Thérapné 113.
Théras 149.
Thermodont 58, 178.
Thésée 103, 180, 254, 255.
Thesprotes 145, 258.
Thesprotie 121, 245.
Thessalie 111, 116, 117, 118, 119, 121, 122, 125, 129, 141, 145, 148, 149, 163, 166, 180, 189, 210, 231, 233, 254, 255, 257, 258.
thessalien 117 n. 6.
Thessaliens 105, 132, 155.
Thessalos 254.
Thirlwall 112.
Thoutmosis III 2 n. 5, 226.
thrace 164, 165.
Thrace 120, 123, 128, 145, 148, 151, 161, 162, 168, 171, 209,

INDEX ALPHABÉTIQUE

210, 213, 235, 248, 242, 243, 247, 250, 260, 261, 263.
Thraces 9, 31, 50, 67, 68, 71, 73, 74, 75, 95, 97, 117, 124, 127, 141, 142, 155, 156-164, 168, 170, 174, 231, 241, 256, 257, 258, 260, 261, 262, 263.
thraces (glaives) 50.
Thrinacie 229.
Thucydide 4, 7, 116, 126, 128, 167, 175, 229, 242 n., 259, 260.
Thulé 73, 246.
Thurium 245.
Thyniens 172.
Tibère 130.
Tibre 244.
Tibur 88, 190 n. 6.
Tibures 88.
Ticinum (Pavie) 181.
Tilatéens 260.
Timée 12, 248 n. 2.
Timosthène 5 n. 1.
Tirynthe 49, 108, 144.
tisonniers 56.
tissus 37.
Titans 227, 235.
Tite Live 133, 135, 186, 206 n. 3.
Tityos 104.
Todi 207.
toilette. Voir bains, trousses.
tokharien 71, 178.
Tolosa 81.
tombeaux 131, 180, 198.
tombes 84, 111, 114, 160, 215, 216, 217. Voir inhumations.
tombes à coupole 44, 49, 236.
ton oratoire 114 n. 6.
Tongres 221.
tonneaux 85.
tonnerre 158.
toponomastique 14-15, 71, 163, 183-185, 202-203, 204, 205, 207.
torques 55.
toscan 17.
Toulouse 81, 204.
tour (outil) 48, 56.

tourner 84.
tours (de forteresse) 129.
Toursha 2, 3, 133.
traités 191.
Tralles 112, 121.
tranchet 56.
Trauses 158, 159.
treize 200.
Trères 170, 260.
Triballes 151, 157, 168, 260, 261.
Tribola 88.
tribus 213.
tribut 152, 160.
trident 56.
trimarcisia 216. Voir équitation.
Trinacrie 229, 250.
Triptolème 119, 254.
triscèle 56.
Triton (lac) 91, 92.
Troade 15, 58, 121, 145, 151, 154, 161, 170, 236, 240, 243.
Troglodytes 74 n. 6, 170.
Trogue Pompée 133, 208. Voir Ilion, Justin.
Troie (guerre de) 12, 26, 82, 91, 100, 101, 102, 105 n. 1, 111, 119, 126, 143, 144, 145, 149, 150, 164, 189, 191, 229, 247, 254, 255, 257, 259, 300. Voir Hissarlik.
trois (nombre) 150, 216, 243.
trois cents 196, 210.
trompette 161.
troncs d'arbres 83.
Trophônios 49.
troupeaux 174, 186.
trousses de toilette 54, 56.
Troyens 54, 111, 124, 126, 127, 157. Voir Teucres.
tumulus 44, 53. Voir tertres.
tuniques 223.
Turdétanie 98.
Turdétans 85, 90.
Turdules 6.
Turiasson 87.
Turscor 128.

Turzetani 90.
Tusci 128.
Tyr 94, 100.
Tyras (Dniester) 169, 261.
Tyriens 236.
Tyrol 208.
Tyrrha 130.
Tyrrhène 120, 128, 129, 133.
Tyrrhènes 3, 10, 16, 67, 119, 120, 128-137, 162, 181, 196, 230, 233, 245, 250, 258, 259, 260, 261, 262. Voir Étrusques.
Tyrrhénie 78, 147, 245.
Tyrsanoï 128, 130.
tyrseis 129.
Tyrsènes 3. Voir Tyrrhènes.
Tyrsênos 130. Voir Tyrrhène.

Ucubi 90.
Ulysse 2, 30, 192.
Umbro 196.
Uranie. Voir Aphrodite.
Uranos 78.
usages. Voir folklore, coutumes.
Uxisama (Ouessant) 246.

Vaccéens 73.
vache 61.
vaisselle 4. Voir vases.
Varron 136, 195.
vases 41, 53, 54, 134, 211, 230, 231, 236. Voir poteries, céramique.
Véies 269.
Véleia 183.
Velleius Paterculus 222.
Venedi (Vénètes) 40, 71.
vénète 19, 153.
Vénètes 40, 59, 151, 154, 207, 233, 234.
Vénétie 156, 187, 234, 235, 245.
vénitien 17.
ver 61.
Verceil 221, 253.
ver sacrum 195.

Vérone 90.
Vérons 205.
verre 41, 45, 54, 56.
verroterie 56.
Vertumnus 135.
Vesta. Voir Hestia.
Vestins 193.
vêtements 30, 31, 44, 50, 74, 129 n. 4, 174.
veuve 74.
viande 175.
vie humaine 135.
Vienne 203.
vigne 162, 255. Voir vin.
villages 36.
Villanova 196, 235.
villes 26, 147, 196, 223. Voir fortifications.
vin 55, 82, 162, 175.
Vindéliciens 152.
Vindo-bona (Vienne) 203, 208.
Virdomar 211.
Virgile 31.
Vistule 179, 247.
vocabulaire comparé 16, 60.
vol 177.
Volques Tectosages 203, 204, 208 n. 7.
Volsques 193, 245.
Voltumna 134, 135.
vote 180.
Vulcain 214, 223.

Welsh 15.

Xanthos (inscription de) 109.
Xanthos de Lydie 129, 138, 168.
Xénophon 31 n. 3.
Xuthos 140, 141, 146.

yeux 68-69, 221, 236.

Zacynthe 144, 243.
Zakkala, Zakkaro 2, 3, 127, 226.
Zakro 3, 127, 226.

Zamolxis 158.
Zancle 192.
zanclon 192.
zend 143 n. 2, 70, 177, 178.

Zénodote de Trézène 194.
Zeus 103, 105, 115, 117, 120, 168, 172, 176, 227, 256.
Zeuss (K.) 66 n. 1.

ABRÉVIATIONS

add.	Additions et corrections (p. 299, ci-après).
c.	colonne.
C. I. G.	Corpus inscriptionum græcarum.
C. I. L.	Corpus inscriptionum latinarum.
F. H. G.	Fragmenta historicorum græcorum, éd. Didot.
fr.	fragment.
G. G. M.	Geographi græci minores, éd. Didot.
H. R. F.	Historicorum romanorum fragmenta, éd. Peter, Leipzig, 1883.
l. c.	livre précédemment cité.
P. L. G.	Poetæ lyrici græci, éd. Bergk, Leipzig, 1882.
S. Ph.	Scriptores physiognomici græci et latini, éd. R. Fœrster, Leipzig, 1893.
v. h. a.	vieux haut-allemand.

Le lieu de publication n'est pas indiqué pour les livres édités à Paris.

Les volumes de la *Revue archéologique* sont désignés par la date de publication et par la tomaison de la série à laquelle ils appartiennent.

ADDITIONS ET CORRECTIONS

P. 2, n. 1, ajouter : Voir aussi A.-J. Reinach, *Revue archéologique*, XV (1910), p. 27-53. Maspero, *Histoire ancienne*, II, p. 214, n. 4; 372; 390, n. 1.

P. 3, l. 7, au lieu de : de, lire : d'un.

P. 13, l. 24, au lieu de : modernes, lire : Modernes.

P. 10, l. 10; 13, l. 16, 20; 16, l. 21, au lieu de : anciens, lire : Anciens.

P. 19, mettre en note à la ligne 19 : Strabon (XI, 11, 8) rapporte que chez les Siginnes du Caucase il y a des gens qui font en sorte de paraître avoir la tête la plus longue possible et le front proéminent au point de dépasser le menton.

P. 48, mettre en note à la ligne 9 : La déesse aux serpents présente quelque analogie avec l'Artémis arcadienne, qui peut être d'origine pélasgique. S. Reinach, *Bulletin de correspondance hellénique*, XXX (1906), p. 150-160.

P. 51, n. 4, ajouter : Perrot, *Histoire de l'art dans l'Antiquité*, IV, 1887, p. 483-522.

P. 73, mettre en note à la ligne 13 : On trouvera les textes anciens relatifs à la civilisation chez Hirt, *Die Indogermanen*, II, et chez Ed. Meyer, *Histoire de l'Antiquité*, trad. David, I, 1912.

P. 79, n. 1, ajouter : sur les Atlantes, voir Berlioux, *Annuaire de la Faculté des Lettres de Lyon*, 1883, I, p. 150.

P. 87, n. 9. Le Sicanos serait le Jucar d'après Aviénus, *Ora maritima*, 479-480 ; cf. Hécatée de Milet, fr. 15 (*F. H. G.*, I, p. 2) ; la Segura d'après Servius, *ad Aen.*, VIII, 328.

P. 88, mettre en note à Sicanie, l. 21 : Thucydide, VI, 2. Pseudo-Scymnos, 268 (*G. G. M.*, I, p. 207).

P. 90, n. 8, ajouter : Le gouvernement des femmes existait chez les Liburnes. Pseudo-Scylax, 21 (*G. G. M.*, I, p. 27).

P. 100, l. 1, au lieu de Grande Ourse, lire Petite Ourse et ajouter n. 1 : Aratos, *Phénomènes*, 36-44.

P. 100, l. 16, ajouter : Le culte d'Adonis, qui se répandit sur toutes les côtes de la Méditerranée, est sans doute aussi d'origine phénicienne (Apollodore, III, 14, 4, d'après Hésiode).

P. 110, n. 11, ajouter : Éphore, fr. 32 (*F. H. G.*, I, p. 242).

P. 119, l. 13, au lieu de : Callistos, lire : Callistus.

P. 138, n. 6, ajouter, l. 2 : (*Revue des études juives*, XIII (1886), p. 19.)

P. 139, n. 1, ajouter : Solmsen, *Zeitschrift für vergleichende Sprachforschung*, XXXIV (1897), p. 77-80.

P. 153, n. 1, ajouter : Antoninus Liberalis, 31.

P. 160, n. 5, ajouter : Hérodote, VIII, 116. Xénophon, *Anabase*, VII, 4, 6. Tacite, *Annales*, II, 64. Thucydide, VII, 27.

P. 161, n. 3, ajouter : Scholiaste d'Apollonios de Rhodes, I, 23.

P. 165, n. 3, ajouter : Solmsen, *Zeitschrift für vergleichende Sprachforschung*, XXXIV (1897), p. 36-77.

P. 168, l. 10, ajouter : avant la guerre de Troie.

P. 170, n. 7, ajouter : Bérard (*Les Phéniciens et l'Odyssée*, II, p. 319) regarde ces Cimmériens comme imaginaires, leur nom n'étant autre que le pluriel construit sémitique *kimeriri* « ténèbres », pris pour un nom de peuple.

P. 182, l. 4, au lieu de : Oxybes, lire Oxybies.

P. 187, n. 1, au lieu de : α, lire : a.

P. 197, n. 4, ajouter : Hérodote (IV, 36) ne semble pas croire à l'existence des Hyperboréens.

P. 208, n. 2, ajouter : Peut-être les Bastarnes, que Plutarque dit Galates (*Paul Émile*, 9), qui apparaissent après 290 au nord du bas Danube et que Tite Live (XL, 57, 7) rattache aux Scordisques, avaient-ils la même origine. A.-J. Reinach, *Bulletin de correspondance hellénique*, XXXIV (1910), p. 249-330.

P. 233, n. 3, ajouter : Énée et Évandre n'étaient pas les seuls héros de la guerre de Troie que la légende avait rattachés à l'Italie. Diomède s'était établi à Spina et à Argos Hippium (*Énéide*, VIII, 9. Pline, III, 104 ; 120); Idoménée, à Salente (*Énéide*, III, 400) ; Philoctète à Pétélie (*Énéide*, III, 402).

P. 250, l. 19, ajouter : où il fonda la ville d'Alésia.

TABLE DES MATIÈRES

Préface de C. Jullian v
Avant-propos de l'auteur xiii

CHAPITRE PREMIER

LES SOURCES 1
    Les Égyptiens, p. 1-3. — Les Grecs et les Romains : histoires, généalogies, légendes, chroniques, p. 4-13. — Les Modernes, p. 13-14. — La linguistique : onomastique, vocabulaire comparé, p. 14-19. — L'anthropologie, p. 19-20. — L'archéologie, p. 20-23.

CHAPITRE II

LES CIVILISATIONS 25
    Les civilisations d'après l'archéologie et la linguistique, p. 25. — Les légendes antiques. La légende des premiers hommes, p. 26-32. — L'âge de la pierre, p. 32-41. — Les métaux, p. 41-42. — L'âge du bronze, la civilisation égéenne, p. 42-52. — L'âge du fer, Hallstatt et La Tène, p. 52-59. — La civilisation indo-européenne, p. 59-65.

CHAPITRE III

LES PEUPLES 66
    La parenté des anciens peuples, p. 66-76. — Les IBÈRES, p. 76-87. — Les Sicanes, p. 87-89. — Les LIBYENS, p. 89-92. — Les Égyptiens, les Phéniciens, les Crétois, p. 92-93. — Danaos, p. 93-94. — Cadmos, p. 94-96. — Les PHÉNICIENS, p. 96-102. — Minos et Rhadamanthe, p. 102-104. — Les CRÉTOIS, p. 105-107. — Les Lyciens, p. 107-110. — Les LÉLÈGES, p. 110-113. — Les Cariens, p. 113-116. — Les PÉLASGES, p. 116-124. — Les Caucones, p. 124-125. — Les Dryopes, p. 125. — Les Curètes, p. 125-126. — Les

Teucres, p. 126-127. — Les Péoniens, p. 127-128. — Les Tyrrhènes ou Étrusques, p. 128-137. — Les Lydiens, p. 137-139.

Les Hellènes, p. 139-141. — Les Macédoniens, p. 141-143. — Les Achéens, p. 143-144. — Les Éoliens, p. 144-145. — Les Ioniens, p. 146-148. — Les Doriens, p. 148-151. — Les Illyriens, p. 151-156. — Les Thraces, p. 156-164. — Les Phrygiens, p. 164-167. — Les Mysiens, p. 168-169. — Les Cimmériens, p. 169-172. — Les Scythes, p. 172-178. — Les Amazones, p. 178-180. — Les Ligures, p. 180-188. — Les Aborigènes, p. 188-189. — Les Sicules, p. 190-193. — Les Italiotes, p. 193-194. — Les Sabins, p. 194-196. — Les Ombriens, p. 196-197. — Les Hyperboréens, p. 197-201. — Les Celtes, p. 201-219. — Les Germains, p. 219-224.

CHAPITRE IV

Histoire locale et histoire générale 225
 Les pays : la Crète, p. 226-228 ; la Sicile, p. 228-230 ; la Sardaigne, p. 230 ; la Grèce, p. 231-232 ; l'Italie, p. 232-235 ; l'Espagne, p. 235-237 ; la Gaule, p. 237-238 ; la Grande-Bretagne, p. 238-240. — Les communications : dominateurs de la mer, périples, routes de terre, p. 240-251. — Histoire générale de l'Europe : dates des chronographes grecs ; principaux faits rapportés par les historiens, p. 251-263. — Conclusion, p. 263-264.

Index alphabétique 265
Abréviations 297
Additions et corrections 299
Table des matières 301

COLLECTION

pour l'étude des antiquités nationales

Nos lecteurs nous sauront gré de les informer que la librairie C. Klincksieck, à Paris, a, sur notre demande, fondé une Collection pour l'étude des antiquités nationales. Il s'agit de mettre à la disposition des travailleurs, étudiants des Facultés, érudits de province ou de Paris, amateurs même, une série de répertoires renfermant les documents essentiels de notre passé, ou de travaux concernant les faits importants de son histoire. Tout le monde ne peut point posséder le Corpus Inscriptionum Latinarum, et les recueils de Le Blant sont de plus en plus inaccessibles. D'ailleurs, point n'est nécessaire, pour étudier le passé de la Gaule, de lire et de posséder le texte des quinze mille inscriptions des provinces transalpines. Le moment paraît venu de procéder à une sélection et d'offrir au public un choix qui, très rapidement, mette les chercheurs au courant de la science. Et ce que nous disons du Corpus peut s'appliquer au Trésor celtique de M. Holder, aux Bas-reliefs de M. Espérandieu, ou aux Dictionnaires topographiques des départements. Ces œuvres demeureront des monuments inestimables. Nous voulons, avec les matériaux qu'ils nous fournissent, forger les instruments maniables d'un travail continu.

Des ouvrages sont déjà en préparation : Choix des inscriptions romaines et grecques de la Gaule ou concernant la Gaule (Cagnat et Toutain), Recueil des textes relatifs au christianisme en Gaule jusque vers 400 (Audollent), Corpus des inscriptions celtiques et glossaire de l'ancien gaulois (Dottin), Répertoire des dieux celtiques (Toutain), Dictionnaire topographique de la Gaule romaine (Besnier), Lexique des noms de personnes gaulois (Dottin), Recueil des textes grecs et latins relatifs à la Gaule (Dottin et Vallette). On a également arrêté le plan de répertoires archéologiques, épigraphiques et numismatiques pour les temps gaulois et barbares (la collaboration de M. Héron de Villefosse et de M. Espérandieu est acquise), d'éditions de César, Strabon, même Grégoire de Tours, et autres textes relatifs à la Gaule. Si les ressources le permettent, on pourra remonter aux temps préhistoriques, aborder des répertoires d'oppida ou de monuments mégalithiques, essayer une série de statistiques provinciales, guides illustrés aux Musées archéologiques ou aux ruines antiques, sans parler d'ouvrages traitant quelques points spéciaux. Le sort de cette collection dépendra de l'accueil que lui fera le public. Celui qui la dirige et en a eu l'idée ne songe qu'aux intérêts scientifiques de son pays.

Camille JULLIAN.

www.ingramcontent.com/pod-product-compliance
Lightning Source LLC
Chambersburg PA
CBHW071328150426
43191CB00007B/662